KB202868

미래를 열어가는 창조사업가들

미래를 열어가는 창조사업가들

2011년 10월 5일 초판 인쇄
2011년 10월 10일 초판 발행

지은이   정창권
펴낸이   이찬규
펴낸곳   북코리아
등록번호 제03-01240호

주소   [462-807] 경기도 성남시 중원구 상대원동 146-8
          우림2차 A동 1007호
전화   02)704-7840
팩스   02)704-7848
이메일   sunhaksa@korea.com
홈페이지 www.bookorea.co.kr

ISBN 978-89-6324-146-3 (93320)
값 13,000원

미래를 열어가는
창조사업가들

정창권 지음

북코리아

머리말

100만 실업시대에 대처하는 우리의 자세

오늘도 정 교수는 출근하자마자 컴퓨터를 켜고 하나씩 메일을 확인해나갔다. 역시나 스팸메일이 많아 눈살이 찌푸려졌다. 그런데 '교수님! 조언 좀 부탁드려요'라는 제목과 '평강'이란 이름이 눈에 띄어 메일을 열어보았다.

안녕하세요, 교수님.

지난번 저희 학교에서 해주신 창조사업가에 관한 강연은 잘 들었습니다.

강연 서두에 하신 말씀이 아직도 생생하게 기억나네요.

"이젠 취업이 아닌 창업의 시대입니다. 요즘 젊은이들 중 정규직으로 가는 비율은 열의 한둘에 불과하며, 그나마도 40대 중·후반이면 퇴직해야 합니다. 현대인의 평균 수명은 80세라고 하는데, 그럼 나머지 30년 이상은 어떻게 살란 말입니까? 이젠 당장의 실업문제뿐 아니라 좀 더 오랫동안 일하며 건강을 유지하기 위해서라도 창업, 특히 창조적인 사업가에 도전해야 합니다."

또 이런 말씀도 인상 깊었습니다.

"요즘 우리 사회에서 가장 불행한 사람이 누군지 아십니까? 바로 청년층입니다. 단적인 예로 여성이나 아동을 위해서는 여성가족부가 있고, 장애인이나 노인을 위해선 보건복지부가 있지만, 청년을 위해선 아무것도 없습니다. 그래서 청년들이 '야, 백수야!' 하고 인권 침해를 당해도 어디 호소할 데가 없습니다."

교수님, 요즘은 어떻게 지내시는지요?

그때 강연을 끝마칠 무렵에 궁금하거나 힘든 일이 있으면 언제든지 메일을 보내도 된다고 하셔서, 이렇게 용기를 내어 조언을 부탁드립니다.

저는 요즘 남자친구인 '바보온달' 때문에 고민이 무척 많습니다. 그는 나름 좋은 대학을 나왔고, 학점이나 영어성적, 공모전 등 이른바 '스펙'도 충분히 쌓았습니다. 하지만 5년 넘게 구직활동을 해도 취직이 되지 않아, 요새는 아예 포기하고 날마다 집에서 게임이나 영화, 술에만 빠져 있습니다. 일찍 홀로 되신 그의 어머니가 아무리 달래고 야단을 쳐도 소용이 없습니다.

교수님, 대체 어떻게 해야 할까요?

조언 좀 부탁드립니다.

창조사업가가 뜨고 있다

정 교수는 요즘 청년층의 취업문제를 접할 때마다 마음이 답답했다. 손을 턱에 괴고 한참을 생각하다가, 이윽고 컴퓨터 앞에 앉아 답장을 쓰기 시작하였다.

잘 지냈죠?

그때 자신을 고구려의 '평강공주'라 소개해서 아직도 이름이 기억나네요.

현재 우리나라는 공식 실업자만 100만 명이 넘고, 통계에 잡히지 않는 유사 실업자까지 포함하면 220만 명이 넘어가고 있다 합니다. 이는 지방의 한 중소도시의 인구 전체가 실업상태에 놓여 있는 격이죠. 이는 비단 우리나라만의 문제가 아닌 전 세계적인 현상입니다. 대표적으로 영국 고등교육기관에 재학 중인 학생 수는 현재 150만 명이며, 해마다 약 40만 명의 졸업생이 취업시장에 진입하고 있지만, 대학졸업생을 위한 일자리는 6만 2,000개 정도에 불과하다고 합니다. 게다가 앞으로도 늘어난 졸업생 수와 유사한 수준으로 노동시장이 확장될 가능성은 결코 없을 것이라고 합니다. 이러한 상황임에도 우리나라 젊은이들의 미래에 대한 대비책을 살펴보면 학점이나 토익점수, 공모전, 봉사활동, 아르바이트(인턴), 자격증 등 오로지 취업만을 위한 스펙 쌓기에 급급해 있습니다. 당연히 자신이 좋아하는 분야를 찾지 못하고, 정작 사회에서 요구하는 전문성과 창의성도 쌓지 못하고 있습니다.

직업 선택에 있어서 취업만이 능사는 아니고, 제3의 길도 얼마든지 있습니다. 특히 우리는 자신만의 분야에서 전문성과 창의성을 토대로 독립적이고 자유롭게 일하는 '창조사업가'에 대해 주목할 필요가 있습니다. 최근 창조산업의 시대가 도래하면서 사회의 각 분야에서 창조사업가가 급속히 부각되고 있습니다. 이들은 기존의 1인 기업이나 개인 기업의 형태를 띠고 있지만 그들보다 훨씬 지식 집약적인 사업가라 할 수 있습니다. 또한 이들은 자신의 재능을 다방면으로 활용하여 부가가치를 최대한 높이는, 이른바 원소스 멀티유즈(One Source Multi Use)의 경영전략을 펼치고 있습니다.

이들 창조사업가는 날이 갈수록 심각해져가는 실업문제를 해소하고, 우리나라의 경제와 산업구조의 내실을 튼튼히 할 수 있는 최고의 방법입니다. 그래서 정부에서도 '1인 창조기업'이란 명칭으로 여러 가지 정책을 내놓으며 그들을 최대한 지원하려 하고 있습니다. 물론 아직까지 정부는 스마트폰 열풍으로 그 응용 프로그램인 어플리케이션(application) 개발을 중심으로 지원하고 있지만, 앞으로는 더욱 다양한 창조사업가를 위한 법적·제도적 지원책을 마련하고, 경제적 환경변화에 따른 업종별 맞춤형 지원책도 마련하리라 봅니다.

그리고 이번에 정부에서도 이들 창조사업가를 위한 아카데미를 개설한다고 합니다. 내가 이 강좌를 맡기로 했는데, 여건이 허락된다면 남자친구인 온달과 함께 참여해보기 바랍니다.

이 강좌는 크게 이해 편과 실습 편으로 나눠지는데, 이해 편에선 창조사업가의 개념과 분야, 정부정책 등을 파악한 뒤 각 분야별 성공사례 분석을 통해 벤치마킹을 해나갈 것입니다. 실습 편에선 그것을 토대로 실제로 창조사업가가 되어보는 '나도 창조사업가! 프로젝트'를 진행해보려 합니다.

특히, 나는 기존 경영처세의 전문가들처럼 혼자서 일방적으로 끌고 나가지 않고, 수강생들이 스스로 준비하고 발표하도록 하여 창조사업가에게 꼭 필요한 창의력과 문제해결능력을 키워주려 합니다. 즉, 나는 주로 멘토 역할을 하겠다는 것입니다. 또한 당장 눈앞의 돈이나 성공에만 매달리는 것이 아니라, 장기적인 관점과 자신들의 전문성과 창의성을 살리는 데 도움이 되도록 하려 합니다. 한마디로 돈과 인생의 가치를 동시에 추구하는 '인문경영학'을 공부한다고 보면 되겠습니다.

그럼, 온달과 함께 꼭 참여하기를 바라면서 이만 글을 줄입니다. 오늘도 좋은 하루 되세요!

정 교수는 이번 창조사업가를 위한 아카데미가 벌써부터 기대되었다. 특히 지금까지는 주로 대학에서 학생들을 대상으로 강의했는데, 이번에는 사회에서 일반인을 대상으로 강의한다는 점에서 더욱 가슴이 설레였다.

2011년 8월
태정(泰井) 정창권

미래를 열어가는 창조사업가들

차례

1장
위기라는 기회

청년 실업자의 아침

이날도 온달의 어머니는 식당 일을 나가기 위해 서둘러 집안 청소를 하면서 큰소리를 질렀다.

> "온달아! 얼른 안 일어날래? 해가 중천에 떴는데, 대체 언제까지 잘 거야? 으이구~ 대학까지 나와서 허구한 날 방 안에만 틀어박혀 헛짓거리나 하고. 잘한다 잘해."

하지만 온달은 '아이~ 참!' 하며 이불을 끌어당겨 귀를 막고 계속 잠을 잤다. 어젯밤 늦게까지 공포영화를 보면서 먹었던 컵라면과 소주병이 방 안에 어지럽게 널브러져 있었다. 그는 요즘 공포영화나 드라마, 소설, 만화 등을 보는 재미에 푹 빠져 있었다.

> "온달아! 제발 좀 일어나 세수하고 밥 먹어라. 대체 이 늙은 어미가 언제까지 네 뒷바라지를 해줘야 하는 게야."

온달의 어머니가 가방을 챙겨들고 밖으로 나가면서 다시 한 번 잔소리를 해도, 그는 다만 커다란 몸을 뒤집어 궁둥이를 하늘 높이 쳐들 뿐 좀처럼 일어날 기적을 보이지 않았다.

그런데 온달의 어머니가 일하러 나간 지 얼마 되지 않아서, '둥근 해가 떴습니다. 자리에서 일어나서~'라는 핸드폰 벨소리가 큰소리로 울려댔다.

'아이~ 참! 또 누구야?'

온달이 한쪽 눈을 뜨고 휴대폰을 들여다보니, '평강공주'라고 표시되어 있었다. 순간 그는 흠칫 놀란 표정을 지었지만, 갑자기 전화기를 켰다가 뚝 끊고는 머리 위로 내동댕이쳐버렸다. 하지만 휴대폰은 곧바로 다시 큰소리로 울려댔다. 온달은 마지못해 휴대폰을 켜고, 몹시 귀찮은 어투로 말했다.

"왜 또?"
"인간아, 지금 몇 신데 아직까지 자고 있어? 늦어도 올봄까지는 대기업에 들어간다며! 그래서 내가 조앤 롤링이나 미야자키 하야오 같은 대작가가 되도록 도와준다며. 난 그런 핑계로 우리 부모님을 겨우 설득하고 있는데, 오빠가 그러고 있으면 내 입장은 뭐가 되겠어?"
"에이~ 씨! 나도 할 만큼 했어. 세상이 인재를 몰라보는 걸 나보고 어쩌란 말이야."

온달은 최고 대학은 아니지만, 나름 좋은 대학을 나왔다. 스펙도 그만하면 충분했다. 좋은 학점으로 졸업했고, 토익 성적도 나쁘지 않았으며, 공모전에도 몇 번 당선된 적이 있었다. 대학을 다닐 때만 해도 그는 자신만큼 유능한 인재는 없을 것이라고 여겼다. 그래서 4학년 때부터 이름만 들어도 알 수 있는 기업들에 이력서를 넣기 시작했다. 전자제품으로 유명한 S사와 L사, 통

스펙
'Specification'의 준말로, 취업할 때 요구되는
학점, 영어점수, 봉사활동, 어학연수, 자격증,
공모전 당선, 아르바이트나 인턴경험 등을 말한다.

신기업으로 유명한 S사와 K사, 철강으로 유명한 P사를 비롯해 서 대기업과 중소기업에 하나하나 이력서를 써가며, 취업 후 평강과 함께할 미래의 행복한 모습을 그렸다.

하지만 날이 갈수록 그의 꿈은 산산조각이 나버렸다. 면접이나 인턴의 기회는커녕, 이력서조차 어느 한 군데의 기업에서도 통과되지 못하였다. 인사과에 직접 전화해서 물어보면, 학교 공부는 잘했을지 몰라도 사회생활에 꼭 필요한 자신만의 전문성과 창의성이 없다는 것이었다. 이후 그에겐 세상이 암흑과 같았고, 더 이상의 미래는 없는 듯했다. 그래서 좋아하는 공포물이나 보면서 세월을 헛되게 보내고 있었다.

온달이 궁지에 몰린 쥐처럼 반발하자, 평강이 한 발짝 뒤로 물러나 조용히 타이르듯 말했다.

"지난번에 우리 학교에서 강연하신 정 교수님 알지? 그분이 이번에 정부 교육기관에서 실시하는 창조사업가를 위한 아카데미를 주관하신다고 해서, 내가 오빠의 지원서까지 써서 내봤어. 근데 운 좋게도 둘 다 합격했더라고. 오늘 오후 6시에 오리엔테이션을 한다고 하니까, 얼른 일어나 씻고 나와. 같이 점심 먹고 가게."

하지만 온달은 여전히 귀찮은 어투로 대답했다.

"창조사업가가 뭔데? 나 창의성 없는 거 너도 잘 알잖아. 그런 곳에 다닐 돈도 없고 말이야."

그러자 평강이 또다시 버럭 소리를 질렀다.

"그게 이 시간까지 자고 있는 인간이 할 소리야! 취업이 안 되면 혼자서라도 일해야 할 거 아냐. 언제까지 그렇게 바보처럼 살 거야? 수강료도 거의 없으니 군소리하지 말고 당장 나와. 이번에도 뭉그적거리고 안 나오면 정말 끝장이야!"

창조사업가를 위한 아카데미

그날 저녁 무렵 온달은 평강과 함께 창조사업가를 위한 아카데미에 참석했다. 이 강좌는 학생들뿐 아니라 일반인을 대상으로 개설한 것이어서 일과가 끝난 야간에 열린다고 했다.

온달이 평강을 따라 강의실에 들어가니, 담당교수인 듯한 사람이 교탁에서 유인물을 분류하고 있다가 그의 얼굴을 힐끗 쳐다보고는, 다시 고개를 숙이고 하던 일을 계속했다. 자신보다 한두 살 정도 위인 듯, 의외로 젊어보였다. 그의 뒤로는 '제1회 창조사업가를 위한 아카데미'란 플래카드가 걸려 있고, 바로 옆의 벽시계는 6시 10분을 가리키고 있었다.

"어엇! 죄송합니다."

첫날부터 지각한 온달은 긴장된 표정으로 교수를 향해 가볍게 목례한 뒤, 강의실을 휘 둘러보며 빈자리를 찾았다. 제법 큰 강의실에 40여 명의 수강생들이 아무렇게나 자리를 잡고 앉아 있었다.

그런데 강의실엔 20~30대의 젊은 층만이 아니라 40~50대의 아주머니와 아저씨, 심지어는 60대의 할머니까지 앉아 있었다. 그럼에도 웬일인지 분위기가 심상치 않아서, 다들 겉으로는 말없이 무표정하게 앉아 있으나 속으로는 뭔가 강렬한 의지를 품고 있는 듯했다.

'이건 뭐 공포의 외인구단인가?'

온달은 마음속으로 이렇게 생각하고서 강의실 뒤쪽으로 가서 앉으려 하였다. 하지만 평강이 그의 손을 잡고서,

"오빠, 어디가? 뒤에 앉으면 집중이 안 된단 말야."

라고 말하며 앞쪽에 자리 잡고 함께 앉았다.

얼마 후 교수가 맨 앞에 앉은 사람들에게 유인물을 한 묶음씩 건네주며 말했다.

"자~ 강의계획서를 뒤로 돌릴 테니, 다들 한 장씩 가지세요."

온달도 평강과 함께 강의계획서를 받아서 죽 훑어보았다.

"휴~ 대학을 다시 다니는 기분이군! 근데 분야는 왜 이리 많은 거야."

온달의 푸념 어린 소리에 평강은 도리어 기대에 찬 표정으로 대답하였다.

"난 대학에서 배울 수 없는 것들을 많이 배울 거 같아 좋기만 한데 뭘. 다양한 사람들의 경험담도 듣고, 창의적인 아이디어도 많이 얻고 말이야."

이윽고 강의계획서를 나눠준 교수가 문을 열고 밖으로 나가더니, 얼마 안 있어 중년의 한 남자와 함께 다시 들어왔다. 40대 중반의 나이에 수수한 정장 차림을 한 그는 해맑은 미소로 강단에 오르며 말하였다.

"한 실장님! 강의계획서는 다 나눠줬죠?"
"예, 정 교수님."

방금 전까지만 해도 그가 담당교수인 줄로 알았던 수강생들은

"어쩐지 좀 젊어 보이더라."
"이곳 아카데미의 직원이셨구먼."

라고 하면서 서로의 얼굴을 돌아보며 술렁댔다. 정 교수가 다시 그를 향해 말하였다.

\<창조사업가를 위한 아카데미\> 강의계획서

강좌 개요　21세기 디지털 기술의 발달로 창조산업시대가 도래하면서, 창조사업가가 새로운 직업 유형으로 떠오르고 있음. 창조사업가란 자신만의 분야에서 전문성과 창의성을 토대로 독립적이고 자유롭게 일하는 사람들을 말함. 본 강좌는 이러한 창조사업가에 대해 정확히 파악하고, 각 분야별 성공사례 분석을 통해 그 세계에 대해 다양하게 이해하며, 더 나아가 실제로 창조사업가가 되어보는 실습까지 진행하기 위해 마련한 것임.

학습 목표　전문성과 창의성을 갖춘 1인 중심의 창조사업가의 육성

주별 학습내용

주	기간	주제	세부내용	참고
1		강좌 소개		
2		창조사업가란 무엇인가?	출현 배경, 개념, 특성, 분야, 정부정책, 해외동향, 전망 등	
3			1. 아티스트: 조앤 롤링, 원태연, 강풀, 신영복, 낸시 랭	
4			2. 엔터테이너: 박진영, 노홍철, 홍진경, 이은결	
5		창조사업가의 세계	3. 아이디어 사업가: 최영, 송영예, 김용환, 김예진	
6			4. IT 개발자: 안철수, 스티브 잡스, 신석현, 유주완	
7			5. 서비스업 종사자: 이현경, 이영철, 이영석, 지승룡, 김순진	
8			6. 대중교육자: 공병호, 최윤희, 유수연, 한동헌	
9		나도 창조사업가! 프로젝트	창조사업가의 실제	
10		비법(秘法), 창조사업가	창조사업가가 되는 비결	
11		수료식		

* 창조사업가 성공사례 분석법: 대상 소개, 사업화 계기, 시행착오, 성공담, 성공 비결, 의의 등
* 성적평가: 발표(40%), 실습(30%), 기타 리포트, 출석 및 수업태도(30%)
* 평가기준: 창의성, 전문성, 실현 가능성, 사업성

"자~ 그럼 시작해볼까요?"

그러자 한 실장이 강의실 앞의 사회자 자리에 서서 마이크를 들고 말했다.

"다들 주목해주세요. 지금부터 제1회 창조사업가를 위한 아카데미를 시작하도록 하겠습니다.

정부에서는 실업문제의 해소와 창조산업의 활성화를 위해 올해부터 연 2회씩 예비 창업자 40명을 선발하여 6개월여 동안 창조사업가에 대해 교육하기로 했습니다. 대상은 대학생, 주부, 직장인, 자영업자, 예술가, 프리랜서 등에서 전문성과 창의성을 토대로 독립적이고 자유롭게 일하고자 하는 사람들입니다. 교육 방법은 '전문성과 창의성을 갖춘 창조사업가의 육성'이란 목표에 맞게 이론과 실습의 조화를 이루도록 했습니다. 또한 이 과정을 마친 이들에겐 수료증이 발급되며, 그중 성적 우수자에겐 특별히 창조사업가를 위한 공간과 자금을 지원해주기로 했습니다."

성적 우수자에게 적잖은 혜택이 주어진다는 말에 수강생들은 '우와~!' 하고 감탄하며 또다시 술렁대기 시작했다. 그러자 한 실장은 약간 일그러진 표정으로 마이크에 입을 더욱 가까이 대고 큰소리로 말하였다.

"조용히 해주세요! 다음으로 이번 강좌를 맡아주실 교수님을 소개해 드리겠습니다. 정 교수님은 모 대학에 재직하고 계시며, 21세기 신(新) 성장 동력인 문화콘텐츠와 스토리텔링, 창조사업가 등에 대해 연구하며, 저서와 강의(강연), 각종 콘텐츠 개발 등을 하고 계십니다. 다 같이 큰 박수로 맞이해주시길 바랍니다."

수강생들의 우레와 같은 박수 소리에 정 교수는 고개를 숙여 답례하고 말하였다.

"반갑습니다. 나이와 직업, 성별, 장애 유무에 상관없이 전문성과 창의성 및 열정을 바탕으로 자신의 꿈을 실현코자 하는 여러분이 무척 존경스럽습니다. 비록 부족하지만 최선을 다해 여러분의 멘토가 되어드리도록 하겠습니다."

이론과 실습의 조화

이윽고 정 교수는 강의계획서를 펼쳐들고 본격적인 강의에 들어갔다.

"오늘은 첫 시간으로 강좌 소개와 자기소개, 발표자 선정 등을 하고 수업을 마치도록 하겠습니다. 원래 자기소개는 별도로 시간을 배정해서 아주 자세히 해야 하나, 시간 관계상 오늘 한꺼번에 진행하도록 하겠습니다. 그럼, 먼저 이번 강좌의 개요부터 살펴볼까요?

근래 디지털 기술의 발달로 대기업이 중소기업화되고, 다시 개인 기업화로 빠르게 재편되고 있습니다. 특히 날이 갈수록 자신만의 분야에서 전문성과 창의성을 토대로 경제적 이득을 추구하는, 이른바 '창조사업가'가 부각되고 있습니다. 과거엔 거대한 기업들이 모든 것을 이끌었지만, 이젠 개별적인 창조사업가들이 중요해지고 있다는 것입니다.

실제로 요즘 전문성과 창의성을 토대로 독자적으로 사업해서 성공하는 사례들이 계속 늘어나고 있습니다. 대표적으로 제가 아는 몇 가지 사례를 소개하겠습니다.

모 대학의 공예과에 다니는 한 여학생은 반지나 귀걸이, 목걸이 등을 만들어 인터넷에 올려 팔았는데, 시간이 흐를수록 주문이 많이 들어와 방학 때는 계속 그러한 액세서리를 만들어 판다고 합니다. 그리하여 아직 어린 나이임에도 통장에 모은 돈이

상당하다고 합니다.

또 어떤 주부가 있었는데, 그녀의 스트레스를 푸는 방식은 매우 독특하여 백화점에 가서 그릇을 구경하거나 예쁜 커피잔을 사는 것이었습니다. 하루는 전화를 하면서 무심결에 어떤 컵을 디자인했는데, 가족들이 그것을 보고 직접 만들어 인터넷으로 팔면 어떻겠느냐고 제안했습니다. 이에 그 주부는 본격적으로 시장조사도 하고 도자기 공장에도 직접 가서 알아보더니, 한 달 여쯤 뒤에 인터넷 G마켓이나 인터파크 등에서 자신의 컵을 팔기 시작했습니다. 처음에는 하루에 5~10개 정도만 팔려 실망하기도 했지만, 그에 굴하지 않고 크리스마스나 밸런타인데이, 화이트 데이 등의 이벤트 컵을 만들어 인터넷에서 팔았습니다. 그러자 점차 사람들의 입소문을 타고 컵이 많이 팔려나갔다고 합니다.

나아가 어떤 직장인은 사람 목소리의 음성 파형을 활용하여 넥타이핀이나 브로치, 목걸이, 귀걸이 등 액세서리를 만들어 '이 차장'이라는 브랜드로 팔았습니다. 모 그룹에 다니는 한 회사원이 여가시간을 활용하여 만들어 팔았던 것이었는데, 그는 자신의 회사 직함인 '이 차장'을 브랜드 명으로 사용했습니다. 평소 그는 미술에 대해 관심이 많아서 10년여 동안 혼자서 미술사 등을 공부했고, 또 사람 목소리의 음성 파형은 마치 지문처럼 모양이 제각기 다르다는 점에 착안해서, 그것을 디자인하여 액세서리를 만들게 되었다고 합니다.

이 같은 시대 흐름에 따라 정부에서도 2009년부터 '1인 창조기업'이란 명칭으로 이들 창조사업가를 지원하기 시작했습니다. 국민이 자신만의 분야에서 전문성과 창의성을 토대로 독립적이고 자유롭게 경제활동을 할 수 있도록 지원하기 시작한 것입니다. 특히 그것은 청년층의 실업문제를 해소하기 위해 마련한 것이기도 했습니다. 우리나라의 청년 실업률은 2005년 40.9%, 2007년 44.7%, 2009년 52.2%로 해마다 증가하는 추세입니다. 그래서 정부도 이젠 단순히 취업만으론 청년층의 실업문제를 해소할 수 없다고 판단하고 조심스럽게 1인 중심의 기업, 특히 창조사업가를 지원하기 시작한 것입니다.

이 강좌는 바로 그러한 창조사업가에 대해 자세히 알아보기 위해 마련한 것입니다. 21세기 새로운 기업 트렌드인 창조사업가의 개념에 대해 정확히 파악하고, 각 분야별 성공사례 분석을 통해 그 세계를 다양하게 이해하며, 더 나아가 실제로 창조사업가가 되어보는 실습까지 해보기 위한 것입니다."

그러고 나서 정 교수는 학습내용에 대해 좀 더 구체적으로 설명해주었다.

"이 강좌는 이론과 실습의 조화를 추구하고 있습니다. 먼저 우리는 창조사업가의 출현 배경, 개념, 특성, 분야와 업종, 정부대책, 해외동향, 전망 등에 대해 자세히 파악할 것입니다. 이후 각 분야별 창조사업가의 성공사례들을 하나씩 분석하며 벤치마킹을 해나갈 텐데, 그 대상은 앞의 강의계획서에 자세히 나와 있습니다. 그리고 이때는 주로 여러분의 발표를 통해 수업을 진행하고자 합니다. 창조사업가는 21세기에 이르러 새롭게 부각된 분야이므로 이처럼 성공사례 분석을 통한 귀납적 이해가 최선의 접근 방법입니다."

대학 수업도 아닌 일반 아카데미에서 발표를 시키겠다는 말에 수강생들은 갑자기 긴장하며 또다시 술렁대기 시작했다. 맨 뒤의 구석진 곳에 앉아 졸린 눈을 게슴츠레 뜨고 바라보던 40대 중반의 남자가 갑자기 손을 번쩍 들고 큰소리로 말하였다.

"교수님! 저는 학력도 신통찮고 평생 치킨집만 운영해봐서, 발표의 '발' 자도 모르는데 어떡합니까?"
"허허허, 너무 걱정하지 마세요. 발표는 전부 다 하는 것이 아니고, 원하는 사람에 한해서 자유롭게 하도록 하겠습니다. 그리고 발표는 잘하고 못하고의 문제가 아니라, 얼마나 성심성의껏 준비했느냐가 중요합니다."

정 교수의 답변이 끝나자, 이번에는 평강이 손을 들고 웃는 얼굴로 물었다.

"교수님! 발표는 어떻게 해야 하나요? 발표 방법을 좀 더 자세히 알고 싶어요."

"예, 좋은 지적입니다. 아까 말했듯이 창조사업가의 성공사례들을 조사, 분석해서 발표하는 것입니다. 먼저 각 분야별 성공사례들은 앞의 강의계획서에 나와 있고요. 조사 방법은 인터넷이나 도서, 현장탐방 등으로 최대한 다양하고 꼼꼼하게 하면 됩니다. 분석 방법은 먼저 화두(특징)를 제시한 후, 대상 소개, 사업화 계기, 시행착오, 성공담, 성공 비결, 의의, 소감 등을 차례대로 살펴보면 됩니다. 또 발표 방법은 그러한 내용들을 요약하여 PPT로 만들어서 여러 사람 앞에서 발표한 뒤, 자유롭게 질의-토론을 진행하면 됩니다. 다만 우리는 야간 강좌라 시간이 부족해서 질의-토론이 많이 이루어지지 못할 듯합니다. 이 점은 널리 양해해주길 바랍니다. 대신에 발표 후에 제가 간단한 총평이나 부연 설명을 해주도록 하겠습니다."

수강생들은 '어휴~ 힘들겠다!', '와우~ 재밌겠는데!' 등 다양한 반응을 나타냈다. 계속해서 정 교수는 후반부에 있을 실습 과제인 '나도 창조사업가! 프로젝트'의 진행 방법에 대해 일러주었다.

"이 강좌는 이론만이 아니라 실제까지 터득하기 위한 것입니다.

창조사업가 성공사례 분석법
대상 소개, 사업화 계기, 시행착오, 성공담,
성공 비결, 의의, 소감

그러므로 전반부에서 창조사업가의 세계에 대해 자세히 살펴봤다면, 후반부에선 실제로 창조사업가가 되어보는 실습까지 진행해보도록 하겠습니다. 잘 알겠지만 창조사업가는 하루아침에 될 수 있는 것이 아니므로 강좌 기간 내내 각자 조금씩 진행해나가야 할 것입니다.” — 이 책을 읽는 독자들도 각 장의 맨 뒤에 실린 ‘나도 창조사업가! 프로젝트’의 실습 과제에 따라 스스로 조금씩 창조사업가가 되어보도록 하자.

실습의 중요성에 대해선 이미 충분히 숙지하고 있는 듯, 수강생들은 모두 고개를 끄덕이며 열심히 해보겠다는 반응을 보였다.

꿈을 찾는 사람들

정 교수는 다시 강단을 내려와 수강생들에게 다가가며 말하였다.

“자~ 그럼 이제부터 여러분의 자기소개를 간단히 들어볼까요? 맨 오른편에 앉은 사람부터 차례대로 일어나 이름과 나이, 현직, 지원 동기, 향후 계획 등에 대해 자유롭게 얘기해봅시다. 그래야 서로의 사정도 알고, 강좌도 좀 더 원활하게 진행될 수 있을 듯합니다.”

그러자 온달이 먼저 일어나 다른 수강생들을 향해 인사하고 말하였다.

“안녕하세요? 저는 바보온달 — 이후 온달의 창조사업가가 되는

이 책의 주요 캐릭터들
정 교수, 온달, 평강, 박나래, 나영재, 왕이모, 신미영,
정대세, 문용남, 박상민, 오달근

과정은 <잠들 수 없는 밤의 기묘한 이야기>란 블로그를 운영하는 송준의의 경험담에 필자의 상상력을 추가하여 새롭게 재구성한 것임 — 이라 하고요. 나이는 스물여덟 살입니다. 아직까지 취업이 안 되어 집에서 놀고 있고요, 여기는 옆에 앉은 여자친구가 오자고 해서 따라왔습니다. 빨리 취업해서 어머니께 효도하고 싶은데 잘 안 되네요."

온달은 스스로 생각해도 답답한 듯이 '휴~!' 하고 길게 한숨을 내쉬며 자리에 앉았다.

"너무 기죽을 필요는 없습니다. 아직도 늦지 않았어요. 그런데 온달 씨는 평소 무엇을 가장 즐겨 하죠?"

정 교수의 배려 섞인 질문에 온달의 표정이 좀 더 밝아졌다.

"전 어릴 때부터 귀신이나 요괴, 기이한 현상 같은 괴담(怪談)을 좋아했습니다. 괴담은 스릴 넘치고 재미있을 뿐 아니라, 특히 결말이 어떻게 될지 궁금하거든요."
"그럼 괴담에 기반한 창조사업가가 되어보지 그래요?"
"예? 괴담에 기반한 창조사업가요?"
"네. 일본의 경우는 괴담이 매우 발달해 있지만, 우리나라는 아직까지도 그에 대한 연구가 부족한 실정입니다. 또 괴담은 여름만 되면 수요가 급증하는데다 사람들의 관심도 날로 커지고 있지요. 창조사업가는 가급적 자신이 좋아하고, 또 잘하는 분야에 뛰어들어야 성공 가능성이 높습니다."
"그게 과연 사업으로 가능할까요?"
"그럼요, 얼마든지 가능합니다. 우선 괴담에 관한 자료를 수집한 후, 블로그 운영이나 도서 출판을 통해 괴담 전문가로 인정받습니다. 그런 다음 소설이나 만화, 영화, 드라마, 놀이공원, 관광상

위기라는 기회   25

품 같은 다양한 콘텐츠를 개발할 뿐만 아니라, 기타 괴담 관련 콘텐츠 자문이나 강연, 저서, 칼럼 등을 통해 부가가치를 최대한 높여가는 겁니다. 그렇게 하면 좋아하는 일을 하면서 업적도 쌓고, 살아가는 데에도 큰 무리는 없을 겁니다. 물론 당분간 투잡(two-job)을 해도 되고요."

그 말을 들은 온달은 비로소 얼굴에 조금씩 화색이 돌기 시작했다. 다음으로 평강이 일어나 자기소개를 하였다.

"저는 옆에 앉은 온달을 뒷바라지하는 '평강공주'입니다. 나이는 스물다섯 살이고요. 모 대학의 국문과 졸업예정자입니다. 사실 저는 문화콘텐츠 스토리텔러가 되고 싶은데, 부모님께서 결사반대하셔서 고민이에요. 우리 부모님은 '작가는 굶어죽기 딱 좋은 직업!'이라 하시면서, 졸업 후 안정된 직장을 갖거나 차라리 결혼하기를 바라시고 있거든요."

"충분히 이해할 만합니다. 딸이 편하게 살기를 바라는 마음은 어느 부모나 똑같겠지요. 하지만 이젠 시대가 많이 달라져서 스토리텔러는 더 이상 굶어죽는 직업이 아닙니다. 그리고 작가와 스토리텔러는 분명히 다르죠. 작가들이 주로 시나 소설, 수필 같은 문학 장르에만 안주해 있다면, 스토리텔러는 방송이나 영화, 공연, 게임, 광고, 상품, 마케팅 등 다양한 분야에서 기획과 개발 부문을 담당하고 있거든요. 그래서 날이 갈수록 사회의 전 분야에서 스토리텔러의 역할이 중요해지고 있는 상황입니다."

정 교수는 이렇게 설명하고, 평강에게 다시 물었다.

"그럼 앞으로 어떻게 할 셈인가요?"
"우선은 여기 있는 온달 오빠를 취직시켜 결혼하고 싶고요. 저도 차차 문화콘텐츠 스토리텔러가 되고 싶어요."

"허허허, 보기 드문 내조의 여왕이네요. 하지만 그건 구시대적인 발상인 듯합니다. 그러지 말고 서로 힘을 합쳐 보세요. 내가 두 사람에게 별도의 실습과제를 내줄게요. 원래 수업 내용도 잘만 만들면 좋은 콘텐츠가 될 수 있습니다. 나도 이번 강좌를 토대로 나중에 책을 쓰려고 하는데, e-book, 즉 전자책을 만들어보면 어떨까요? 그러면 향후 e-book 콘텐츠를 개발할 때 좋은 경험이 될 것입니다. 그러니까 두 사람은 이번 강좌에서 괴담에 기반을 둔 창조사업가가 되는 한편, 우리 수업을 토대로 e-book 콘텐츠를 기획해보는 것이지요."

"예, 교수님. 열심히 해보겠습니다."

온달과 평강은 그동안 막혔던 가슴이 뻥 뚫린 듯, 두 손을 맞잡고 서로의 얼굴을 바라보며 좋아했다.

바로 이어서 그들 뒤에 앉은 박나래 — 참고로 '박나래' 캐릭터는 공예가 박혜은의 경험담과 필자의 상상을 토대로 새롭게 재구성한 것임 — 가 일어나 자기소개를 하였다. 그녀는 머리카락을 뒤로 돌려 살짝 묶고, 바지 위에 치마를 입는 등 예술가적인 분위기를 자아내고 있었다.

"저는 박나래라 하고요. 모 대학의 공예과 4학년입니다. 주로 구리를 이용해서 다양한 공예품을 만들고 있는데요. 앞으로는 그것들을 조금씩 내다팔면서 공예 분야의 대표적인 창조사업가가 되고 싶습니다. 물론 당장은 많은 수익을 얻으려는 것은 아니고, 작품을 판매하면서 용돈도 벌고 트렌드도 파악하여 자기 발전을 꾀하려 하고 있습니다."

"예, 좋은 생각입니다. 혹시 따로 생각해둔 판매 방법이라도 있습니까?"

"별다른 건 아니고, 우선 서울 북촌이나 삼청동 길가에서 작품을 진열해놓고 조금씩 팔아보려 합니다. 구체적인 마케팅 전략은 계속 생각 중에 있습니다."

정 교수가 다시 눈짓으로 뒷사람을 지목하자, 20대 중반의 한 남자 수강생이 자리에서 일어나 말하였다. 그는 짧게 깎은 머리에 모자를 눌러쓰고 한쪽 귀에는 귀걸이를 하고 있었다. 또 목에는 이어폰이 길게 늘어져 있었다.

> "제 이름은 나영재이고요. 현재 모 힙합그룹의 래퍼로 활동하고 있습니다. 하지만 앞으로는 노래만이 아니라 각종 공연도 기획하면서, 엔터테인먼트 분야의 대표적인 창조사업가가 되고 싶습니다. 이번 창조사업가를 위한 아카데미에 참여한 것도 다양한 성공사례 분석을 통해 그러한 노하우를 터득하고 싶어서입니다."
>
> "예, 좋습니다. 요즘 가수들은 어느 정도 인기를 얻으면 노래뿐만 아니라 각종 음반이나 공연 등을 기획하거나, 더 나아가 자기 회사를 설립하기도 합니다. 그럼 나영재 씨는 이번 강좌에서 엔터테인먼트 분야의 창조사업가에 대한 성공사례 분석을 하는 2조의 팀장이 되어줬으면 합니다."

그리고 나서 정 교수는 강의실 한가운데에 앉아 있는 두 여인을 보고 말하였다. 둘 다 얼굴은 50대로 보이나, 한 사람은 생머리에 화사한 옷을 입고 있어 40대 초반처럼 보였고, 다른 사람은 파마머리에 수수한 옷차림을 하고 있어 40대 중·후반 정도로 보였다.

> "두 사람은 친구인가요? 자매인가요? 차례로 일어나 자기소개를 해주실래요?"

그러자 40대 초반처럼 보이는 여인이

> "어머~ 교수님! 자매라뇨? 우린 분명 친구라고요."

라고 애교 섞인 목소리로 말하고, 먼저 일어나 자기소개를 하였다.

"제 이름은 왕이모 — 이 캐릭터는 천연비누 개발자 김진숙의 경험담과 필자의 상상을 토대로 새롭게 재구성한 것임 — 이고요. 이른바 '골드미스'랍니다. 누구에게든지 구속 받기가 싫어 혼자서 자유롭게 살고 있답니다. 저는 늘 젊은이들 같은 생각과 옷차림을 하면서 젊게 살려고 부단히 노력하고 있어요. 또한 어릴 때 시골에서 자란 탓인지 자연을 무척 소중하게 생각하는 편이에요. 요리할 때에도 인공조미료는 정말 손톱만큼도 쓰지 않고, 제가 직접 갈아서 만든 멸치나 다시마 가루 등 천연 조미료만을 쓰고 있어요. 이번 강좌에 참여한 것도 천연재료로 비누를 만들어 파는 아이디어 사업가 분야의 창조사업가가 되기 위해서랍니다."

다음으로 40대 중·후반처럼 보이는 여인이 조심스럽게 일어나 약간 떨리는 목소리로 말하였다.

"저는 신미영 — 이 캐릭터는 천연 화장품 및 비누 개발자인 왕혜금의 경험담과 필자의 상상을 토대로 새롭게 재구성한 것임 — 이라 하고요. 완전 '순수' 가정주부예요. 제가 이 강좌에 지원한 것도 방금 전에 소개한 친구 왕이모처럼 천연재료로 화장품을 만들어서 블로그를 통해 판매하는 아이디어 사업가 분야의 창조사업가가 되기 위해서입니다. 사실 여자들이 살아가면서 가장 중요하게 생각하는 것이 화장품이잖아요. 태어나서 죽을 때까지 거의 매일 바르고 있는데, 값은 비싸고 피부에도 자극적이어서 소비자들의 불만이 날이 갈수록 커지고 있습니다. 그래서 저는 천연재료를 사용하고 간단한 제조과정을 거친, 그야말로 값싸고 질 좋은 천연화장품을 만들어 판매하고 싶어요."

두 사람의 자기소개가 끝나자, 바로 뒤에 앉은 한 남자 수강생이 자리에서 일어나 인사하고 말하였다.

"안녕하세요! 저는 정대세 — 이 캐릭터는 '어썸노트'란 어플 개발자 백승찬의 경험담과 필자의 상상을 토대로 새롭게 재구성한 것임 — 이고요. 나이는 서른한 살입니다. 얼마 전까지 작은 IT 회사에 다녔는데 갑자기 부도가 나서 문을 닫는 바람에 지금은 집에서 혼자 스마트폰 어플을 개발하고 있습니다. 머잖아 전 세계에 통용될 만한 어플을 개발하여 IT 분야의 대표적인 창조사업가가 되고 싶습니다."

"예, 요즘 스마트폰이 널리 보급되면서 그것의 응용 프로그램인 어플 혹은 앱이 크게 주목받고 있습니다. 어플은 창의적인 아이디어와 프로그래밍 능력만 있다면 누구나 개발할 수 있고, 또 그 것을 통해 많은 수익을 창출할 수도 있기 때문에 최근에는 전문적인 어플 개발자와 회사들이 대거 생겨나고 있습니다. 따지고 보면 우리나라에서 창조사업가가 본격화된 것은 일면 어플 개발자 때문이기도 한데, 이에 대해서는 다음 시간에 자세히 살펴보도록 하겠습니다."

정 교수는 그의 얼굴을 보고 다시 말하였다.

"비록 실직했다고 기죽지 말고, 열심히 준비해서 세상을 놀래킬 만한 어플을 개발해보세요. 우리도 많이 응원하겠습니다."

이후로도 수강생들은 한 사람씩 차례대로 일어나서 자기소개를 했는데, 그 대표적인 사람들만 살펴보기로 하자.

먼저 창가 쪽의 비교적 앞자리에 앉은 할머니가 자리에서 일어나 허리를 뒤로 젖히고 말하였다. 정 교수가 "그냥 편하게 앉아서 얘기하셔도 됩니다."라고 권하여도, 할머니는 굳이 자리에서 일어나 자기소개를 하였다. 그녀는 쪽머리에 한복을 곱게 차려입고 있었으며, 그 곁엔 아들인 듯한 중년의 남자가 듬직하게 앉아 있었다.

"저는 전북 순창에서 온 문용남 ─ 이 캐릭터는 전북 순창의 고추장 명인인 이기남 할머니의 경험담과 필자의 상상을 토대로 새롭게 재구성한 것임 ─ 이올시다. 어느새 환갑을 훌쩍 넘겼지만, 그래도 마음만은 청춘이랍니다. 호호호. 저는 4대째 가업을 이어받아 얼마 전 순창의 고추장 명인이 되었답니다. 앞으로는 고추장 기술을 이용해서 여러 가지 맛있는 장아찌들까지 만들어보고 싶어요. 그럼 여기 있는 우리 아들이 인터넷인지 뭔지를 통해 전국 방방곡곡에 팔겠다고 하네요. 그래서 우리 아들과 같이 전통식품 분야의 창조사업가에 대해 배우려고, 먼 길을 마다하지 않고 여기까지 달려왔답니다."

"정말 대단하십니다. 근데 매주 올라오시려면 힘들지 않겠어요?"

"우리 아들이 차로 태워다줘서 괜찮구먼요, 선생님."

"요즘 전통기술을 가진 장인들이 독창적인 아이디어와 결합하여 창조사업가가 되는 사례들이 날이 갈수록 늘어나고 있습니다. 어르신께서도 이번 강좌를 통해 그러한 방법들을 많이 습득하셔서, 전통식품 분야에서 최고의 창조사업가가 되셨으면 합니다. 다만 항상 건강에 유의하셨으면 합니다."

다음으로 창가 쪽의 중간쯤에 앉아 있는 30대 중반의 남자 수강생이 자리에서 일어나 짤막하게 자기소개를 했다. 그는 턱수염을 아주 멋지게 기르고, 손에는 커다란 카메라가 들려 있었다.

"제 이름은 박상민 ─ 이 캐릭터는 '포토카페 EOS'의 대표인 조성민의 경험담과 필자의 상상을 토대로 새롭게 재구성한 것임 ─ 이고요. 예쁜 딸아이를 둔 아빠입니다. 현재 사진작가로 활동하고 있는데, 그것만으로는 가족을 부양하기가 어려워 새로운 변화를 모색하고자 이곳을 찾게 되었습니다. 저의 장점인 사진 기술에다 독특한 아이디어를 결합시켜 창조사업가가 되고 싶은데, 앞으로 많이 도와주십시오."

끝으로 창가 쪽의 맨 뒤에 앉아 여전히 꾸벅꾸벅 졸고 있던 40대 중반의 남자 수강생이 정 교수의 지명에 깜짝 놀라 자리에서 일어나 큰소리로 말하였다.

> "저는 경기도 안산에서 치킨집을 운영하고 있는 오달근 — 이 캐릭터는 경기도 안산의 치킨집 사장인 오삼채의 경험담과 필자의 상상을 토대로 새롭게 재구성한 것임 — 이라 하는구면요. 6년째 장사하고 있는데, 요즘은 돈벌이가 영 신통치 않아서 한번 새로운 장사법을 구상해보려고 왔습니다."
> "새로운 장사법이라? 좀 더 자세히 얘기해줄 순 없을까요?"

그 말에 오달근은 아주 자랑스러운 표정으로 대답했다.

> "아~ 이거 비밀인데! 아주 기가 막힌 사업 아이템이거든요. 원래 제가 오토바이를 좋아하기도 했지만, 어렸을 때부터 애니메이션 마니아이기도 했습니다. 그래서 고안해낸 건데요. <독수리 오형제>나 <로봇 태권브이> 같은 가면과 복장으로 치킨 배달을 나간다면, 사람들한테 아주 색다른 볼거리를 제공할 것입니다. 그럼 치킨도 훨씬 많이 팔리지 않겠습니까?"
> "그거 재미있네요. 치킨집에 문화콘텐츠인 애니메이션 캐릭터를 결합시켜 보다 창의적으로 마케팅을 해보겠다는 거군요. 아주 좋은 생각입니다. 후반부의 실습편에서 좀 더 구체적인 계획을 기대하겠습니다."

이렇게 해서 자기소개를 모두 마치자, 정 교수는 다시 강단으로 올라가며 말하였다.

> "예, 모두 새로운 꿈을 찾고 있는 사람들인 듯합니다. 지금은 비록 위기에 처해 있을지 모르지만, 앞으로는 정말 기대가 많이 됩니다. 이제 마지막으로 3주째부터 진행할 예정인 각 분야별 창조

사업가의 성공사례 분석을 위한 조 편성과 팀장을 선정하도록 하겠습니다. 각자 마음에 맞는 사람들끼리 자유롭게 조를 편성하고, 그중에서 한 명을 팀장으로 선정해주세요.”

얼마 후 수강생들은 조 편성과 함께 그 대표자인 팀장을 선정했는데, 1조 아티스트 분야는 온달이, 2조 엔터테이너 분야는 나영재가, 3조 아이디어 사업가 분야는 왕이모가, 4조 IT 개발자 분야는 정대세가, 5조 서비스업 종사자 분야는 박상민이 각각 팀장으로 선정되고, 마지막 6조 대중교육자 분야는 팀장을 하고자 하는 이가 없어 조원들이 각자 알아서 발표를 준비하기로 했다.
마침내 정 교수는 다음 시간을 간략히 예고하고 이날의 수업을 마쳤다.

“다음 시간엔 창조사업가란 무엇인가에 대해 자세히 살펴보도록 하겠습니다. 창조사업가의 출현 배경과 개념, 특성, 분야, 정부대책, 해외동향, 사회적 관심, 전망 등에 대해 차례대로 살펴보겠습니다. 특히 정부대책에 대해선 창조사업가와 유사한 개념인 ‘1인 창조기업’을 주관하는 중소기업청 직원이 나와서 직접 들려줄지도 모르겠습니다. 그럼, 다들 안녕히 돌아가시길 바랍니다.”
“감사합니다, 교수님!”

수강생들은 큰 소리로 인사하고, 새 출발을 위한 부푼 꿈을 안고 집으로 돌아갔다.

⟨나도 창조사업가!⟩ 프로젝트

1   적성 찾기

창조사업가가 되기 위해서는 무엇보다 먼저 자신의 적성을 찾는 것이 중요하다. 지금까지 나는 특히 무엇을 잘했는지? 어떤 일을 할 때 가장 즐겁고 행복했는지? 나는 정말 무엇을 하고 싶은지? 곰곰이 생각하면서 자신의 적성을 찾아보자.

2   전문 분야 선정하기

자신의 적성을 찾았다면 이번엔 자신만의 전문 분야, 곧 목표(꿈)를 선정해야 한다. 예를 들어 공포물 전문가, 재난콘텐츠 전문가, 교양서 전문작가, 각종 아이디어 사업가, 테마 카페나 음식점 운영자 등처럼 자신의 목표를 구체적으로 선정하도록 한다.

2장
창조사업가란 무엇인가?

창조산업의 성장과 부각되는 창조사업가

지난 시간에 자기소개를 해서 조금 익숙해진 탓인지, 수강생들은 저마다 강의실로 들어오면서 서로 아는 체를 하였다. 온달도 수업 시간이 거의 다 되어 들어와 다른 수강생들에게 가볍게 목례하고, 강의실을 휘 둘러보며 앉을 자리를 찾았다. 하지만 평강이 미리 도착하여 앞쪽에 자리 잡고 앉아 있어서, 어쩔 수 없이 그녀에게 다가가 옆자리에 앉았다.

"오빠, 오늘도 늦은 거야? 이번이 마지막 기회라 생각하고 열심히 공부하랬잖아. 근데 또 꼴찌로 들어온단 말야?"
"너무 그러지 마. 창조사업가에 관한 정보가 인터넷에 너무 없어서 책을 찾아보려고 도서관에 갔다가 늦은 거란 말이야."
"정말? 이젠 예습도 다 하시고, 제법인데. 근데 창조사업가에 관한 책은 많이 나와 있어?"
"아니. 창조사업가와 유사한 개념이자 정부에서 추진하는 지원사업인 '1인 창조기업'에 대해서만 몇 권 나와 있었어. 한데 그것도 대부분 정부정책에 편승해서 급조해낸 것이더라고."
"그러겠지. 아직까지도 우리나라는 '창조사업가'의 중요성에 대해 제대로 인식하고 있지 못하니깐."
"도대체 창조사업가가 뭐야? 넌 예전에 학교에서 교수님의 강연을 들었으니 뭔가 알 거 아냐?"

"응. 창조사업가는 창조산업의 시대에 새롭게 떠오르고 있는 창의적인 사회 집단을 말해. 우선 창조산업이란 개인의 창의성과 기술, 재능에 기반을 두고 부와 가치를 창출하는 활동을 뜻하지. 원래 창조산업이란 용어는 영국에서 처음 주창한 것인데, 그들은 창조산업을 '문화, 예술 등 창의성을 토대로 한 산업'이라고 정의했어. 즉, 그들은 흔히 문화산업을 창조산업이라고 했던 것이지. 한데, 요즘 창조산업은 그러한 문화, 예술에만 국한되지 않고, 일상생활이나 IT산업, 서비스업 등 사회의 전 분야에서 활발하게 일어나고 있는 추세야. 그러면서 창조적으로 일하는 사람들인 창조사업가가 급속히 뜨고 있는 것이지. 이들 창조사업가는 새롭게 주목받는 사회 집단으로서, 대단히 고부가가치인 지식노동자라 할 수 있어."

"한마디로 창조산업의 시대가 되자, 창조사업가가 새롭게 뜨고 있다는 얘기구만."

바로 그때, 정 교수가 지난 시간처럼 활짝 웃는 얼굴로 강의실에 들어와 반갑게 인사하였다. 그러고는 능숙한 솜씨로 출석을 체크한 뒤, 먼저 간단히 오늘의 수업소개부터 했다.

"오늘은 창조사업가란 무엇인가에 대해 자세히 살펴보겠습니다. 최근 창조사업가가 왜 부각되었고, 그 개념은 과연 무엇이며, 어떤 분야들이 있는지 등을 차례대로 살펴보겠습니다. 그리고 중소기업청 직원과 함께 창조사업가와 유사한 개념인 1인 창조기업에 대한 정부대책을 알아보고, 기타 해외동향, 사회적 관심 등에 대해서도 간략히 알아보겠습니다."

그런 다음 한 실장을 통해 미리 설치해둔 PPT 화면을 넘겨가며 본격적으로 창조사업가에 대해 살펴보기 시작하였다. 그는 먼저 수강생들을 향해 물었다.

"여러분! 근래 창조사업가가 부각되고 있는 이유는 과연 무엇일까요?"

그러자 앞쪽에 앉아 있던 평강이 손을 번쩍 들고 말하였다.

"무엇보다 창조산업이 성장하면서, 창조사업가에 대한 관심이 부각되고 있는 듯합니다. 날이 갈수록 탈산업화 시대, 다시 말해 제조업 기반 경제에서 지식서비스 기반 경제로 빠르게 이동하면서, 전문성과 창의성을 토대로 한 지식집약적인 창조사업가가 뜨고 있는 것입니다."
"예. 아주 정확한 지적입니다."

그에 뒤질세라 온달이 손을 들고 큰소리로 말하였다.

"디지털 기술이 발달하면서 점차 창조사업가가 부각된 것이 아닐까요?"
"예, 맞습니다. 디지털 기술이 발달하면서 창조사업가들이 대거 출현하고 있습니다. 그중에서도 특히 인터넷과 휴대폰의 개발은 창조사업가의 성장에 날개를 달아주었습니다. 그러한 디지털 기기들로 인해 본격적인 1인 기업의 등장과 자유로운 상품 판매가 가능해졌기 때문입니다. 그에 대해 좀더 자세히 알아볼까요.

먼저 인터넷은 전 세계를 하나로 묶어줬을 뿐 아니라, 자신의 상품을 널리 알릴 수 있는 홍보수단이 되어주었습니다. 사람들은 인터넷의 발달로 블로그나 쇼핑몰, 홈페이지 등을 통해 획기적으로 상품을 판매하기 시작했습니다. 가령 '나물이네'란 블로그로 유명해진 김용환 씨는 평소 취미로 요리하는 것을 좋아했는데, 자신이 알고 있던 몇 가지 간단한 요리법을 블로그에 올리기 시작했고, 이것이 사람들에게 큰 호응을 얻으면서 아예 홈페이지를 개설하여 반찬이나 고기 같은 음식도 팔고, 또 요리책

『나물이네 밥상』 시리즈를 꾸준히 펴내어 큰 인기를 얻었습니다.

마찬가지로 송영예 씨가 손뜨개와 관련된 사업을 시작할 수 있었던 것도 인터넷 덕분이었습니다. 인터넷 사이트에 자신이 알고 있던 손뜨개 정보를 올림으로써 사람들에게 인기를 얻었고, 이것이 잡지 연재나 문화센터 강의 등의 기회를 얻게 해주었으며, 이후 '바늘 이야기'란 회사를 설립하여 큰 성공을 거두었던 것입니다.

다음으로 휴대폰은 어떤 공헌을 했을까요? 우선 휴대폰은 시공간의 제약이 없는 유연한 근무를 가능하게 해주었을 뿐 아니라, 다양한 콘텐츠의 소비를 증가시켰습니다. 특히 스마트폰의 보급으로 어플, 곧 응용 프로그램의 수요가 급증하면서 창조사업가가 크게 늘어나게 되었습니다. 어플은 창의적 아이디어와 프로그래밍 능력만 있으면 대형 업체만이 아니라 일반인들도 얼마든지 개발하여 판매할 수 있기 때문입니다."

설명을 마친 정 교수가 다시 수강생들을 향해 물었다.

"창조사업가가 부각된 또 다른 요인으로는 무엇이 있을까요?"

그러자 이번엔 정대세가 손을 들고 대답했다.

"직장에 대한 인식이 변했기 때문인 듯합니다. 다시 말해 예전처럼 집단적으로 모여서 일한다는 통념이 깨진 거죠."
"예, 맞습니다. 이젠 조직이 아닌 개인 사회입니다. 특히 모든 정보를 하나로 통합시킨 스마트폰이 널리 보급되면서, 날이 갈수

창조사업가의 부각 배경
탈산업화 시대, 디지털 기술의 발달, 직장에 대한
인식 변화

록 개인주의, 이기주의가 팽배해지고 있습니다. 따지고 보면 대기업이나 중소기업에 취직한다는 건 20세기 대량생산의 시대에나 필요했던 개념입니다. 그러므로 우리도 무작정 기업에 취업한다는 고정관념은 하루 빨리 깰 필요가 있습니다."

전문성·창의성·사업성

정 교수는 계속해서 창조사업가의 개념에 대해 살펴보기 시작했다. 그는 먼저 수강생들을 향해 물었다.

"여러분! 대체 창조사업가가 무엇입니까?"

하지만 아직까지 생소한 용어라서 그런지 누구도 쉽게 대답하지 못하였다. 이에 정 교수가 대신 말하였다.

"앞에서도 말했듯이 창조사업가란 자신만의 분야에서 전문성과 창의성을 토대로 독립적이고 자유롭게 일하는 사람들을 말합니다. 이들은 대단히 지식집약형, 곧 전문성과 창의성을 발휘하여 경제적 부가가치를 추구한다는 특징을 가지고 있습니다. 그래서 창조사업가는 지식서비스 기반 경제의 핵심적 성장 동력으로 간주되고 있지요. 또한 이들은 주로 1인 기업이나 프리랜서의 형태로 활동하고 있습니다."

바로 그때, 온달이 갑자기 손을 들고 물었다.

창조사업가
자신만의 분야에서 전문성과 창의성을 토대로
독립적이고 자유롭게 일하는 사람들을 말한다.

창조사업가란 무엇인가?

"교수님! 그럼 기존의 소상공인이나 소호와의 차이점은 무엇입니까?"

"예, 아주 좋은 질문입니다. 창조사업가와 기존 업종의 가장 큰 차이점은 일단 '창조성'이라 할 수 있습니다. 즉, 부가가치의 요인이 제품 그 자체(품질, 기능 등)인가, 아니면 전문성과 창의성(아이디어, 지식, 전문기술, 서비스 등)인가에 따라 달라진다는 것입니다.

물론 창조사업가도 양적 측면에서 본다면 기존의 소상공인이나 소호 등 '1인 기업'의 범주에 든다고 할 수 있습니다. 하지만 소상공인의 경우에는 기본적으로 도·소매업, 운수업 등 전통적인 서비스업에 종사하는 것으로, '창조성'이라는 질적 측면을 크게 고려하지 않고 있습니다. 또한 소호(SOHO: Small Office Home Office)란 개인이 작은 사무실이나 집에서 주로 인터넷을 활용하여 사업하는 경우를 말하는데, 창조사업가는 그중에서도 특히 창조성을 기반으로 하는 업체를 말합니다. 그렇게 보면 창조사업가는 완전히 새로운 개념은 아니고, 기존의 '1인 기업'이나 '개인 기업'에 '창조성'이 추가된 것이라고 보면 됩니다.

특히 창조사업가에게 무엇보다 중요한 것은 '전문성'입니다. 즉, 창의성과 함께 자신만의 전문적인 지식이나 기술, 서비스 등을 갖고 있느냐는 것입니다. 그러므로 창조사업가가 되기 위해서는 먼저 해당 분야에 대한 풍부한 지식과 경험, 열정을 가지고 있어야 합니다. 그와 함께 창조사업가는 상당한 경영 능력, 곧 기업가적 성향을 갖추고 있습니다. 특히 그들은 자신의 재능을 다양하게 활용하여 부가가치를 최대한 높이는 이른바 원소스 멀티유즈(One Source Multi Use)의 경영전략을 펼치고 있습니다. 이는 문화콘텐츠 산업의 경영전략과 유사한 것으로, '일석다조(一石多助)'의 최고의 경영전략이라 할 수 있지요."

창조사업가의 특성

정 교수는 다시 창조사업가의 특성에 대해 설명하기 시작했다.

"창조사업가의 특성은 첫째 '지식기반형 사업'이라는 것입니다. 이들이 생산하는 제품이나 서비스는 각종 문화나 예술 작품, 전문지식이나 기술, 아이디어 상품, 소프트웨어, 이벤트 등 다양하고 깊이 있는 지식에 기반을 두고 있습니다. 그들은 대부분 전문적인 지식에다 독창성을 덧붙여서 고부가가치 상품을 만들어내고 있습니다. 이렇게 요즘은 잘만 가공한다면 지식도 부(富)를 창출해내는 세상이 되었습니다.

둘째, '프로젝트형 작업'을 한다는 것입니다. 고정된 직장에서 평생 동안 한 가지 일만 계속 반복하는 것이 아니라, 프로젝트 단위로 모여서 함께 일하다가 그것이 끝나면 뿔뿔이 흩어지는 방식을 취하고 있습니다. 그러므로 어찌보면 '신유목민'이라 할 수도 있습니다.

자, 사자나 치타, 늑대 같은 야생의 동물들을 한번 생각해볼까요? 그들은 무리를 지어 다니다가 사냥해서 성공하면 배를 채우고, 얼마간의 휴식을 취합니다. 야생의 동물들은 그러한 생활을 계속 반복하며 살아갑니다. 원시시대의 유목민도 이와 마찬가지였죠. 그들도 무리를 지어 다니다가 과일이 있으면 따먹고, 강가에서 물고기나 조개를 채취해서 먹었으며, 산속이나 들판에서 짐승을 사냥하여 함께 나눠 먹었습니다. 그들에게 있어서 정해진 삶의 틀이란 아예 없었던 것입니다.

21세기의 우리도 그와 마찬가지입니다. 20세기 산업사회에

창조사업가의 특성
지식기반형 사업, 프로젝트형 작업, 멀티플레이어,
네트워크 중시, 자신의 브랜드화

서와 같은 평생 직장이나 일정한 수입, 안정된 미래란 개념이 사라진 지 이미 오래입니다. 어느새 우리도 각종 프로젝트에 참여해서 함께 일하고 수입을 나눠 가지며, 만약 일거리가 없으면 휴식이나 여행을 하며 재충전하는 형태로 살아가고 있지요. 야생의 동물이나 원시시대의 유목민처럼 현재 우리도 삶의 유동성이 너무도 다양한 시대를 살고 있는 것입니다.

셋째, '멀티플레이어(multi-player)'라는 것입니다. 창조사업가는 1인 다역(多役), 곧 한 사람이 여러 가지 일을 동시에 수행함으로써 수입을 극대화하고 있습니다. 예를 들어 박진영의 경우 본업은 가수이지만 작곡가이자 프로듀서, 회사 대표로도 활동하면서 자신의 수입원을 다각화하는 한편 사회적 명성을 높이고 있습니다.

넷째, '네트워크'를 중시한다는 것입니다. 창조사업가는 독립적으로 일하는 동시에 여러 사람과 더불어 일하기도 합니다. 그리하여 자신의 능력 밖의 일들을 보완하지요. 사실 창조사업가라고 해서 꼭 자기 혼자서 일하는 것만은 아닙니다. 자기 자신 및 그와 관련된 많은 개인의 시너지 효과로 이루어지는 것입니다. 그들의 인적 네트워크의 가장 보편적인 방법은 '아웃소싱(outsourcing)'입니다. 아웃소싱의 적절한 활용으로 비용을 절감하고, 서비스를 향상시키며, 수익성을 높이는 것이죠.

다섯째, '자신을 브랜드화'한다는 것입니다. 창조사업가들은 거의 대부분 자신의 이름을 브랜드로 내세우고 일합니다. 대표적으로 공병호 경영연구소, 한경희의 생활과학, 영철버거 등이 그것이죠. 물론 자기 이름을 브랜드화하기 위해선 자신의 아이템이나 기술에 대해 자신감을 갖고 있어야 합니다. 예컨대 서울 강남에 있는 '김영모 과자점'의 김영모 대표는 회사명을 지을 때, 처음엔 우아한 외래어로 지을까 하다가 그냥 '김영모'라는 자신의 이름으로 지었다고 합니다. 자신의 이름을 브랜드로 내걸면 좀 더 책임감을 갖게 되고, 다른 사람들에게도 신뢰감을 줄 수 있다고 생각했기 때문입니다.

　　기타 창조사업가의 특성으로는 자기 의지대로 일한다는 '자율성', 자신의 취미를 살려 사업한다는 '취미의 사업화', 은퇴가 없는 직장이라는 '평생직장', 공해가 없는 일이라는 '친환경사업' 등을 들 수 있습니다."

누구나 가능하다

바로 이어서 정 교수는 창조사업가의 분야와 그 유형을 분류해주었다.

　　"우선 창조사업가는 자신만의 분야에서 전문성과 창의성을 갖추고 있다면 나이와 성별, 학력, 직업에 관계없이 누구나 될 수 있습니다. 뒤에서 자세히 살펴보겠지만, 창조사업가에는 평범한 가정주부도 있고, 노점상을 하는 아저씨도 있고, 대학생도 있습니다.

　　지금까지 꾸준히 성공사례를 수집해보니 창조사업가의 대상 분야는 앞의 강의계획서처럼 ① 아티스트, ② 엔터테이너, ③ 아이디어 사업가, ④ IT 개발자, ⑤ 서비스업 종사자, ⑥ 대중교육자 등으로 나눌 수 있었습니다. 물론 이를 다시 최종 생산물의 형태로 분류하면 ① 지식(콘텐츠) 분야, ② 기술(제품) 분야, ③ 서비스 분야의 세 가지로 나눌 수 있습니다. 지식 분야는 아티스트나 엔터테이너, 아이디어 사업가, 대중교육자 등이 생산해내는 각종 예술작품이나 문화콘텐츠, 전문지식 등을 말하고, 기술 분야는 아이디어 사업가나 IT 개발자들이 생산해내는 발명품이나 천연제품,

창조사업가의 분야
아티스트, 엔터테이너, 아이디어 사업가, IT 개발자,
서비스업 종사자, 대중교육자 등

전통식품, 소프트웨어 등을 말하며, 서비스 분야는 서비스업 종사자들이 제공하는 음식이나 이벤트, 여가문화 등을 말한다고 볼 수 있습니다.

하지만 보다 세부적인 대상 업종은 굳이 제시하지 않겠습니다. 앞에서 말했듯이 창조사업가는 자기 분야에서 전문성과 창의성을 갖추고 있다면 누구나 가능하고, 앞으로도 계속 새로운 업종들이 생겨날 것이기 때문입니다."

여기까지 설명을 마친 정 교수는 잠시 휴식을 취한 뒤 창조사업가에 관한 정부 정책과 지원부터 다시 살펴보자고 하였다.

1인 창조기업 지원사업

수강생들은 복도와 휴게실 등에서 10여 분의 휴식을 마치고 다시 강의실로 들어왔다. 그러자 정 교수가 30대 중반의 한 남자와 함께 들어와 수강생들을 보고 말하였다.

"지난 시간에 얘기했듯이, 최근 창조사업가가 계속 늘어나면서 정부에서도 '1인 창조기업'이란 명칭으로 각종 지원사업을 펼치고 있습니다. 이에 대해서는 아무래도 중소기업청의 담당 직원에게 직접 들어보는 것이 좋을 듯합니다. 그래서 퇴근 시간이 지났음에도 이렇게 담당자분이 우리를 위해 귀한 발걸음을 해주셨습니다. 다들 큰 박수로 맞아줬으면 합니다."

중소기업청 직원은 우레와 같은 박수소리와 함께 강단으로 올라가, 우선 간략히 자기소개를 하고 곧바로 강연에 들어갔다.

1인 창조기업 지원센터 홈페이지 메인 화면

"안녕하세요? 저는 찾아가는 1인 창조기업 서비스인 '드림버스'의 운영을 맡고 있는 박 실장입니다.

요즘 고용 없는 성장의 시대가 되면서, 창업이 일자리 창출의 대안으로 떠오르고 있습니다. 하지만 거의 대부분 외식업 위주의 창업을 하면서 관련 시장의 경쟁만 심화시키고, 많은 창업자에게 실패의 쓴맛을 보게 하고 있습니다. 그리하여 정부는 국민 개개인이 가지고 있는 다양한 아이디어와 지식을 활용하여 혼자서도 사업할 수 있는 길을 열어주고자 노력하고 있습니다. 그 대표적인 것이 바로 1인 창조기업 지원사업입니다.

원래 1인 창조기업은 2009년 1월 '중산층 키우기 휴먼뉴딜' 정책의 후속책으로서 발표된 것이었습니다. 경제 위기로 어려움을 겪고 있는 중산층에게 다양한 아이디어를 바탕으로 손쉽게 창업할 수 있도록 지원하겠다는 것입니다. 1인 창조기업은 이렇

1인 창조기업
창의적인 아이디어나 기술, 전문지식 등을 가진 자가
운영하는 1인 중심의 기업을 말한다.

창조사업가란 무엇인가?

게 다양한 일자리 창출과 이를 통한 중산층 키우기에 초점을 둔 것이었습니다.

그럼 1인 창조기업이란 과연 무엇일까요? 이 사업을 주관하는 저희 중소기업청에선 그 개념을 '창의적인 아이디어나 기술, 전문지식 등을 가진 자가 운영하는 1인 중심의 기업'이라 정의하고 있습니다. 또 여기서 '1인 기업'이란 상시적 근로자를 고용하지 않고 자기 스스로 일하는 사람을 의미하고, '창조기업'이란 개인의 창의성을 투입하여 경제적 부가가치를 창출하는 기업을 말한다고 제시하고 있습니다.

1인 창조기업 분야는 크게 세 가지로 나누고 있습니다. ① 소프트웨어 개발과 홈페이지 제작 같은 IT 서비스 분야, ② 만화나 드라마, 영화 제작 같은 문화콘텐츠 서비스 분야, ③ 전통식품이나 공예품 같은 제조업 분야 등이 그것입니다. 그와 함께 1인 창조기업의 대상 업종으로는 제조업, 출판과 영상, 방송통신 및 정보서비스업, 연구개발업, 전문 서비스업, 건축기술과 엔지니어링 및 기타 서비스업, 기타 전문 과학 및 기술 서비스업, 사업지원 서비스업, 창작과 예술 및 여가 서비스업 등과 관련된 84개 업종을 들고 있습니다.

우리나라 1인 창조기업의 숫자는 2009년 12월 기준 20만여 명으로 전체 경제활동 대비 약 1%를 차지하고 있습니다. 지역별로는 서울, 경기 등 수도권 지역에 62.4%, 지방에 37.6%가 거주하고 있으며, 20~30대의 청년층이 30.2%, 40대 이상의 장년층이 69.8%로 청년층의 활동이 상당히 저조한 편입니다. 그리고 성별로는 남성 52.5%, 여성 47.5%이며, 학사 이상의 고학력 비율이 57.4%로 상당히 높게 나타납니다. 업종별로는 전문 과학·기술 서비스(30.9%), 창작·예술·여가(14%), 출판·영상(5%), 통신·컴퓨터(5.6%) 등의 순이며, 개인사업자나 법인 형태가 아닌 미등록 사업자 형태로 많이 활동하고 있습니다.

현재 정부의 1인 창조기업 관련 사업은 한국콘텐츠진흥원과 중소기업청에서 각각 진행하고 있습니다. 먼저 한국콘텐츠진흥원은 '콘텐츠 1인 창조기업 지원센터'를 설치해서 주로 문화와 관련된 분야에 대한 아이디어의 접수 및 심사, 상품제작과 사업화 등을 원스톱으로 지원하고 있습니다. 그리고 '콘텐츠 창업교육' 과정을 개설하여 콘텐츠 분야의 우수한 창업인력을 육성코자 노력하고 있습니다.

그에 비해 중소기업청에서는 좀 더 확대된 영역에서 '아이디어 비즈뱅크(www.ideabiz.or.kr)'라는 인프라를 활용하여 지원사업을 실시하고 있습니다. 아이디어 비즈뱅크는 1인 창조기업에 대한 국민의 참여도와 접근성을 높이기 위해 중소기업청에서 마련한 온라인 포털사이트로, 사회적으로 믿을 수 있는 아이디어 중개 플랫폼이라 할 수 있습니다. 이 사이트에 방문하여 등록신청을 하면, 간단한 검증작업이 이루어진 뒤에 자신이 참여하고자 하는 분야에서 지원을 받을 수 있습니다. 또 자신이 선택한 분야별로 맞춤형 정보가 실시간으로 제공됩니다.

이 밖에도 중소기업청에선 1인 창조기업에 대한 다양한 사업을 펼치고 있습니다. 예컨대 2010년의 지원사업만 보더라도, 1인 창조기업에 프로젝트를 발주한 중소기업 및 비영리단체에게 지원하는 '지식서비스 구매 바우처', 우수한 1인 창조기업에 1인당 교육비의 50%까지 지원하는 '자기계발 골드카드', 전국 18개 센터의 1인 창조기업에 공동 사무실과 회의실 등 사무공간을 지원하거나 세무와 법률 등 경영을 지원해주는 '1인 창조기업 비즈니스센터', 1인 창조기업의 아이디어나 기술 등을 활용하는 중소기업에 기술개발비를 지원하는 '연계형 기술개발' 등이 그것입니다. 또한 '앱 창작터'란 사업을 시행해서 대학 등 전문기관을 앱 창작터로 지정하여 모바일 기반의 어플리케이션에 대한 교육 및 개발 지원을 하고, '1인 창조기업 드림버스'를 운영하여 1인 창조기업의 아이디어 발굴 및 우수제품의 전시, 홍보, 상담 등 찾아가는 현장 서비스도 실시하고 있습니다.

결국 이상과 같은 지원사업이 원활하게 추진된다면, 신규 일자리가 대거 창출될 뿐 아니라 국민의 1인 창조기업에 대한 관심도 매우 높아질 것으로 보입니다."

설명을 마친 중소기업청 직원은 교탁에 놓인 물을 조금 마신 뒤, 수강생들을 향해 궁금하거나 제안할 것이 있으면 자유롭게 얘기해보도록 하였다. 그러나 수강생들은 정부 지원에 대해 어느 정도 알고 있는지, 주로 질문하기보다는 불만을 토로했다.

먼저 사진작가인 박상민이 여전히 카메라를 품에 안고 약간 볼멘소리로 말하였다.

"정부에서 1인 창조기업들을 위해 많은 지원을 하고 있다지만, 아직까지도 문제점이 적잖은 듯합니다. 그중 가장 큰 문제는 1인 창조기업에 해당하는 분야를 애초부터 지정해놓음으로써, 그 외의 분야에 대해선 지원을 받기가 어렵게 해놓았다는 점입니다. 기존과 같은 단순한 자영업이 아닌 전문적이고 창의적인 사업이라면 가급적 1인 창조기업으로 인정해줘야 할 듯합니다."
"예, 전문적이고 창의적인 형태의 사업임에도 대상 분야에 제한을 받아서 실행하지 못한다면, 정말이지 큰 문제가 아닐 수 없습니다. 앞으로는 좀 더 다양한 분야의 1인 창조기업에 대한 지원대책을 마련하고, 또 시대나 환경 변화에 따른 분야별 맞춤형 지원대책도 마련해야 할 듯합니다."

다음으로 문용남 할머니와 함께 앉아 있던 아들이 손을 들고 말하였다. 그는 어머니의 전통식품 사업을 곁에서 지켜보며 배운 바가 많았는지 상당히 전문적인 얘기를 하였다.

"1인 창조기업 가운데 특히 전통식품 분야의 종사자들이 어려움을 많이 겪고 있습니다. 일반적으로 식품을 만들어 시장에 내다

팔기 위해서는 식품위생법을 따라야 하는데, 그 법적·행정적인 절차가 너무 까다롭습니다. 또한 자본이 적고 소량생산을 하는 이들은 상대적으로 대량생산을 하는 회사들과 차별화하기가 매우 힘든 상황입니다.”

“예, 좋은 지적입니다. 그간 중소기업법은 도·소매업과 제조업을 중심으로 입법화되어 있어서, 전문적이고 창의적인 형태로 사업을 하는 1인 창조기업에게 적용하기에는 많은 한계가 있습니다. 그러므로 기존과 차별화된 법률이나 정책을 다시 수립함으로써 1인 창조기업의 법적·제도적 기틀을 마련해야 할 듯합니다.”

계속해서 힙합 가수인 나영재가 모자를 눌러쓴 채 손을 들고 말하였다.

“제가 보기에 1인 창조기업의 가장 큰 문제는 예산과 공간 부족인 듯합니다. 1인 창조기업을 위해 정부에서 많은 지원을 하고 있다지만, 아직도 일부 사람들에게만 혜택이 돌아가고 있는 실정입니다. 또한 사무실 임대료 등을 줄여주기 위해 ‘1인 창조기업 비즈니스센터’를 운영하고 있다지만, 여전히 대도시나 수도권 중심이고 지방의 경우는 시설이 상당히 열악합니다.”

“예, 1인 창조기업 지원사업이라는 거창한 말에 비해 아직까지는 정작 필요한 것들을 많이 지원하지 못하고 있는 실정입니다. 특히 1인 창조기업을 준비하는 사람들이 쉽게 이용할 수 있는 시설들이 상당히 부족합니다. 그러므로 제 개인적으론 각 지역의 공공도서관이나 대학도서관을 적극 활용하는 것도 좋은 방안이라 생각합니다.”

이후 더 이상의 질문이 나오지 않자, 정 교수가 수강생들과 함께 중소기업청 직원에게 큰 소리로 박수를 쳐주며 말하였다.

"예, 감사합니다. 짤막하지만 생생하고 유익한 시간이었습니다."

그리고는 자신이 생각하는 1인 창조기업 관련 정부정책의 문제점과 대안에 대해 간략히 지적해주었다.

"요즘 전 세계적으로 창조산업이 급성장하면서 정부에서도 1인 창조기업 활성화를 위해 다양한 방안들을 마련하고 있습니다. 따지고 보면 '1인 창조기업'이란 명칭을 만들고 지원정책을 펼친 것도 학계가 아닌 정부였다는 점을 생각하면, 우리 정부가 이에 대해 얼마나 적극적인지 알 수 있을 것입니다. 하지만 아직 초창 기라서 그런지 문제점도 적지 않은 상황입니다.

먼저, 1인 창조기업의 아이디어 접수 및 심사를 할 때 지원 이 최대한 신속하고 원활하게 이뤄지도록 하고, 겉포장만 잘해 서 지원금을 타내려는 가짜 1인 창조기업 아이디어를 선별해내 는 것도 중요합니다.

또 현재의 정부 지원은 스마트폰의 어플이나 전통식품, 공예 품 개발 같은 단기적인 성과를 낼 수 있는 부분에 많이 치우쳐 있 는데, 장기적으로 보았을 때 가능성이 크고 부가가치가 높은 문 화나 예술산업 분야에 대한 지원도 결코 소홀히 해서는 안 될 것 입니다. 주지하듯이 정책이나 교육은 '백년지대계(百年之大計)' 라는 점을 항상 잊어서는 안 될 것입니다.

다음으로 정부는 직접적인 형태의 금전적 지원보다 간접적 인 형태의 인프라 구축에 힘써야 할 것입니다. 옛말에 '자식을 정 말로 사랑한다면, 물고기를 잡아줄 것이 아니라 그물 치는 방법 을 일러주라'고 했습니다. 만약 정부가 자꾸만 직접적으로 지원 해주다 보면, 1인 창조기업들은 결코 자생(自生)할 수 없으며 오 래가지도 못할 것입니다. 그러므로 정부는 1인 창조기업을 위 한 공간 마련이나 컨소시엄 구축, 창업에 대한 개방적이고 자유 로운 사회 분위기 조성, 창업과정과 성공사례의 이해, 창업 실습,

기타 세무나 회계, 보험, 계약서 작성법 등을 알려주는 강좌나 학과 개설 등에 더욱 많은 신경을 써야 할 것입니다."

1인 기업이 일반화된 선진국

마지막으로 정 교수는 창조사업가의 주요한 사업형태인 '1인 기업' 관련 선진국의 동향에 대해 차례대로 살펴보았다.

"앞에서 얘기했듯이 창조사업가는 주로 1인 기업이나 프리랜서 등 독립적인 형태로 활동하고 있습니다. 마지막으로 1인 기업 관련 선진국의 동향에 대해 차례대로 살펴보도록 합시다.

이미 선진국은 고용 인구의 10% 정도가 1인 기업으로 활동하고 있다 합니다. '자가 고용(self-employed)'이라 불리는 이들은 더 이상 그 나라의 경제구조에서 없어서는 안 될 부분으로 자리잡게 된 것입니다. 사실 미국이나 독일, 영국 등 선진국에서는 오래전부터 1인 기업을 지원해왔는데, KAIST 김원준 교수의 조사를 토대로 간단히 살펴보도록 하겠습니다. 먼저 미국의 경우 개인의 경제활동에 최대한의 자유를 보장코자 하는 국가적 특성에 따라 2차 대전 이후 약 18%에 달하는 인력이 1인 기업으로 분류되었습니다. 이후 경제 성장과 산업의 고도화, 농업의 대기업화에 따라 1인 기업의 비중은 점차 감소했으나, 농업 부문을 제외한 1인 기업의 수는 꾸준히 증가하고 있는 추세입니다. 2006년 기준 약 천만 명 이상이 1인 기업으로 활동하고 있으며, 농업 부

1인 기업 관련 선진국의 동향
미국, 독일, 영국 등 선진국에선 독립적으로 일하는
1인 기업의 비율이 전체 고용인구의 15%를
넘어서고 있다.

문을 제외할 경우 약 970만 명 정도가 1인 기업으로 활동하고 있습니다.

이처럼 미국은 1인 기업이 상당한 비중을 차지하고 있기 때문에 그들의 권익을 보호하기 위한 협회 등 이익단체의 활동도 활발한 편입니다. 워싱턴의 입법자들은 1인 기업들에 영향을 미치는 각종 세제 혜택과 권리 관련 법률, 그리고 이들에게 대기업과 동등한 권한을 부여하기 위한 주요 이슈들을 대변하고 있습니다. 또 관련 협회 및 정부는 1인 기업의 회원들에게 건강과 금융 보장을 높이기 위한 각종 혜택을 제공하고 있습니다. 나아가 별도로 기금을 조성하여 회원들이 사업을 성장시킬 수 있도록 지원하고, 회원 가족에 대한 장학 사업을 실시하고 있으며, 1인 기업으로서 높은 자부심을 가질 수 있도록 각종 연구활동과 홍보활동도 병행하고 있습니다.

다음으로 독일의 경우 미국과 상당히 다르게 접근하고 있는데, 그들은 1인 기업을 통해 각종 경제문제를 해결하려 하고 있습니다. 원래 독일은 동·서독의 통일로 인해 발생한 경제위기 때문에 자연스럽게 실업문제가 발생했고, 그것이 다시 경제성장을 저해하는 악순환을 불러일으켰습니다. 이에 따라 독일에선 취업률을 높이기 위한 방안이 무엇보다 절실했습니다. 그런데 독일은 프랑스와 같이 주당 근무시간의 축소를 통해 고용을 창출하기보다는 당장의 실업문제를 해결함과 동시에 지속적으로 일자리를 창출하고, 더 나아가 연구개발 성과의 기술 이전을 촉진시키기 위해 1인 기업의 지원을 추진하기 시작했습니다.

그리하여 독일의 창업지원 프로그램인 '이히아게(Ich-AG)'가 개발되었습니다. 이 프로그램은 실업률을 감소시킨다는 목적 외에도 불법적인 노동과 세금 탈루를 줄일 수 있다는 사항이 부가적으로 첨부되어 2003년 1월부터 시행되었습니다. 65세 이하의 창업자는 3년간 일정 소득을 지원받고, 연간 소득이 2만 5천 유로가 안 되는 기업은 첫 해엔 매달 600유로, 2년째에는 360유로, 마지막 해에는 240유로를 지원받도록 했습니다. 그 결과 독일은 이 프로그램이 도입된 2003년에만 실업자의 8%가 지원받아 1인 기업을 창업했고, 2005년 1월에는 24만여 기업이 지원을 받았으며, 그 지원 대상이 매년 120%씩 증가하고 있습니다.

독일의 이 프로그램은 1인 기업의 활성화뿐만 아니라 교육에 대한 동기 부여 및 경력 축적을 통한 재취업 등 참여자들에게 다양한 효과를 주고 있습니다. 실제로 이 프로그램은 2005년 1차적인 지원 기간의 만료 후 50% 정도의 기업이 생존했습니다. 그리고 생존하지 못한 기업 중 50% 이상은 다시 실직 상태로 돌아갔으나, 35% 정도는 새로운 직업을 갖게 되었습니다. 즉, 1인 기업의 지속적 성장이라는 정책적 목표뿐만 아니라 사회 안정성 확보에도 높은 효과를 보여주고 있습니다.

끝으로 영국의 경우는 인구의 노령화가 진행된 지 이미 오래되어, 이에 대한 타개책으로 노인과 여성 인구의 1인 기업에 대한 지원에 많은 관심을 두었습니다. 특히 아이가 있는 여성이나 장애가 있는 비노동자들의 1인 기업을 적극 장려하고, 또 다양한 창업지원 프로그램을 제공하고 있습니다. 이에 따라 영국에서 1인 기업의 비중은 전체 고용인구의 15% 내외로 상당히 높은 편이며, 그 절대 숫자도 지속적으로 증가하는 추세를 보이고 있습니다.

영국의 대표적인 1인 기업 프로그램으로는 미디어 분야에 중점을 둔 '스킬 셋(Skill Set)' 제도라는 것이 있습니다. 이 제도는 영국의 산업별 숙련위원회에서 제안하여 만든 것으로, 방송영상산업의 인적자원에 대한 정보 파악 및 교육 제공을 목적으로 하고 있습니다. 주로 TV나 영화, 라디오, 인터랙티브 미디어, 애니메이션, 게임, 사진 이미징, 출판 등과 관련된 창조적인 분야의 미디어에 집중해서 운영하고 있습니다. 영국은 이 제도를 통해 사진 이미징, 게임 테스트, 영화 및 방송산업에 필요한 많은 전문가를 배출함으로써 미디어 산업의 고용 유연성과 함께 작품의 경쟁력을 추구하고 있습니다."

이상으로 설명을 마친 정 교수는 강의실 뒤쪽에 걸린 시계를 살짝 쳐다보았다. 중소기업청 직원의 초청강연까지 해서인지 끝마칠 시간이 훌쩍 지나 있었다. 이에 그는 다음 시간을 짧게 예고해주고 이날의 강의를 마쳤다.

> "다음 시간부터는 각 분야별 창조사업가에 대한 성공사례를 하나씩 분석하며 벤치마킹을 해나가도록 하겠습니다. 앞으로는 주로 여러분의 발표를 통해 수업이 진행될 예정이니 해당하는 팀들은 차질 없이 준비해주길 바랍니다."

이날 온달과 평강은 1조의 팀원들을 남도록 해서 다음 주에 있을 아티스트 분야의 창조사업가에 대한 성공사례 분석을 의논하고 집으로 돌아갔다.

〈나도 창조사업가!〉
프로젝트

3 학교생활 로드맵 짜기

자신의 목표(꿈)를 위해 학교생활을 어떻게 할 것인지 로드맵을 짜보자. 학년(학기,
방학)마다 어떤 전공과 교양과목을 듣고, 독서와 여행, 외국어 학습, 공모전, 팀 프
로젝트, 아르바이트, 인턴사원 등은 어떻게 할 것인지 구체적인 계획을 수립해보자.
그와 함께 창업을 하기 위한 기본적인 지식들도 습득하도록 한다. 예컨대 창업의 이
해, 트렌드 분석법, 사업자 등록법, 특허와 세무, 회계 지식 쌓기, 리더십과 커뮤니케
이션 특강, 창조사업가 성공/실패 사례 분석, 사업계획서 작성법, 프레젠테이션 방
법 등을 체계적으로 배우도록 한다.

4 졸업 후 관련 배움터 찾기

낡은 강의노트, 암기식 교육, 학문 사대주의, 사회현실과 동떨어진 상아탑주의, 비
싼 등록금 등 대학교육의 한계가 심화되면서 날이 갈수록 '졸업 후 과정'이 중요해
지고 있다. 실제로 요즘 많은 졸업생들이 바로 취업하기보다는 출판학교, 방송학교,
문화콘텐츠 아카데미, 스토리텔링 과정, 기타 음식이나 패션, 건축 등 각종 직업학
교나 아카데미에서 1~2년 정도 실무교육을 받고 취업하는 추세에 있다. 그러므로
자신의 진로 분야와 관련된 졸업 후 과정, 사이버대학교, 방송통신대학교, 일반·전
문·특수 대학원, 해외 유학 등의 정보를 꼼꼼히 조사해보도록 하자.

3장
아티스트

삶을 위한 예술

오늘은 발표가 있는 날이라 온달은 조금 일찍 강의실에 도착했다. 하지만 평강이 어느새 먼저 와서 다른 팀원들과 함께 컴퓨터를 켜고 PPT를 설치하는 등 열심히 발표 준비를 하고 있었다. 이날 평강은 깔끔한 정장 차림을 하고 나왔는데, 평소와는 달리 그야말로 고구려의 평강공주처럼 우아하게 보였다.

온달이 뒤늦게 자신의 PPT를 설치하고 있을 무렵, 평강이 다가와 문득 생각난 듯 물었다.

> "근데 오빠! 지난번 교수님께서 말씀하신 괴담 관련 자료들은 계속 수집하고 있는 거야? 설마 잊어버린 건 아니겠지?"
> "아냐! 요즘 날마다 인터넷도 검색하고, 도서관이나 서점에도 자주 다니고 있어."

실제로 그는 요즘 우리나라와 중국, 일본, 인도, 유럽, 미주 등의 역사나 문학, 설화, 민속 등에서 귀신이나 요괴, 기이한 이야기들을 닥치는 대로 수집하고 있었다. 또 옛날이야기와 함께 현대 이야기도 수집하고, 『한국의 괴기담』이나 『중국의 귀신』, 『한국의 학교괴담』 같은 책들뿐 아니라 <여고괴담> 같은 영화, <전설의 고향>, <구미호 외전> 같은 드라마, <고스트 메신저> 같은 애니메이션 등 각종 콘텐츠도 수집하고 있었다. 더 나아가 동서양의 신화학이나 일본의 요괴학 등을 별도로 공부하면서 괴담에 관한 이론적 체계도 정립코자 하였다.

> "그럼 블로그는 언제쯤 개설할 건데? 그것들을 널리 알리려면 블로그나 카페, 홈페이지 중 어느 하나는 개설해야 하잖아. 본격적인 창조사업가도 그때부터 시작되고 말이야."
> "응, 그렇잖아도 네이밍과 카테고리, 디자인에 대한 구상을 끝내고, 이번 주 안으로 블로그를 개설할 생각이야."

그제야 조금 안심이 된 평강은 부드러운 목소리로 격려하듯 말하였다.

> "힘들진 않아? 정 교수님의 말씀처럼 항상 즐길 수 있을 만큼만 일해."
> "내가 좋아하는 일이라 그런지 아무리 해도 지치지 않고 오히려 즐거운 걸. 이렇게 가슴이 두근거린 지가 대체 얼마만인지……."

온달은 스스로 생각해도 자신이 대견스러운지 흐뭇한 표정을 지었다.

이윽고 6시가 되어가자 수강생들이 하나 둘씩 강의실로 들어왔다. 문용남 할머니는 여전히 아들과 함께 왔고, 왕이모와 신미영은 나란히 손을 잡고 들어왔다. 정 교수도 제 시간에 들어와 출석을 부른 뒤, 먼저 오늘의 강의 개요부터 소개했다.

> "오늘부터는 각 분야별 창조사업가에 대한 성공사례를 분석하며 벤치마킹을 하도록 하겠습니다. 창조사업가가 되기 위해서는 이처럼 다양한 사례 분석이 매우 중요합니다. 그것들을 통해 위험 부담을 줄이고 자신만의 독창적인 사업을 위한 아이디어도 얻을 수 있기 때문입니다.
> 지난 시간에 얘기했듯이 창조사업가 분야는 아티스트, 엔터테이너, 아이디어 사업가, IT 개발자, 서비스업 종사자, 대중교육

자 등이 있는데, 오늘은 그중에서 아티스트 분야에 대해 자세히 살펴보겠습니다.

　또 오늘부터는 주로 여러분의 발표를 통해 수업을 진행하고, 나는 발표 후 총평이나 부연설명만 간단히 해주도록 하겠습니다. 그래야 창조사업가가 되는 데 꼭 필요한 창의성과 문제해결 능력을 기를 수 있기 때문입니다.”

그리고 나서 정 교수는 본격적인 발표에 앞서 아티스트 분야의 창조사업가에 대한 특성을 간략히 설명했다.

　“먼저 아티스트로는 어떤 사람들이 있을까요? 아티스트의 종류로는 작가, 만화가, 화가, 음악가, 디자이너, 캘리그라퍼, 행위예술가 등이 있습니다. 이들 중 창조사업가는 주로 소설가, 만화가, 영화나 드라마 작가, 애니메이션 시나리오 작가 등 작가층에서 많이 나오는 편인데, 왜냐하면 그들의 작품은 이야기성이 강하여 이후 다양한 활용, 곧 멀티유즈화에 유리하기 때문입니다.

　근데 아티스트는 사업가와는 무관한 것이 아니냐고요? 꼭 그렇지만은 않습니다. 따지고 보면 아티스트들도 원래부터 스스로 하나의 사업가였습니다. 그들은 자신의 예술적 재능과 창의성을 바탕으로 작품을 만듦으로써 이윤을 창출했기 때문입니다. 예를 들어 작가는 글을 쓰고, 화가는 그림을 그리며, 음악가는 음악을 만들면서 살아오지 않았습니까. 물론 엄밀히 말하면 아티스트는 사업가 그 자체는 아닙니다. 그들은 전적으로 이윤만을 추구하는 사람이 아니기 때문입니다. 하지만 자신의 예술적 재

창조사업가형 아티스트
아티스트는 자신의 예술적 재능과 창의성을
바탕으로 작품을 만듦으로써 이윤을 추구하기
때문에 일종의 창조사업가라 할 수 있다.

능을 바탕으로 작품을 만들어내어 생계를 꾸려나가기에 그들도 얼마든지 창조사업가라 할 수 있습니다.

　　게다가 요즘 들어 그들의 작품은 다른 문화콘텐츠에서 활용되는 경우가 많아지고 있습니다. 대표적으로 공지영의 소설『우리들의 행복한 순간』은 강동원과 이나영 주연의 영화로 만들어져 상당한 인기를 끌었습니다. 이처럼 요즘 작가들은 단순히 글만 쓰는 것이 아니라, 자신의 작품을 바탕으로 다양하게 활용하며 문화콘텐츠 산업의 중심에 서고 있습니다. 그러므로 향후 작가들도 작품 그 자체에만 관심을 기울일 것이 아니라, 그것의 다양한 활용에도 신경을 써야 할 것입니다.”

그런 다음 정 교수는 강단을 내려오며 말하였다.

　　“자~ 그럼 1조가 앞으로 나와서 아티스트 분야 창조사업가의 성공사례들을 차근차근 분석해볼까요?”

그 말에 온달을 비롯한 다섯 명의 수강생이 앞으로 나가 유인물을 나눠주고 PPT 화면을 켜는 등 부지런히 발표 준비를 하였다. 그러고는 먼저 온달이 강단으로 올라가 인사하고 말하였다.

　　“안녕하세요. 1조의 팀장 바보온달이라고 합니다. 우리 조는 아티스트 분야 창조사업가의 성공사례에 대한 분석을 맡았는데, 대표적으로 판타지 소설가 조앤 롤링, 시인 원태연, 만화가 강풀, 캘러그라퍼 신영복, 팝 아티스트 낸시 랭 등을 집중적으로 살펴보았습니다. 발표 준비는 다섯 명이 각각 한 명씩의 아티스트를 맡아서 했고요. 분석 방법은 지난번 교수님께서 말씀하셨듯이 화두, 대상 소개와 성장과정, 사업화 계기, 시행착오, 성공담, 성공 비결, 의의, 소감 등을 중심으로 살펴보았습니다. 첫 발표라서 부족한 점이 많겠지만, 부디 너그럽게 이해주시길 바랍니다.”

조앤 롤링 주식회사,
판타지 소설가 조앤 롤링

첫 번째 발표는 평강이 맡았는데, 그녀는 창조사업가형 판타지 소설가 조앤 롤링에 대해 분석하였다.

> "여러분! 『해리포터』의 작가 조앤 롤링을 알고 계시죠? 그녀는 웬만한 대기업보다 더 많은 수익을 창출해낸, 그야말로 창조사업가형 작가의 신화입니다. 그녀가 쓴 『해리포터』 시리즈는 전 세계에서 4억 부 이상이 팔렸으며, 책을 출판한 후 10년 동안 책과 영화, 캐릭터 상품 등으로 창출해낸 부가가치만 해도 우리 돈으로 300조 원 이상이었다고 합니다. 이는 당시 10년간 우리나라가 반도체 산업에서 수출한 총액 230조 원보다 훨씬 많은 액수였습니다. 한 사람의 소설가가 대기업보다 더 많은 이익을 창출해내었다니 정말 놀랍지 않습니까?"

평강은 이렇게 먼저 화두를 던진 뒤, 본격적으로 조앤 롤링에 대해 발표하기 시작했다.

> "조앤 롤링(Joanne Kathleen Rowling)은 1965년 영국 웨일스에서 태어났습니다. 그녀의 아버지는 비행기 공장 지배인이었으며, 어머니는 실험실 연구원이었습니다. 그녀의 부모님은 책에 대한 남다른 애정을 가지고 있었습니다. 그래서 조앤 롤링은 자신의 어린 시절을 이렇게 회상하곤 했습니다.
> '집안은 온통 책으로 뒤덮여 있었고, 부모님은 끊임없이 번

판타지 소설가 조앤 롤링
조앤 롤링은 『해리포터』 시리즈로 웬만한
대기업보다 더 많은 수익을 창출하였다.

해리포터시리즈의 작가 조앤 롤링

갈아가며 책을 읽어주셨어요.'

또한 그녀는 어릴 때부터 옛이야기를 듣거나 들려주는 것을 매우 즐겼습니다. 특히 유년 시절부터 『Rabbit(토끼)』이라는 동화를 지어 여동생에게 들려주기도 했으며, 친구들을 모아놓고 끊임없이 이야기를 늘어놓던 타고난 이야기꾼이었습니다.

이후 그녀는 엑세터대학교 불문과를 졸업한 후 어느 회사의 비서로 취직하게 됩니다. 그녀는 대학시절 소설가를 꿈꿨으나, 평범한 사회가 그녀에게 원한 것은 직무 처리를 잘하는 단순한 여직원이었습니다.

하지만 너무나 큰 몽상가적 기질을 가지고 있었기 때문일까요? 그녀는 정말 잘하는 게 하나도 없는 비서였습니다. 널리 알려져 있듯이 '도대체 제대로 하는 게 뭐야!', '걸핏하면 커피나 엎지르고!', '전화 메모 하나도 제대로 못해!', '도대체 비서 일을 어떻게 하겠다는 거야!' 등등 그녀에겐 수많은 비난이 쏟아졌습니다.

결국 그녀는 비서직을 그만두고, 상공회의소에 취직했습니다. 그곳은 멀리 떨어져 있었던 탓에 기차를 타고 오랜 시간을 출퇴근해야 했지요. 그러던 어느 날 회사 일을 마치고 집으로 돌아오던 도중 기차가 갑자기 멈추는 일이 생겼습니다. 다른 사람들은 모두 걱정하고 있었지만, 특이하게도 그녀는 상상놀이에 푹 빠져 있었습니다.

'저는 기차 안에 앉아 초원에서 풀을 뜯는 몇 마리의 소를 멍하니 바라보고 있었어요. 그런데 제 마음속에 해리에 관한 아이디어가 번뜩 떠올랐죠. 왜 그런 생각이 났는지는 알 수 없지만, 제 마음속에 해리와 그가 다니는 마법학교가 선명하게 떠오른 것만은 확실해요. 자신이 마법사라는 걸 모르고 있는 소년에 대한 발상은 그렇게 갑자기 떠오른 거랍니다.'

이후 그녀는 시간이 날 때마다 마법사 소년과 그를 둘러싼 여러 가지 모험에 대해 닥치는 대로 써내려가기 시작했습니다. 해리포터의 이미지가 서서히 구체화되기 시작했던 것이죠.

이런 가운데 그녀는 상공회의소에서 해직되었으며, 다시 일자리를 찾아야 하는 시련을 겪어야 했습니다. 다행히 얼마 후 이웃나라 포르투갈의 작은 도시에 있는 학교에서 영어교사 자리가 났습니다. 그녀는 평소 먼 나라에 가서 아이들을 가르치고 싶다는 꿈이 있었기 때문에 포르투갈의 소도시 오포르트로 가게 됩니다. 거기서 그녀는 포르투갈 TV 방송국 기자와 사랑에 빠져 결혼도 하고 딸도 낳습니다. 하지만 불행하게도 결혼생활은 그리 순탄치 않았고, 얼마 안 있어 이혼을 하게 됩니다. 그녀는 당시의 절박한 상황을 이렇게 회고하곤 했습니다.

'갓난아기는 있죠. 일자리는 없죠. 아무런 대책도 없이 낯선 장소에 내동댕이쳐진 느낌이었어요.'

그녀는 정부보조금을 받아 겨우 생계를 꾸려갔습니다. 그와 함께 한 시골 카페에서 틈나는 대로 적어두었던 이야기들을 작품으로 구체화하기에 전념합니다. '니콜슨 카페'는 몇 시간을 앉아 있어도 진한 에스프레소 커피와 물을 계속 리필해주었기 때문에 가난한 그녀에게는 최적의 집필 장소였습니다.

그러던 어느 날 여동생이 찾아와 해리포터 이야기가 너무 재미있다며 계속 써보라고 독려했습니다.

'언니, 이거 정말 재미있다. 무조건 끝까지 써봐. 다음 이야기가 너무 궁금해.'

그리하여 조앤 롤링은 용기를 얻어 첫 작품을 완성했는데, 그것이 바로 『해리포터와 마법사의 돌』이었습니다. 하지만 그녀의 첫 번째 판타지 소설을 출판해줄 곳은 그리 쉽게 나타나지 않았습니다. 거절당한 출판사만도 무려 12곳! 여러 출판사를 떠돌고 있는 자신의 원고를 보면서, 그녀는 한때 좌절하기도 했습니다.

다행히 크리스토퍼 리틀이라는 에이전시에서 독점 계약을 하자는 연락이 오고, 드디어 1996년 블룸스베리 출판사와 계약을 하게 됩니다. 비록 초판의 발행 부수는 500부였지만, 시간이 지남에 따라 해리포터의 환상적인 마법세계에 빠져드는 꼬마 독자들이 늘어나면서 그 열풍은 대서양을 넘어 미국으로, 다시 아시아로, 전 세계로 삽시간에 퍼져나갔습니다.

이후 출판된 해리포터 시리즈의 목록을 제시하면 다음과 같습니다.

- 제1권: 『해리포터와 마법사의 돌』(1997)
- 제2권: 『해리포터와 비밀의 방』(1998)
- 제3권: 『해리포터와 아즈카반의 죄수』(1999)
- 제4권: 『해리포터와 불의 잔』(2000)
- 제5권: 『해리포터와 불사조 기사단』(2003)
- 제6권: 『해리포터와 혼혈왕자』(2005)
- 제7권: 『해리포터와 죽음의 성물』(2007)

사람들은 흔히 '해리포터의 성공은 중독성 있는 뛰어난 작품과 천재적인 비즈니스 전략의 합작품'이라고 말합니다. 실제로 조앤 롤링은 새로운 작품이 나올 때마다 세계 각국에서 동시 출간을 감행했습니다. 특정한 날, 그녀의 주도하에 서점의 문이 열리고, 예약한 독자들은 정확한 시간에 미지(未知)의 세계를 만나볼 수 있었던 것입니다. 그 결과 해리포터의 이야기가 하나씩 발표될 때마다 곧바로 다음 이야기에 대한 궁금증으로 이어졌습니다.

　　그와 함께 조앤 롤링은 콘텐츠의 확대도 고려했습니다. 우선 해리포터 이야기를 현실세계로 끌어오는 영화화에 동의했습니다. 물론 여기에서도 그녀는 자신의 주관을 확고히 했습니다. 영화의 모든 출연진과 더불어 제작진이 반드시 영국인이어야 한다는 것이었습니다. 그리하여 해리포터 영화는 영국을 배경으로 만들어지게 되었습니다.

　　또한 해리포터 이야기는 영화화 이후에도 수많은 캐릭터 상품으로 만들어져 엄청난 부가가치를 창출했으며, 더 나아가 관광상품으로까지 이어졌습니다.

　　잘 아시다시피 기존의 영국은 '셰익스피어의 나라'라고 인식되었습니다. 그러나 조앤 롤링의 해리포터 시리즈가 전 세계 100여 개국에 25개 언어로 번역되어 읽힘에 따라 새롭게 '해리포터의 나라'라는 이미지가 만들어졌습니다. 특히 영국의 수도 런던은 해리포터의 원작만이 아니라 영화의 배경이기도 했기 때문에 세계의 관광객들이 몰려들어 제2의 전성기를 누리게 되었습니다. 이처럼 조앤 롤링은 자기 자신만이 아니라 모국인 영국에게도 엄청난 부가가치를 창출할 수 있는 기회를 제공했던 것입니다."

평강의 발표가 끝나자, 정 교수가 수강생들과 함께 큰소리로 박수를 치며 총평을 해주었다.

　　"예, 발표를 아주 간단명료하게 잘해주었습니다. 요즘은 이렇게 좋은 이야기만 있으면, 이후 다양하게 활용하여 높은 부가가치를 올리고 있습니다. 우선 해리포터 시리즈는 흥미로운 캐릭터와 탄탄한 스토리 구성으로 단숨에 세계적인 베스트셀러가 되었습니다. 또한 이 작품은 거기에 그치지 않고 영화로도 제작되어 소설 못지않은 인기를 누렸으며, 각종 캐릭터 산업으로 연결되어 엄청난 성공을 거두었습니다. 그 외에도 영화의 촬영지는 세계적인 관광명소가 되었고, 기타 게임이나 애니메이션 등 다양한 문화콘텐츠로도 개발되었습니다. 그리하여 작가 조앤 롤링이 벌어들인 수익만해도 가히 천문학적인 액수였는데, 현재 그녀의 재산은 영국의 여왕 엘리자베스 2세보다도 많은 약 10억 달러(한화 1조 2,000억 원)라고 합니다. 아직까지도 우리나라 사람들은 이야기를 좋아하면 굶어죽기 십상이라고 말하는데, 이제 좋은 이야기를 쓰면 세계적인 문화콘텐츠로 제작될 뿐 아니라 부(富)의 원천이 되기도 합니다. 그래서 최근 정부나 기업, 민간에서도 좋은 이야기를 발굴하기 위해 혈안이 되어 있는 것입니다."

만능 감성인,
시인 원태연

두 번째로 1조의 또 다른 여성 수강생이 강단으로 올라가 창조사업가형 시인 원태연에 대해 분석해주었다. 그녀는 화두를 제시하지 않고 곧바로 발표에 들어갔다.

"저는 문학계를 넘어 대중음악, 더 나아가 영화계에까지 진출하여 자신의 능력을 마음껏 펼치고 있는 만능 감성인 원태연에 대한 발표를 준비했습니다.

원태연은 1971년 5월 서울에서 태어났습니다. 그 후 미성중학교와 한영고등학교를 졸업하고, 경희대 체육학과(사격 전공)

에 입학했습니다.

　그가 처음 시를 쓰게 된 것은 중학교 때였습니다. 그의 짝은 학교에서 여학생들에게 가장 인기가 많은 친구였는데, 그는 별로 관심 없는 여학생으로부터 온 편지를 원태연에게 대신 읽도록 했습니다. 원태연은 팬레터 중에 조병화 시인의 <고독하다는 것은>이라는 작품을 보고 영감을 얻어 처음으로 시를 쓰기 시작했다고 합니다. 이후 그는 친구들의 편지를 대필해주면서 자연스럽게 글 솜씨를 키워나갔습니다.

　대학에 입학한 후 원태연도 기존 문단으로의 진출을 시도하지만, 당시 시단의 벽이 워낙 높았기 때문에 신춘문예에 등단하지 못했습니다. 기존 문단에선 그의 시에 대해 하나같이 낯설고 유치하다는 반응뿐이었습니다.

　하지만 시에 대한 열정이 워낙 강했던 그는 대학 졸업 후에 책상 하나 달랑 있는 작은 출판사를 찾아가 몇 개월 동안 허드렛일을 해주었습니다. 시집 출판에 필요한 100만 원이 없어서 직접 몸으로 때웠던 것입니다. 그래서 1992년 마침내 그의 첫 시집 『넌 가끔가다 내 생각을 하지 난 가끔가다 딴 생각을 해』를 출간하게 됩니다. 이 시집은 밀리언셀러가 되며 엄청난 인기를 끌지만, 애초부터 인세에 대한 계약이 없었기 때문에 성공적인 시집을 내고도 많은 수익을 얻지는 못합니다. 게다가 그는 신춘문예에 등단하지 않았기 때문에 정식 시인으로도 인정받지 못합니다. 심지어 시집이 처음 나왔을 때, 서점에선 그의 작품을 '청소년 명랑시'로 분류해서 진열했다고 합니다.

　그렇다면 원태연의 시가 그처럼 인기를 끌었던 이유는 과연

시인 원태연
원태연은 시인, 작사가, 영화감독 등 다양한
문화콘텐츠 장르에 도전하며 만능 감성인으로서의
모습을 보여주고 있다.

원태연 감독, 영화 <슬픔보다 더 슬픈 이야기>

무엇이었을까요? 원태연이 대중에게 호응을 얻을 수 있었던 것은 바로 '공감(共感)'이었습니다. 사랑을 이야기하는 시인으로서 생각나는 것, 느끼는 것을 있는 그대로 썼던 것입니다. 자신이 느끼는 감정을 있는 그대로 표현했기에 사랑에 목말라하던 청소년들의 호응을 얻어서 지금까지 500만 부 이상의 시집이 팔려나간 것입니다. 그의 시집을 출간 연도별로 제시하면 다음과 같습니다.

- 1992년:『넌 가끔가다 내 생각을 하지 난 가끔가다 딴 생각을 해』
- 1993년:『손끝으로 원을 그려봐 네가 그릴 수 있는 한 크게 걸 뺀 만큼 너를 사랑해』
- 1994년:『원태연 알레르기』
- 1998년:『사용설명서』

- 2000년: 시낭송 시집 『눈물에…얼굴을 묻는다』
- 2000년: 웹 시집 『그녀와 나 사이엔 무엇이 있을까』
- 2003년: 『안녕』

원태연은 또한 2003년 이후 대중가요 작사가로서도 왕성한 활동을 펼칩니다. 장나라의 <눈물에 얼굴을 묻는다>, 김현철의 <왜 그래>, 샵(Sharp)의 <내 입술, 따뜻한 커피처럼>, 박명수의 <바보가 바보에게> 등 40여 곡이 넘는 대중가요를 작사함으로써 그의 풍부한 감수성을 마음껏 보여주고 있습니다.

원태연이 작사가로서 처음 활동하기 시작한 것은 가수 김현철의 <왜 그래>라는 곡이었습니다. 김현철이 그의 시를 읽고 작사를 의뢰했던 것입니다. 그는 작사의 매력을 시와는 달리 노래를 통해 자신의 감정을 들을 수 있는 것이라고 말했습니다. 원태연이 작사한 수많은 노래는 가수들에게 희망이 되었고, 또 대중에게도 많은 호평을 받았습니다.

나아가 원태연은 영화감독으로도 변신하여, 2009년 3월 <슬픔보다 더 슬픈 이야기>란 영화를 선보였습니다. 이 영화는 같은 해 2월에 출판한 소설 『슬픔보다 더 슬픈 이야기』를 원작으로 해서 만든 작품인데, 주인공은 권상우, 이범수, 이보영 등 충무로의 유명배우들이 맡았으며, 관객 수 70만 명을 동원했지만 어쨌든 손익분기점은 넘겼다고 합니다. 그때까지 한 편의 단편영화도 찍어보지 않은 신인감독이었지만, 첫 성적치고는 괜찮았던 것입니다.

그가 영화판의 스태프나 조연출 등의 과정을 거치지 않고 곧바로 감독으로 진출했다고 해서 결코 무모하다고 판단하면 큰 오산입니다. 그는 1999년 9월 군에서 제대한 뒤 영화사 작가로 들어가서, 2년 여 동안 세 편의 시나리오를 썼다고 합니다. 하지만 자신이 쓴 시나리오의 저작권이 영화사에 있다는 걸 알고부터는 스스로 연출을 해야겠다고 마음을 먹게 되었죠. 이후 작업실 근처의 비디오방에서 7개월 동안 수백 편의 영화를 섭렵하면서 영화가 어떻게 만들어지고, 또 어떻게 만들어야 하는지를 깨닫게 됩니다. 그리하여 자신만의 첫 시나리오를 써서 제작한 영화가 바로 <슬픔보다 더 슬픈 이야기>였던 것입니다.

　　이처럼 원태연은 계속해서 여러 가지 문화콘테츠 장르에 도전하며 자신을 변화시켜왔습니다. 시인으로서 잘나가고 있을 때에도 새로운 장르인 작사가로의 변신을 꾀하였고, 영화감독 역시 새로운 도전이었습니다. 그는 늘 현실에 안주하지 않고, 도전정신과 열정으로 사람들에게 신선한 자극을 주었던 것입니다."

발표자가 종합정리까지 깔끔하게 마무리해버리자, 정 교수는 별다른 조언 없이 계속해서 다음 발표를 진행시켰다.

강풀's World,
만화가 강풀

세 번째 발표는 온달이 맡았는데, 그 역시 평강처럼 먼저 대상에 관한 화두부터 제시했다.

"저는 창조사업가형 만화가인 강풀에 대해 분석해보았습니다. 그는 인터넷 포털사이트에 자신의 만화를 올려 네티즌들로부터 큰 사랑을 받고 있는 웹툰 작가입니다. 개성적인 캐릭터와 탄탄한 스토리라인, 사회비판적인 메시지와 사람들에 대한 애정 어린 시선, 소외받는 계층에 대한 관심 등을 표현하여 작품마다 폭발적인 조회 수를 기록했습니다. 또한 강풀의 작품들은 다양한 매체를 통해 재탄생되었는데, <순정만화>, <아파트>, <바보> 등은 영화로, <그대를 사랑합니다>는 영화와 연극으로 발표되었습니다. 이렇게 강풀은 웹툰을 바탕으로 영화, 연극, 출판 등 다양

만화 <그대를 사랑합니다>

연극 <그대를 사랑합니다>

영화 <그대를 사랑합니다>

한 분야로 확대하여 고부가가치를 창출하고 있는데, 이 때문에 그를 대표적인 창조사업가형 만화가로 꼽아도 손색이 없을 듯합니다."

그러고는 강풀에 대한 소개부터 본격적인 발표에 들어갔다.

"강풀은 1974년 12월 7일생으로, 본명인 '강도영'보다 필명인 '강풀'로 더 잘 알려져 있습니다. 그는 김풍 등과 함께 온라인 만화의 1세대라 불리는데, 아마 그가 없었다면 현재 우리나라의 웹툰 문화는 정착하기 어려웠을 것입니다.

사람들은 강풀이 특별한 환경 속에서 자랐을 것이라고 기대하지만, 사실 그는 평범한 목사의 아들로 태어나 자랐습니다. 또

만화가 강풀
강풀은 웹툰을 바탕으로 영화와 연극, 출판 등
다양한 분야로 확대하여 고부가가치를 창출하는
대표적인 창조사업가형 만화가라고 할 수 있다.

미래를 열어가는 창조사업가들

상지대 국문과에 들어가기 전에는 만화와도 별로 인연이 없었습니다. 그는 상지대 학생회 홍보부에서 일하며 운동권 학생이 되었는데, 그때 한겨레신문에서 연재되던 박재동의 만화를 보고서, 자신도 한번 만화를 그려보고 싶다는 생각이 들어 비로소 대자보에 만화를 그리기 시작했다고 합니다. 그런데 그 대자보 만화는 반응이 매우 좋았고, 심지어 학교식당 앞 게시판에 그를 위한 연재판도 따로 생겨날 정도였습니다. 졸업할 때까지 그가 연재했던 만화는 상당했습니다.

대학을 졸업한 후에도 그는 만화를 그리지 않으면 도저히 살 수 없을 것 같다는 생각이 들었습니다. 하지만 막상 닥쳐온 현실은 그야말로 힘들었습니다. 스물아홉 살 무렵, 그는 구청신문에서 벼룩시장까지 만화를 그릴 수 있는 곳이라면 어디든지 이력서를 보냈고, 잡지의 뒤쪽에 실려 있는 주소와 연락처를 보고 편집자들을 찾아다녔습니다. 그는 이력서만 해도 무려 400통이나 보냈다고 합니다. 마침내 '토토'라는 주간잡지사에서 제의가 들어와 그곳의 직원이 되어 만화를 그리게 되었는데, 안타깝게도 그 잡지사는 1년 만에 문을 닫아버렸습니다. 그는 더 이상 일자리를 찾아다니는 데 한계가 있다는 것을 알고, 마침내 2002년 6월 결단을 내렸습니다. 인터넷 포털사이트에 '강풀닷컴(www.Kanfull.com)'이라는 자신의 보금자리를 마련한 것입니다. 그는 이곳에서 자신의 이야기를 사람들에게 들려주리라 마음먹었습니다. 그러고는 첫 작품인 <일상다반사>를 연재하기 시작했습니다. 당시 엽기코드가 사회에서 한창 유행하고 있었는데, 그는 배설물과 구토물에 대한 엽기적인 내용의 만화를 그렸습니다. 생각보다 많은 사람이 관심을 가져주었고, 이후에는 여러 인터넷신문이나 포털사이트를 통해 만화를 연재할 수 있게 되었습니다. 그리고 2003년 드디어 인터넷 '다음(Daum)'을 통해 흥행작 <순정만화>를 선보이기 시작했습니다.

강풀의 작품은 크게 순정만화와 미스터리 심리썰렁물로 나눌 수 있습니다. <순정만화>, <바보>, <그대를 사랑합니다>는 순정만화에, <아파트>, <타이밍>, <이웃사람>, <26년>은 미스터리 심리썰렁물에 각각 속합니다. 그의 대표작을 간략히 살펴보면 다음과 같습니다.

<순정만화>(2003)는 18세의 여고생과 30세의 회사원, 18세의 남고생과 27세의 여성이 각각 그려내는 잔잔한 사랑 이야기를 총 43편에 걸쳐 담아냈습니다. 이 작품에는 '순정'을 잃고 살아가는 현대인이 공감할 수 있는 내용들이 잘 표현되어 있습니다. 그리하여 젊은 세대에겐 가슴 떨리는 설렘을, 중년 세대에겐 지난 시절에 대한 아름다운 추억을 느끼게 해줍니다. <순정만화>는 이후 시즌화되어 <바보>, <그대를 사랑합니다>로 계속 이어집니다.

<바보>(2004)는 '순정만화 시즌 2'로 불리는 강풀의 서정극화로, 역시 인터넷 '다음'에 연재되어 수백만 네티즌을 울리며 폭발적인 인기를 끌었습니다. 이 작품은 각박하기만 한 현대사회에서 바보 승룡이가 보여주는 무조건적인 사랑, 그 순수한 마음이 너무나 잘 표현되어 독자들을 눈물짓게 했습니다.

<그대를 사랑합니다>(2007)는 현대사회에서 소외된 노인들의 사랑을 통해 전 세대를 아우르는 가슴 찡한 이야기를 그려내고 있습니다. 폐지 줍는 할머니와 우유 배달하는 할아버지의 러브 스토리인데, 어둡고 막막한 무의탁 노인의 현실에 '로맨스'라는 옷을 입혀 부담 없이 즐길 수 있는 감동 스토리를 만들어냈습니다.

<아파트>(2004)는 '미스터리 심리썰렁물'이란 장르로 설정한 작품입니다. 서울 변두리의 한 낡은 아파트에 살고 있는 청년 고혁은 어느 날 밤 맞은편 아파트의 수많은 집들이 밤 9시 56분만 되면 동시에 불이 꺼지는 이상한 광경을 목격하게 됩니다. 이에 그는 의아함을 느끼게 되고, 동시에 불이 꺼지는 현상과 연속적으로 일어나는 의문의 죽음 사이에 연관성이 있다고 생각합니다. 고혁은 맞은편 아파트 704호에서 혼자 흔들의자에 앉아 있는

여자를 포함한 많은 사람을 죽음에서 구해내기 위해 일련의 사건 속으로 뛰어듭니다. 그 아파트 904호의 장미현도 고혁을 통해 사건에 적극적으로 개입합니다. 고혁은 현대문명의 상식으로는 도저히 이해할 수 없는 귀신과 저승사자의 존재, 참혹한 죽음과 숨 막히는 공포를 딛고, 모든 것의 근원인 생명을 구하고자 사건의 실마리를 하나하나 풀어나갑니다. 결국 그는 자신을 희생하면서까지 맞은편 아파트 704호의 여인(귀신)을 구해주려고 하는데, 그 여자는 바로 부모의 부재와 사람들의 무관심 속에서 자살한 사람이었습니다. 그 외에 707호의 이혼녀 신정수도 역시 형사 양성식을 포함한 사람들의 적극적인 관심으로 두려움에서 벗어나 정상적인 삶을 되찾게 됩니다.

<26년>(2006)은 강풀에게 있어서 하나의 커다란 실험작이었습니다. 5·18을 정면으로 다룬다는 부담감과 함께 대중적인 관심을 끌 수 있을지 확신할 수 없었기 때문입니다. 하지만 그는 5·18을 알리는 일이 자신에게 주어진 책임같이 느껴졌다고 합니다. 이 작품은 5·18 광주민주화운동 당시 계엄군으로서 시민군을 죽이고 죄책감에 시달려온 대기업 회장 김갑세가 2개월의 시한부 암 선고를 받은 뒤, 시민군에 참여했던 부모를 잃은 젊은 이들과 함께 법이 심판하지 못한 당시 최고책임자를 단죄하는 것을 주된 내용으로 하고 있습니다. 강풀은 이 작품을 끝내고 일본으로 도망가려고 준비하고 있었지만, 다행히 아무런 일도 일어나지 않았다고 합니다.

그렇다면 강풀 만화의 성공 비결은 과연 어디에 있었을까요? 그는 스스로 '나는 만화가이면서도 그림을 잘 그리지 못하는 만화가다'라고 말합니다. 그의 그림체만 놓고 본다면 확실히 맞는 말인 듯합니다. 하지만 그의 만화는 철저한 기획을 바탕으로 이야기가 전개되며, 투박한 그림체에 어울리지 않는 강한 흡인력을 자랑하고 있습니다. 그는 작품에 들어갈 때마다 이미 엔딩까지의 모든 스토리를 짜두는 것은 물론 몇 부 몇 회로 끝낼 것인

지도 미리 정해놓고 시작하는 것으로 유명합니다. 그래야만 연재만화의 한계를 조금이나마 줄일 수 있고, 작가가 처음 의도한 대로 완성도 있는 작품을 선보일 수 있기 때문입니다.

한편, 강풀의 웹툰들은 점차 다양한 매체로 확산되어 나가고 있습니다. 예컨대 그의 작품들의 멀티유즈화를 간략히 정리하면 다음과 같습니다.

- 단행본: <순정만화>, <일상다반사>, <아파트>, <바보>, <타이밍>, <26년>
- 연극: <순정만화>, <바보>, <그대를 사랑합니다>
- 영화: <아파트>, <바보>, <순정만화>, <그대를 사랑합니다>
- 게임: <순정만화>, <타이밍>

끝으로 강풀은 '오늘의 우리만화상', '독자만화대상' 등을 수상했고, 상지대 문화콘텐츠학과 초빙교수를 역임하기도 했습니다."

온달의 발표가 끝나자, 정 교수가 자리에서 일어나 간단히 총평을 해주었다.

"예, 자료조사도 풍부하게 하고, 분석과 발표도 체계적으로 잘했습니다. 우리는 여전히 만화가를 보면 '과연 밥이나 먹고 살 수 있을까?'라고 걱정합니다. 하지만 세상은 많이 변했습니다. 요즘엔 좋은 이야기의 경우 강풀의 작품처럼 출판이나 영화, 공연, 게임 등으로 끊임없이 매체의 전환이 이루어지고 있기 때문에 만화가도 문화콘텐츠를 이끌어나가는 하나의 원동력이 될 수 있습니다. 특히 인터넷 만화, 즉 웹툰이 등장하면서 만화의 대중성은 날개를 달게 되었습니다. 물론 기존의 단행본 만화는 고전을 면치 못하고 있지만 말입니다."

'처음처럼' 캘리그라퍼, 서예가 신영복

계속해서 1조의 또 다른 남성 수강생이 강단으로 올라가 서예가 신영복에 대해 발표하기 시작했다.

"제가 보기에 창조사업가는 분야가 뚜렷이 정해져 있는 것이 아니고, 전문성과 창조성을 가지고 고부가가치를 창출한다면 누구나 될 수 있다고 생각합니다. 그런 점에서 저는 '창조사업가'라고 말할 때, 가장 먼저 떠오른 인물이 신영복 교수였습니다. 그는 요즘 각광받고 있는 캘리그라피 분야에서 가장 선구적인 인물이기 때문입니다. 캘리그라피는 calli(아름다움) + graphy(글씨)의 합성어인데, 손으로 쓴 미적 가치가 뛰어난 글씨들을 일컫습니다. 근래 다양한 분야에서 캘리그라피가 활용되고 있습니다. 길거리의 간판이나 출판, 영화, 방송, 광고, 각종 제품 등에 이르기까지 우리 주위의 곳곳에서 캘리그라피가 쓰이고 있습니다. 그러한 캘리그라퍼의 원조라 할 수 있는 분이 바로 신영복입니다. 그럼 신영복의 성장과정부터 차근차근 소개해 드리겠습니다.

　　신영복은 1941년 경남 밀양에서 출생하여 서울대 경제학과를 졸업했습니다. 이후 숙명여대, 육군사관학교에서 경제학 강사로 재직하던 중 1968년 통일혁명당 사건으로 구속됩니다. 그로부터 20여 년의 기나긴 세월을 복역하고, 1988년 8·15 특별가석방으로 출소합니다. 그후 성공회대에서 강의를 하다가, 현재는 정년퇴임을 하였습니다.

　　신영복이 서예와 인연을 맺게 된 것은 어린 시절 할아버지

캘리그라피
calli(아름다움) + graphy(글씨)의 합성어로,
손으로 쓴 미적 가치가 뛰어난 글씨들을 일컫는다.

에 의해서입니다. 그는 초등학교에 입학하기 전부터 할아버지의 사랑방에 불려가 글씨 연습을 하곤 했습니다. 이때의 붓글씨란 한낱 놀이에 불과한 것이었지만, 그 경험은 훗날에까지 많은 영향을 끼칩니다.

이후 그는 감옥에서 다시 서예와 만나게 됩니다. 재소자 준수사항이나 동상 예방수칙 같은 부착물을 써서 붙이는 것이 계기가 되어 다시금 붓을 들게 된 것입니다. 또한 그는 옥중에서 잊을 수 없는 두 스승을 만나게 되는데, 만당 성주표와 정향 조병호가 바로 그들입니다. 그는 이 두 스승으로부터 붓글씨를 배우며 혼자서 한글서예를 익히게 됩니다.

그런데 하루는 어머니의 서한을 받고서 한글의 글씨체를 다시 생각해보게 됩니다. 당시 어머니의 글씨는 서민들의 정서가 물씬 풍기는 소박하고 어수룩한 글씨체였습니다. 그는 이러한 글씨체에 주목하게 되었고, 그런 형식을 취하여 나오게 된 것이 바로 그만의 독특한 한글서체였습니다. 다시 말해 서민적이고 소박하며, 그림과 글씨의 경계를 넘나드는 글씨체였던 것입니다.

또한 신영복은 서예도 현대의 사회 상황과 밀접히 연관되어 있다고 생각했습니다. 그래서인지 그의 서체는 대중에게 빠르고 광범위하게 확산되었습니다. 그 대표적인 사례가 바로 두산주류의 소주 '처음처럼'의 상품로고입니다.

'처음처럼'은 당시 진로의 '참이슬'이 소주시장을 장악하고 있을 무렵, 두산주류가 과감하게 전면에 내세운 새로운 브랜드였습니다. 알칼리수로 만든 저(低)도수 소주로, 뒤끝이 깨끗하고

서예가 신영복
신영복은 당시 대중적으로 가장 영향력 있는
글씨체를 가졌고, 실제로 그의 글씨체를 토대로
다양한 상품화가 이루어졌기 때문에 창조사업가형
서예가로 보아도 무방할 듯하다.

숙취가 없어 항상 처음과 같다는 점을 부각시켰습니다. 그리하여 두산주류는 5.2%에 불과했던 소주시장의 점유율을 단 2분기 만에 21.3%로 끌어올리는 놀라운 성과를 거두었습니다.

한데, 이 같은 '처음처럼'의 성공 배경에는 감성적인 네이밍과 로고의 서체가 자리 잡고 있었습니다. 특히 보다 순한 알칼리성 소주라는 콘셉트에 맞게 부드러우면서도 안정적인 느낌의 서체가 제품의 이미지를 더욱 긍정적인 방향으로 만들어주었습니다. 그 서체는 바로 당시 성공회대 교수인 신영복의 것이었습니다.

'처음처럼'이 성공한 후 신영복은 두산주류로부터 많은 저작권료를 받게 되었는데, 처음에는 완강히 거절했다고 합니다.

'처음처럼의 글씨체가 서민들의 삶을 표현하는 민(民)체이고, 소주도 역시 서민적인 술이기 때문에 서로 잘 어울린다고 생각해서 동의했습니다. 그러므로 사용료를 받는 것은 적절치 않은 듯합니다.'

이후 동료 교수들과 저작권료를 어떻게 할 것인지 상의하여, 결국 그가 재직하고 있는 성공회대에 장학금 1억 원을 기부 받는 형식으로 수락했다고 합니다.

이 밖에 신영복의 글씨를 가장 많이 볼 수 있는 곳은 출판물입니다. 그는 『감옥으로부터의 사색』,『더불어 숲』,『나무야 나무야』등 자신의 책 표지를 친필 글씨로 장식함은 물론, 그의 사상과 일치하는 여러 단체의 출판물 표지들도 자주 써주곤 하였습니다. 또한 KBS나 MBC 등 여러 방송 프로그램의 이름을 썼을 뿐 아니라, 2007년에 개봉한 영화 <황진이>의 타이틀 로고를 써

주기도 하였습니다. 나아가 신영복 서체의 디지털 폰트도 빠뜨
릴 수 없는 상품입니다. 지금까지 두 개가 개발되었는데, '직지신
영복체'와 '신영복엽서체'가 그것입니다.

이처럼 신영복은 현대와 공존하는 서예를 추구했으며, 서민
적이고 민주적인 사회를 추구했습니다. 그리하여 서체도 하나의
문화콘텐츠가 될 수 있다는 것을 직접 보여줬습니다."

이렇게 해서 발표를 마치자, 정 교수가 다시 자리에서 일어나 간략히 정리해
주었다.

"예, 고생했습니다. 신영복은 원래 캘리그라퍼를 지향한 것이 아
니었기 때문에 아티스트 분야의 창조사업가로 보는 것에 의문이
생길 수도 있습니다. 하지만 그는 대중적으로 가장 영향력 있는
글씨체를 가진 분이었고, 실제로 그의 글씨체를 토대로 다양한
상품화가 이뤄지기도 했습니다. 그러므로 자신만의 전문성과 창
의성을 토대로 독립적이고 자유롭게 일하는 창조사업가로 보아
도 크게 무리는 없을 듯합니다."

터부 요기니(Taboo Yogini), 팝 아티스트 낸시 랭

마지막으로 1조의 한 여성 수강생이 앞으로 나가 창조사업가형 팝 아티스트
낸시 랭에 대한 발표를 진행하였다.

그녀는 먼저 낸시 랭의 좀 야한 포즈의 사진을 PPT로 제시하며 말하
였다.

"'언론을 철저히 이용하는 약은 여자', '경박한 작품 따위에 예술
은 없다', '못 벗어서 안달이 난 여자'. 이 모두 낸시 랭을 두고 한

말입니다. 그녀는 정말 논란이 많은 팝 아티스트입니다. 대체 낸시 랭은 누구일까요?

　먼저 팝 아트(pop art)란 대중문화 속의 이미지를 미술로 끌어들인 현대미술의 한 장르입니다. 자본주의 사회에서 공산품이나 상업광고와 같이 쉽게 인식되고 있는 것들을 활용하여 자신의 생각을 보여주는 미술이죠. 다시 말해 익숙한 것들을 이용하여 자신의 사상을 전달하고자 하는 것입니다.

　팝 아트의 대표적인 작가로는 앤디 워홀, 로이 리히텐슈타

팝 아트
팝 아트(pop art)란 대중문화 속의 이미지를 미술로
끌어들인 현대미술의 한 장르이다.

인, 그리고 우리나라의 낸시 랭이 있습니다. 특히 낸시 랭은 '팝 아트'에다 이를 효과적으로 표현할 수 있는 '행위예술'을 접목함으로써 자기만의 독창적인 세계를 형성했습니다. 그녀는 톡톡 튀고 발랄한 분위기의 팝 아트를 매우 동적인 행위예술로 표현하여, 미술계에서 새로운 분야를 개척했다는 평가를 받고 있습니다.

그렇다면, 낸시 랭의 성장과정은 과연 어떠했을까요? 낸시 랭은 1979년 미국 뉴욕에서 태어났습니다. 그러나 태어나자마자 한국으로 들어왔고, 중학교까지 한국에서 보냈습니다. 그리고 고등학교는 필리핀에 있는 '마닐라 브렌트 인터내셔널 스쿨'에 다녔습니다. 낸시 랭은 철저하게 서울 강남의 '청담동'에서 자란 아이였습니다. 무남독녀로 자란 그녀는 부족한 것이 없었고, 초등학교와 중학교에서는 학교의 아이돌이었습니다.

그러나 홍익대 미대 서양학과에 입학한 후 그녀의 인생은 완전히 달라지기 시작했습니다. 대학 3학년 때 교통사고로 아버지를 여의고, 청담동을 떠나야 할 만큼 가세(家勢)가 기운 것입니다. 낸시 랭은 갑작스럽게 생활전선에 뛰어들어야 했습니다. 결국 등록금마저 내기 어려울 정도로 집안이 힘들어진 상황에서 그녀는 매일같이 울며 잠들고, 술에 빠져 살고, 지옥과도 같은 나날을 보내야 했습니다. 심지어는 자살까지 생각했다고 합니다. 하지만 그녀는 오히려 이것을 계기로 아티스트로서의 자신의 꿈에 완강히 매달리게 됩니다. 자신에게 남은 거라곤 꿈밖에 없다는 일념으로 악착같이 생존하는 법을 배운 것입니다.

그러한 힘든 상황 속에서도 낸시 랭은 개인전에 대한 욕망

팝 아티스트 낸시 랭
낸시 랭은 팝 아트에 행위예술을 접목함으로써
자기만의 독창적인 세계를 형성한 것으로 평가받고
있다.

만은 버리지 않았습니다. 그녀는 대학을 졸업한 2001년 이후로 매년 꾸준히 개인전을 열어 왔습니다. 그 대표적인 것들을 간략히 정리하면 다음과 같습니다.

- 2001년: 덕원미술관 'Fly me to the paradise'
- 2002년: 관훈갤러리 'Energy flow'
- 2003년: 예술의 전당 '터부 요기니 시리즈(1)'
- 2004년: 청담동 S bar 'unknown night with Nancy Lang'
- 2005년: 갤러리 드맹 '터부 요기니 시리즈(2)'
- 2006년: 갤러리 쌈지 개인전 '아티스트 낸시 랭의 비키니 입은 현대 미술'
- 2009년: 장은선 갤러리 '캘린더 걸'

특히 낸시 랭에게 있어서 2003년은 결코 잊을 수 없는 해였습니다. 베니스 비엔날레에 초대받지 않은 손님으로 찾아가 파격적인 퍼포먼스를 연출하여 세계 미술계를 깜짝 놀라게 했기 때문입니다. 당시 '왜 그런 퍼포먼스를 했는가?'라는 질문에 낸시 랭은 이렇게 시원하게 대답했습니다.

'집이 망했고 고통과 시련으로 앞이 보이지 않았어요. 작가로서의 열망 또한 대단했죠. 뭔가 비상구가 필요했던 겁니다.'

그녀는 붉은색 란제리에 하이힐을 신고 거리에서 바이올린을 연주했습니다. 퍼포먼스의 주제는 '초대받지 않은 꿈과 갈등: 터부 요기니 시리즈'였습니다. 말 그대로 초대받지 못한 자의 꿈과 그에 대한 갈등을 표현한 것이었습니다. 이때 그녀는 베니스 경찰에 연행되고 말았는데, 그 이유는 신성한 성당 앞에서 란제리를 입고 퍼포먼스를 했다는 것이었습니다. 그녀는 말했습니다.

'예술의 도시 베니스에서 그런 퍼포먼스를 했다고 연행되다니 정말 믿을 수 없었어요.'

다행히 낸시 랭은 그녀의 퍼포먼스를 흥미롭게 보았던 루마

If I Ruled The World...

Nancy Lang, If I Ruled The World,
C-Print, Size variable, 2009

니아 작가의 도움으로 풀려났습니다.

　　낸시 랭의 대표작은 역시 '터부 요기니' 시리즈입니다. 요기니는 '신과 인간들 사이에 존재하는 영적인 메시지'를 의미합니다. 요기니는 신과 대등한 능력을 지녔고, 지구상에서 금지된 존재이기 때문에 터부라는 말이 붙여졌습니다. 터부 요기니 시리즈는 정말 희한한 모습을 하고 있습니다. 건담의 몸에다 때론 섹시한 여자의 얼굴을, 때론 아이의 얼굴을 하고 있습니다. 또 손에는 낸시 랭이 좋아하는 명품 가방이 들려 있고, 다리는 이질적이고 혐오스런 해부도로 이루어져 있습니다. 낸시 랭은 터부 요기니에 대해 이렇게 말합니다.

　　'터부 요기니는 인간일까 괴물일까. 저는 터부 요기니를 통해 꿈을 실현해요. 인간과 괴물의 경계를 넘나드는 금기시된 존재이지만, 그 금기를 깨고 순간적으로 나타나 인간의 퇴색된 꿈을 이뤄주고는 이내 소멸하죠. 하지만 소멸하는 동시에 또 다른 터부 요기니로 부활합니다.'

이처럼 사람들에게 꿈을 전해주는 터부 요기니는 낸시 랭의 의식을 담은 '낸시 랭 그 자체'인 것입니다.

한편, 낸시 랭은 대한민국에서 최초로 아티스트의 이름을 내건 패션브랜드를 만들어냈습니다. (주)쌈지의 '낸시 랭 라인'이 그것입니다. 실제로 낸시 랭은 2005년부터 '낸시 랭 라인'의 아트 디렉터, 디자이너, 광고모델로 활동하기 시작했습니다. 그녀가 디자인한 물건 중 가장 히트를 친 것은 '매직박스'였습니다. 가방을 열면 동그란 거울이 보이고, 뒷면에는 'made in Heaven'이라고 쓰여 있습니다. 천사들이 만든 것 같은 아기자기한 매직박스는 여성들의 내면에 숨어 있는 소녀적 동경과 향수를 불러일으켰습니다. 이 매직박스는 드라마 <궁>에서 윤은혜가 들고 나와 더욱 유명해지기도 했습니다.

사람들은 낸시 랭을 아티스트 흉내를 내는 연예인이라고 말합니다. 하지만 그녀는 어디까지나 긍지로 가득한 당찬 아티스트입니다. 그녀는 <이금희의 파워인터뷰>란 TV 프로그램에서 누드 화보집 제의가 들어온 적이 있다고 밝히면서, 이렇게 말한 적이 있습니다.

'절대 안 하죠! 전 연예인이 아니라 아티스트인걸요. 그걸 받아들인다면 아티스트로서의 긍지는 완전히 버리는 거나 마찬가지예요.'

아티스트로서 낸시 랭의 입장은 굳건했던 것입니다."

터부 요기니
터부 요기니(Taboo Yogini)는 사람들에게 꿈을
전해주는 것으로, 낸시 랭 그 자체라고 할 수 있다.

이렇게 해서 1조의 발표가 모두 끝나자, 정 교수가 다시 강단으로 올라가 아티스트 분야의 창조사업가에 대해 마지막으로 간략히 정리해주었다.

"이처럼 요즘 아티스트들은 자기만족을 위한 작품 창작에 그치지 않고, 대중과의 소통을 위한 콘텐츠 생산으로까지 나아가고 있습니다. 또한 그러한 콘텐츠를 다양하게 활용해서 부가가치를 최대한 높이려고 하고 있습니다. 그리하여 작가는 '배고픈' 직업이라는 편견을 깨고, 심지어는 해리포터 시리즈의 작가 조앤 롤링처럼 세계 최고의 갑부가 되기도 하고 있습니다. 만약 여러분도 문학이나 음악, 미술 등 예술적 재능을 갖고 있다면, 앞으로 계속 그 재능을 키워나가 대표적인 창조사업가가 되어보기 바랍니다. 그럼 '그 시작은 미약하나 그 끝은 창대하리라'는 말을 실감하게 될 것입니다."

그러고 나서 정 교수는 다음 시간을 짧게 예고하고 이날의 수업을 마쳤다.

"다음 시간엔 엔터테인먼트 분야의 창조사업가에 대해 살펴볼 예정입니다. 다음 수업도 역시 발표 형식으로 진행될 텐데, 해당 발표자는 최선을 다해 준비해주었으면 합니다. 그럼 오늘도 고생 많았고요. 편안한 밤길 되기를 바랍니다."
"수고하셨습니다, 교수님!"

온달과 평강을 비롯한 1조의 팀원들은 처음 발표 치고는 제법 잘해낸 것에 만족하며 서로를 격려했다. 정 교수도 강단에서 내려와 그들에게 다가가서 발표 준비를 하느라 고생이 많았다고 격려해주었다.

⟨나도 창조사업가!⟩ 프로젝트

5   사업아이템 찾기

자신만의 전문 분야를 토대로 본격적으로 추진할 사업아이템을 찾아보자. 사업아이템은 공포나 재난, 액션 등의 콘텐츠 사업, 전통음식 제조, 테마 카페나 음식점 창업 등처럼 트렌드에 맞게 최대한 구체적으로 선정하는 것이 좋다.

4장
엔터테이너

멀티플레이형 연예인들

온달과 평강이 아카데미 앞의 횡단보도에서 신호를 기다리고 있는데, 정 교수가 지하철에서 내려 걸어오고 있었다. 두 사람은 뒤돌아서 반갑게 인사하였다.

　　"교수님, 안녕하세요?"
　　"응, 이제들 가는구만."

인사를 건넨 정 교수는 다시 온달을 향해 물었다.

　　"어떻게 잘 되어가고 있는가? 그때 괴담에 기반한 창조사업가가 되기로 했지?"
　　"예, 교수님! 괴담 자료들을 수집해서, 지난주에 벌써 블로그까지 개설했습니다. 흥미 있는 분야라서 그런지 하루 평균 방문자가 천여 명에 이를 정도로 인기가 많고, 또 사람들이 자기가 알고 있는 괴담들도 많이 올려주고 있습니다. 정말 블로그로 인해 저의 일을 널리 홍보할 뿐만 아니라, 자료도 더욱 광범위하게 수집하고 있습니다."
　　"혹시 출판사나 영화사로부터 연락은 오지 않던가?"

"그렇지 않아도 모 출판사에서 재미있는 괴담들을 묶어 시리즈로 책을 내고 싶다고 했습니다. 근시일 내로 한번 찾아온다고 했구요."

"잘 되었네. 누구든지 전문성과 창의성을 갖추면 찾아오는 사람들이 많기 마련이지. 제품이 좋으면 손님들이 몰려드는 것처럼 말일세."

어느새 그들이 강의실에 도착하니, 2조의 팀장 나영재가 박나래 등과 함께 열심히 발표 준비를 하고 있었다. 정 교수는 늘 그렇듯이 활짝 웃는 얼굴로 강단에 올라가 한 사람씩 이름을 부르며 출석을 체크했다. 그리고는 먼저 이 날의 강의 개요부터 간략히 소개해주었다.

"오늘은 엔터테이너, 곧 연예인 분야의 창조사업가에 대해 살펴보겠습니다. 이들은 그 자체가 하나의 콘텐츠로서, 대중들이 좋아할만한 행동을 해서 인기를 얻고, 이를 통해 수익을 창출하는 사람들입니다. 예를 들어 노홍철은 이전에 볼 수 없었던 독특한 모습과 행동으로 자기 자신을 캐릭터화해서 대중들에게 어필했습니다.

또한 이들은 유명세를 타면 자신만의 회사를 차려 다양한 콘텐츠를 개발하거나, 혹은 또다른 사업 분야로 진출하기도 합니다. 예컨대 박진영은 <날 떠나지마>, <그녀는 예뻤다> 등 수많은 히트곡을 낸 가수이기도 하지만, 자신의 이름을 브랜드로 내세운 JYP엔터테인먼트라는 회사를 차린 뒤 비나 원더걸스, 2PM

창조사업가형 엔터테이너
연예인은 그 자체가 하나의 콘텐츠로서 대중들이
좋아할 만한 행동을 해서 인기를 얻고 이를 통해
수익을 창출하는 사람들이다. 또한 이들은 유명세를
타면 자신만의 회사를 차려 다양한 콘텐츠를
개발하거나 또 다른 사업 분야로 진출하기도 한다

엔터테이너

등 국내 정상급 가수들을 키워낸 프로듀서, <Tell me>, <태양을 피하는 방법> 등을 만든 작곡가로서도 활동하고 있습니다. 마찬가지 홍진경도 자기 본연의 일터인 모델에 국한하지 않고, 방송이나 김치사업, 가수 등 다양한 영역에서 만능 엔터테이너로 활동하고 있습니다.

엔터테이너의 유형은 가수, 배우, 탤런트, 방송인, 스포츠 스타, 마술사, 모델 등 매우 다양합니다. 하지만 우리는 그들 가운데 창조사업가로서의 특성을 잘 보여주는 가수 박진영, 방송인 노홍철, 만능 엔터테이너 홍진경, 마술사 이은결 등에 대해서만 살펴보겠습니다. 오늘도 역시 여러분의 발표를 중심으로 수업을 진행하고, 나는 간단히 총평만 해주겠습니다. 자~ 그럼 곧바로 발표에 들어가볼까요?"

대체될 수 없는 사람이 되자, 가수 박진영

정 교수의 말에 2조의 팀장인 나영재가 먼저 강단으로 올라가 가볍게 목례하고 말하였다. 오늘도 그는 비록 목에 이어폰은 걸고 있지 않았지만, 여전히 모자는 쓰고 있었다.

"저는 창조사업가형 가수인 박진영에 대해 분석해보았습니다. 한국인 가운데 박진영을 모르는 사람은 아마 없을 것입니다. 그는 1990년대부터 현재까지도 계속 가수활동을 하고 있습니다. 과거에는 서태지와 나란히 대결할 정도로 잘 나가는 가수였고, 현재는 국내외적으로 유망한 연예 관련 회사인 JYP엔터테인먼트의 대표입니다. 또 그가 작곡한 노래는 국내의 가요 프로그램에서 28번이나 1위를 차지했고, 아시아에서 최초로 미국의 빌보드 차트 Top 10에 진입하기도 했습니다.

가수 박진영

　　이처럼 박진영은 어느 한 분야에서만 성공한 것이 아닙니다. 비록 엔터테인먼트 관련 사업이기는 하지만, 그는 가수이자 작곡가, 프로듀서이기도 했습니다. 보통 사람들은 한 가지 일도 제대로 하기 어려운데, 그는 세 마리의 토끼를 동시에 잡은 것입니다."

나영재는 먼저 이렇게 화두를 제시한 후, 본격적으로 박진영에 대해 소개하기 시작했다.

　　"박진영은 1972년 1월 서울에서 태어났습니다. 그는 어렸을 때

가수 박진영
박진영은 가수 뿐 아니라 작곡가, 프로듀서로서도
성공한 창조사업가형 가수라 할 수 있다.

엔터테이너

부터 춤을 아주 잘 추었습니다. 심지어 4살 때 어머니의 쌀 씻는 소리에 맞춰 춤을 췄다고도 합니다. 그래서 이후 노래와 춤보다는, 자신에게 상대적으로 부족한 분야인 작곡과 편곡 공부를 더 열심히 했습니다.

　　고등학교 시절에 그는 너무나도 음악을 하고 싶었지만, '음악을 하려면 공부부터 열심히 하라'는 부모님의 말씀에 전교 회장을 할 정도로 열심히 공부했습니다. 또 '딴따라'라고 해서 공부를 못한다는 소리를 듣기 싫었고, 혹시라도 가수로서 실패할 때를 대비하여 부지런히 공부해서 연세대 지질학과에 들어갔습니다. 그리고 비록 중간에 그만두긴 했지만, 동대학원의 정치학 석사과정에 진학하기도 했습니다.

　　이러한 박진영도 가수가 되기 위해 여러 차례 오디션을 봤지만, 그를 받아줄 소속사는 어디에도 없었습니다. 지금이야 개성적인 외모로 주목받고 있지만, 당시만 해도 그저 '못생긴 고릴라'일 뿐이었기 때문입니다. 그러나 박진영은 이에 굴하지 않고 대학 3학년인 1994년 <날 떠나지마>란 노래로 데뷔하여, 이후 <엘리베이터>, <그녀는 예뻤다>, <Honey> 등 수많은 히트곡을 내면서 가수로서의 성공을 거듭했습니다. 그는 파격적인 의상과 화려한 퍼포먼스, 솔직하고 직설적인 표현의 가사로 많은 화제를 불러 일으켰습니다. 특히 그는 섹시한 가수가 되고 싶어했는데, 이에 따라 그의 히트곡에는 성에 대한 솔직한 감정이 많이 투영되어 있습니다.

　　박진영은 또한 성공한 작곡가이자 프로듀서이기도 했는데, 박지윤과 God, 비, 원더걸스, 2PM, 2AM 등이 모두 그의 손을 거쳐 탄생한 가수들입니다. 4살 때부터 피아노를 배웠던 박진영은 그 뛰어난 감각으로 1997년 진주의 1집 <해바라기>를 시작으로 1998년 God의 1집 <어머니께>, 2002년 비의 1집 <Bad guy>, 2007년 원더걸스의 <So hot> 등의 노래를 작곡했습니다. 그리하여 1997년부터 2007년까지 주요 방송 3사의 작곡가상과 제작자상을 거의 휩쓰는 쾌거를 이루었고, 제16회 골든디스크 본상과 제22회 골든디스크 제작자상, 그리고 2007년 자랑스런 한국인 대상까지 받게 됩니다.

　　박진영은 비단 우리나라에서만 자신의 끼를 발휘하지는 않았습니다. 2003년 비의 2집 수록곡인 <태양을 피하는 방법>이 음악 프로그램에서 1위를 차지했습니다. 박진영의 23번째 1위 곡이었습니다. 이때 그는 '더 이상 여기 있을 순 없다. 무조건 미국으로 가자. 거기에 가서 정말 죽이 되던 밥이 되던 해보자'라는 심정으로 미국으로 건너갔다고 합니다. 하지만 회사 임원들과 투자자들은 '무모한 도전'이라며 심하게 반대했습니다. 결국 그는 미국에 간 지 1년만에 빌보드 차트 Top 10에 든다는 것과, 1년 동안은 회사 경비를 사용하지 않고 자비로만 활동한다는 조건 하에 미국으로 갈 수 있었습니다.

　　박진영의 미국생활의 시작은 남의 집 차고였습니다. 그는 아는 형의 집에 얹혀 살며 미국 생활을 시작했고, 그 집의 차고에 스튜디오를 차렸습니다. 그리고는 자신이 만든 음악 CD 겉표지에 'JYP'라고 마치 미국인인 것처럼 약자로 적은 뒤, 흑인 음악의 거물들을 무작정 쫓아다녔습니다. 선입견 없이 음악을 듣게 하기 위해서였습니다. 박진영은 비록 한국에선 성공한 작곡가였지만, 미국에선 자존심을 버리고 철저하게 밑바닥부터 시작했습니다. 지난번 MBC의 <무릎팍 도사>에서 그는 이렇게 말했습니다.

　　'매일밤 배낭에 CD 20개씩을 넣고 음반사 20개씩을 도는 거예요. 하루도 안 빼고요. 한국 사람들만 그런 행동을 해요. 전 세계 누구도 안 그래요.'

　　그는 한국적 스타일인 뚝심과 끈기로 도전한 것입니다.

　　'근데 그게 먹힌 거예요. 제가 안내원들에게 "네 친구라고 하고 한번 줘봐"고 하면, 그들은 "알겠다"고 대답하고는 전달 안 합니다. 근데 문제는 제가 다음날 또 나타난다는 거죠. 그래서 곡이 11개월째에 팔린 거예요. 한 달 남겨두고…….'

그 곡이 바로 미국 가수 메이스(Mase)의 <The love you need>로, 빌보드 차트 4위까지 올랐습니다. 이후 그의 곡이 좋다는 소문이 나고서 윌 스미스(미국의 영화배우이자 랩퍼)에게 전화가 왔는데, 나중에 그 앨범은 빌보드 차트 6위까지 올랐습니다.

　　이렇게 해서 그의 미국 진출은 성공적인 결실을 맺었습니다. 이후 그는 미국 음반시장에서 확고히 자리를 잡았고, 지금은 미국에 JYP엔터테인먼트 지사를 내고 현지 가수를 키우는 데 주력하고 있습니다. 또 중국 베이징에 'JYP Ent China'를 세움으로써, 장차 세계로 뻗어나가는 발판을 마련했습니다.

　　박진영이 항상 하는 말이 있습니다. '대체될 수 없는 사람이 되자!' 그는 이같은 소신을 지키기 위해 한국에서 정상급 가수로 올라섰을 때도 거기에서 멈추지 않고 미국으로 건너가 세계적인 가수이자 작곡가, 프로듀서가 되었습니다. 저는 그의 생각에 완전히 동의하고 지지하는 바이며, 저도 요즘 그렇게 되고자 노력하고 있습니다."

나영재의 발표가 끝나자, 모든 수강생들이 칭찬과 격려의 박수를 쳐주었다. 정 교수도 그들과 함께 박수를 친 뒤 간단히 총평을 해주었다.

"예, 수고 많았습니다. 박진영은 모든 일을 즐긴다고 합니다. 한때 대한민국을 강타했던 원더걸스의 <Tell me> 춤도 잠옷을 입은 그의 몸에서 나왔습니다. 그는 정말 춤을 사랑하고 노래를 사랑하고 후배를 사랑하는 사람인 듯합니다. 옛말에 '노력하는 자는 즐기는 자를 이길 수 없다'라고 했는데, 앞으로도 박진영은 결코 대체될 수 없는 사람이 될 듯합니다."

좋아, 가는 거야!
방송인 노홍철

바로 이어서 2조의 또다른 발표자가 강단으로 올라가 방송인 노홍철에 대해 발표하였다. 그도 역시 앞의 발표자들처럼 노홍철에 관한 화두부터 제시했다.

"저는 대표적인 창조사업가형 방송인 노홍철에 대해 분석해보았습니다. 그는 데뷔 전부터 다양한 사업을 하였으며, 자기 자신을 캐릭터화하여 독특한 방송인이 되었습니다. 처음에 그가 방송에 나왔을 때 사람들은 '뭐 저런 인간이 다 있어?'라고 하거나, 심지어는 '미친 놈'이라고 말하기도 했습니다. 하지만 지금은 모든 국민들의 사랑을 받는 방송인으로 자리매김하였습니다. 뿐만 아니라 그는 연예활동과 함께 '노홍철 닷컴'이라는 쇼핑몰을 운영하여 자신만의 색깔이 담긴 옷을 판매하였습니다. 전문성과 창의성을 바탕으로 자기 자신을 브랜드화하여 사업하는 것이 창조사업가라면, 노홍철이야 말로 그에 가장 부합하는 사람이 아닐까 합니다."

그런 다음 노홍철에 대한 소개부터 본격적으로 살펴보았다.

"노홍철은 1979년 3월 31일 서울에서 태어났습니다. 그리고 신사중학교와 현대고등학교를 거쳐 홍익대 기계정보공학과를 졸업했습니다. 그는 방송인이 되기 전에 이미 유명한 사업가였습

방송인 노홍철

노홍철은 방송에 데뷔하기 전부터 다양한 사업을
했고, 방송에 데뷔해서는 자기 자신을 캐릭터화해서
많은 인기를 끌었다. 또한 그는 연예활동과 함께
'노홍철 닷컴' 이란 쇼핑몰을 운영하여 자신만의
색깔이 담긴 옷을 판매했다.

니다. 비록 대학은 이공계를 선택했지만 예능과 장사에 관심이
많아서, 군대 제대 후 스스로 뭔가를 해보자고 결심했습니다. 그
래서 처음으로 시작한 것이 '닥터 노의 성격 클리닉'이었습니다.
'닥터 노(Dr. 노)'는 홍익대에서 기계공학을 공부할 때 하얀 가운
이 너무 잘 어울려서 친구들이 붙여준 별명이고, '성격 클리닉'은
일종의 전화 상담사였습니다.

　'이곳저곳에 전단지를 뿌리고 발로 뛰어다니며 홍보를 했
더니 정말로 전화가 왔어요. "노 박사님"이냐는 말이 전화선을
타고 들려올 때 정말 짜릿한 느낌을 받았죠. 말하는 거야 내가 좋
아하는 것이고, 좋아하는 일을 하면서 돈까지 버니까 이보다 더
이상적일 수가 없었어요.'

　이후 그의 사업은 더욱 다양한 분야로 뻗어나갔습니다.
2002년 월드컵이 열리던 해에는 야광판지 같은 응원용품을 싼
값에 떼다가 압구정동 길거리에서 팔아 이문을 남겼습니다. 페
이스 페인팅도 주요 품목 중 하나였습니다. 또한 꼴찌를 상대로
한 과외도 했습니다. 공부에 대한 의욕이 없는 꼴찌들을 모아서
왜 공부를 해야 하는지를 느끼게 해주는 것이었습니다.

　'그냥 꼴찌들을 모아 놓고 즐겁게 놀았어요. 그랬더니 이
친구들이 왜 공부해야 하는지를 깨달았고, 실제로 성적이 오르
더라구요.'

　이 일은 성과가 꽤 좋아서, 노홍철은 '재미있는 과외 선생
님'이라며 잡지에 실리기도 하였습니다. 월드컵이 지나자, 전철
역에서 철 지난 CD를 팔기도 했습니다. 약수역 등지에서 1만 원
에 6장짜리 CD를 팔며 즐겁게 일하고 돈도 벌었습니다.

　이렇게 노점을 하다 보니, 쇼핑몰이 그의 눈에 들어왔습니
다. 그래서 2003년 '꿈과 모험의 홍철동산'이란 인터넷 쇼핑몰을
열어 대박을 터트렸습니다. 그는 쇼핑몰이 너무나 하고 싶어서
부모님 몰래 화장실 문을 잠그고 백열전구의 빛을 받아 상품 사
진을 찍어 팔았습니다. 주로 파티용품이나 폭죽놀이 세트를 팔

노홍철 닷컴 메인 화면

앉고, 직접 배송까지 다녔습니다. 내친김에 그는 옷과 함께 가면,
스티커, 엽서 등도 만들어 팔았는데, 그것도 꽤나 잘 팔렸습니다.
이 쇼핑몰은 '홍철 닷컴'의 시초가 됐고, 지금은 '노홍철 닷컴'으
로 성장했습니다. 또한 이 쇼핑몰에서의 성공은 '명랑소년 성공
기'라는 이름으로 여러 잡지에 소개되기도 했습니다.

나아가 그는 '홍철투어'라는 중국 여행사까지 만들었습니
다. 중국에 물건을 사러갔던 경험을 바탕으로 개발한 이 투어상
품은, 당시 대학생들 사이에 대인기였습니다.

이 복잡한 인생경로를 거쳐 마지막으로 찾아온 기회가
바로 방송이었습니다. 2004년 7월 노홍철은 케이블 TV 엠넷
(M.net)의 'KIN 길거리 VJ'로 방송에 데뷔했습니다. 당시 그는
'홍철투어'를 운영하고 있었는데, 중국여행 상품과 방송을 연결
하면 일석이조(一石二鳥)가 되겠다 싶어 방송을 시작했다고 합
니다. 그는 이 방송을 계기로 자신만의 독특한 캐릭터성을 보여
주었고, 사람들의 반응은 거의 경악스러울 정도였습니다.

엔터테이너

'전 진짜 막 "아하하하하~" 밖에 안 했는데, 시청률이 1위가 되어버린 거예요.'

산만하고 정신없는 모습, 일사분란한 손동작 등 지금까지 존재하지 않은 새로운 캐릭터의 등장에 사람들은 관심을 갖게 된 것입니다. 이 케이블 방송에서 성공한 이래, 그는 공중파 방송인 MBC의 <놀러와>에 출연하게 되고, 이후 MBC의 <무한도전>, KBS의 <위기탈출 넘버원>에 출연하는 등 본격적인 방송활동을 하게 되었습니다.

노홍철은 마이너리그에서 인기몰이를 해서 당당히 공중파에 안착한 케이스입니다. 특히 독특한 매너, 과감한 말투, 가식 없는 행동과 웃음, 화려한 경력까지 갖추고 있어서, 많은 사람들의 호기심을 자극하기에 충분했습니다.

뿐만 아니라 그는 방송 외에 여러 가지 사업도 병행했는데, 대표적으로 위와 같은 '노홍철 닷컴'을 통해 자신이 고른 옷은 물론이고 직접 디자인한 옷까지 판매했습니다. 특히 그는 손으로 직접 쓴 메뉴와 특유의 산만함이 어우러진 독특한 분위기를 만들어서, 다른 쇼핑몰과의 차별화를 두었습니다. 당시 많은 연예인들이 인터넷 쇼핑몰을 운영했지만, 노홍철의 쇼핑몰이 가장 독특하다는 평가를 받았습니다.

그렇다면 그만의 성공 비결은 과연 무엇이었을까요? 그는 'If it's not fun, Why do it(재미없는데 왜 해?)'이라는 좌우명처럼 모든 일을 즐겼으며, 그가 만든 상품들도 그런 즐거움이 거의 그대로 묻어났습니다. 그는 지금 몸담고 있는 방송계도 즐겁지 않으면 언제든 떠나겠노라고 말하고 있습니다. 그만큼 인생을 즐겁게 살고, 항상 자기가 하고 싶은 것을 하면서 살고 싶다는 것입니다. 다시 말해 그의 성공 비결은 바로 '즐김'이었던 것입니다."

이로써 발표를 마치자, 정 교수가 자리에서 일어나 간단히 총평을 해주었다.

"예, 복잡다단한 행보를 걷고 있는 인물을 분석하느라 고생이 많았습니다. 노홍철 역시 앞의 박진영처럼 모든 일을 즐기면서 했기 때문에 성공한 듯합니다. 정말 '천재는 노력하는 자를 이길 수 없고, 노력하는 자는 즐기는 자를 이길 수 없다(知之者不如好之者, 好之者不如樂之者)'는 말이 실감납니다."

매사에 최선을 다하자, 만능 엔터테이너 홍진경

이날은 발표자가 많지 않아서인지, 정 교수는 중간 휴식을 취하지 않고 계속 수업을 진행하였다. 세 번째로 공예가 박나래가 앞으로 나아가 창조사업가형 만능 엔터테이너 홍진경에 대해 발표하였다.

"저는 모델 출신의 연예인 홍진경에 대해 자세히 분석해보았습니다. 지금까지 제게 '홍진경'은 키 크고 푼수 같은 여자였습니다. 어렸을 때 봤던 방송 프로그램이 그녀를 이런 이미지로 각인시킨 듯합니다. 이영자와 함께 코믹한 행동을 하고, 가끔씩 이해가 되지 않을 정도로 바보 같은 행동을 해서, 그녀를 모델이 아닌 개그맨으로 인식되게 했습니다. 하지만 그건 단지 방송에서 만들어낸 하나의 캐릭터에 불과했습니다.

　　이번에 발표를 준비하면서 살펴보니, 실제의 홍진경은 바보는커녕 아주 똑똑한 여자였습니다. 그녀는 나이에 비해 대단히 화려한 경력을 갖고 있는데, 우선 1993년 어린 나이에 슈퍼엘리트 모델대회 베스트포즈상을 받으며 방송에 데뷔했습니다. 방송계에서 그녀는 '엉뚱소녀'라는 이미지로 MC, 연기 등 각 분야에서 기량을 발휘했습니다. 물론 본업인 모델로서의 활동상도 훌륭했습니다. 이후 홀연히 방송계를 떠난 그녀는 대박사업가로 돌아왔습니다. 김치 사업으로 연간 160여 억의 매출을 올리

만능 엔터테이너 홍진경

고, 김치 부문에서 2006, 2007 대한민국 대표브랜드 대상을 수상했으며, CJ 홈쇼핑의 10대 히트상품으로까지 올랐습니다. 그리고 라디오 DJ로 방송에 복귀하는 한편, 자신이 직접 작사, 작곡한 노래 <그대에게 가는 길>을 발표하기도 했습니다. 이렇게 홍진경은 본업인 모델 말고도 사업가, 방송인, 가수, 주부 등 남들은 하나도 하기 힘든 일을 무려 다섯 가지나 해냈습니다. 그야말로 대표적인 창조사업가인 것입니다."

박나래는 먼저 이렇게 화두를 제시하고, 본격적으로 홍진경에 대해 분석하

만능 엔터테이너 홍진경
홍진경은 본업인 모델 말고도 방송인, 사업가,
가수, 주부 등 다양한 일들을 성공적으로 하고 있다.
그녀는 OSMU형 경영전략을 펼치는 대표적인
창조사업가인 것이다.

미래를 열어가는 창조사업가들

기 시작했다.

"홍진경은 한없이 밝아보이는 겉모습과 달리, 어린 시절에 남모를 아픔을 겪었습니다. 그녀는 1남 1녀 중 장녀로 태어나, 17살부터 병상에 계시는 아버지를 대신해 집안의 생계를 책임져야 했습니다. 2006년 MBC의 <가족애 발견>에 출연한 그녀는 이렇게 말했습니다.

'너무 힘들어 한때 방황도 많이 했어요. 당시 난 희생한다는 느낌을 지울 수가 없었어요.'

어머니는 이런 딸을 지켜보면서, '아무 것도 할 수 없는 자신이 원망스러웠다'고 말했습니다. 동생 학비에다 아버지의 병원비, 설상가상으로 어머니마저 아파서 대수술을 두 번씩이나 받아야 했습니다. 이 모든 것의 부담은 온전히 그녀의 몫이었습니다.

홍진경은 슈퍼엘리트 모델대회에서 톡톡 튀는 이미지를 남겼습니다. 하지만 그저 '반짝 스타'였고, 이후 어느 곳에서도 그녀를 불러주지 않았습니다. 마음이 불안한 그녀는 무작정 방송에 출연하게 해달라고 부탁했고, 단 하루분의 방송에 출연하게 되었습니다. 그러나 이날 그녀는 자신의 모든 것을 보여줍니다. 자기가 알고 있는 가장 웃긴 이야기들을 해주었고, 사람들이 질문할 때마다 성실하게 대답했습니다. 그래서 이후 그 방송에 고정으로 출연하게 되었습니다. 즉, 그녀는 기회를 기다리지만 않고 스스로 찾아 나선 것입니다.

이후 출연한 개그쇼에서도 홍진경은 귀엽고 발랄한 이미지로 대중들에게 인기를 끌었습니다. 하지만 너무 개그 코너에서만 출연해서인지, 대중들은 그녀를 웃기고 재미있는 사람으로만 인식했고, 방송에서도 계속 그러한 측면만을 요구했습니다. 그녀는 당시 프로그램 제작진에 의해 만들어진 이미지대로 끌려가는 게 너무 싫고, 자신이 아닌 것 같아 무섭기까지 했다고 합니다. 그래서 2003년 결혼을 계기로 방송계를 떠날 결심을 하게 됩

'더 김치'의 포장 디자인

니다.

몇 년 후, 그녀는 과거의 이미지를 탈피하고 똑똑하고 능력 있는 CEO가 되어 다시 나타납니다. 2004년 (주)홍진경을 설립하고 본격적인 김치 사업을 시작한 것입니다. 평소 음식 솜씨가 좋기로 유명한 홍진경의 어머니는 주변 사람들에게 자주 김치를 담가주곤 했습니다. 그래서 동료 연예인들도 홍진경 어머니의 음식 솜씨를 칭찬했는데, 마침내 그녀는 어머니에게 '그것을 한번 브랜드화 해보자!'고 권유하여 김치 사업을 시작하게 되었습니다.

처음 1년은 어머니가 일주일에 한 번씩 김치를 담가주곤 했습니다. 하지만 자주 찾는 단골들이 많이 생겨나서, 집안에선 도저히 감당할 수 없을 정도의 주문이 밀려들어 왔습니다. 이에 그녀는 공장을 물색하여 본격적인 김치 사업을 시작했던 것입니다.

그런데 본격적으로 사업을 시작하자마자 곧바로 위기를 맞이했습니다. 당연히 많이 팔릴 것으로 생각했던 김치들이 하나도 팔리지 않은 것입니다. 그래서 대량으로 만들어놓은 김치들이 이젠 골칫덩어리가 되어버렸습니다. 김치의 특성상 시간이 지나면 상품성이 떨어지고, 재고로 쌓아둘 수도 없었기 때문입니다. 이에 그녀는 주변 사람들에게 김치를 그냥 나눠줄 수밖에 없었는데, 바로 그 김치들이 생각지도 않게 홍진경을 구해줬습니다. 그 김치를 먹어본 사람들의 입소문 덕분에 점점 주문량이 늘어나더니, 나중에는 정말 쉴새없이 주문이 밀려들어왔습니다.

홍진경의 '더 김치'는 맛있다는 구전(口傳) 효과로 인해 각종 홈쇼핑에서 폭발적인 인기를 끌게 됩니다. 그래서 2006, 2007년 연속으로 대한민국 대표브랜드 김치 부문에서 대상을 수상합니다. 또한 이에 힘입어 그녀는 '더 만두', '더 죽', '더 장' 등에까지 사업 분야를 넓혀갑니다. 마침내 그녀는 2007년 호소력 짙은 목소리로 KBS 2FM의 <홍진경의 가요광장> DJ로 방송에 복귀합니다.

홍진경의 좌우명은 '매사에 최선을 다하자'라고 합니다. 그녀는 모델, 방송, 사업, 주부 등 여러 가지 일들을 하지만, 어느 것 하나도 대충하거나 포기하는 일이 없습니다. 모든 일에 최선을 다하고, 최고가 되기 위해 노력합니다. 특이하게도 그녀는 일을 시작할 때마다 먼저 주변 사람들에게 알렸다고 합니다. 그럼 언젠가 자신의 일이 힘들어서 포기하고 싶을 때, 이미 사람들에게 알린지라 쉽게 포기할 수 없기 때문입니다. 이렇듯 그녀는 매사에 최선을 다했기 때문에, 그 이름 앞에 '만능 엔터테이너'라는 수식어가 붙지 않았나 생각합니다. 그녀는 지금도 현실에 안주하지 않고, 끊임없이 자기를 계발해나가고 있습니다."

박나래의 발표가 끝나니, 정 교수가 다시 자리에서 일어나 홍진경에 대해 몇 마디를 덧붙였다.

"대개 사람들은 어떤 일이 뜻대로 되지 않을 때, 그저 운이 없다거나 세상이 날 몰라준다고 불평만 하곤 합니다. 하지만 홍진경은 그렇지 않고 기회를 스스로 만들어내었습니다. 사실 홍진경에게 특별한 건 아무것도 없었습니다. 외모가 특출나게 예뻤던 것도 아니고, 집안이 잘 나가던 것도 아니었습니다. 하지만 그녀에게는 기회를 스스로 만들어낼 줄 아는 능력이 있었습니다. 숱한 어려

움 속에서도, 다른 사람들은 상상하지도 못할 대범함과 집요함이
있었던 것입니다. 그래서 오늘날의 그녀가 있게 된 것입니다.”

마술을 예술로 바꿔라,
매직 아티스트 이은결

끝으로 2조의 또다른 남성 수강생이 강단으로 올라가 창조사업가형 마술사
이은결에 대해 발표하였다. 그도 역시 이은결에 관한 화두부터 제시했다.

“IBM(국제마술협회) 정회원, SAM(미국마술협회) 정회원, 국내
최초 세계마술대회 참가, 국내 최다 그랑프리 수상. 여러분, 그
가 누군지 아십니까? 바로 한국이 자랑하는 세계적인 마술사 이
은결입니다. 그는 한국인으로는 처음으로 국제마술대회에서 그
랑프리를 수상하며 두각을 나타냈습니다. 이후로도 그는 대규모
국제마술대회에서 연이어 우승하면서 그 실력을 세계적으로 인
정받았습니다. 특히 2006년 국제마술대회에서 1위를 차지하며
다시 한번 전 세계에서 한국 마술의 위상을 드높였습니다.”

그런 다음 발표자는 본격적으로 이은결에 대해
분석해주었다.

“이은결이 마술과 인연을 맺게 된 것은 중학
교 3학년 때의 일입니다. 평택에서 태어나 서
울로 전학 온 그는 학교생활에 잘 적응하지
못했고, 또 아버지의 사업실패와 가정적
인 어려움까지 겪으면서 우울한 사춘기

마술사 이은결

를 보냈습니다. 그러한 아들을 걱정한 아버지는 내성적인 성격이라도 고쳐볼 요량으로 마술학원에 등록시켰습니다. 그런데 이은결은 마술을 배우면서 정말로 많이 달라졌습니다. 남에게 웃음을 줄 수 있고 자신도 뭔가 할 수 있다는 생각에, 그는 밤을 새워가며 마술을 연습했습니다.

마침내 1998년 여름, 고등학교 2학년인 그는 조금씩 돈을 모아 마술에 필요한 테이블을 사고 나름대로 공연복도 준비했습니다. 그리고는 무작정 대학로의 마로니에 공원으로 나갔습니다. 지금도 그렇지만 당시에도 마로니에 공원은 거리공연의 대표적인 장소였습니다. 하지만 막상 거리에 서보니, 도대체 어떻게 해야 할 지 막막했습니다. 그래서 일단 주위에 있는 깡통을 주어 들고 숟가락으로 두드리며 시선을 끌고자 했습니다.

'여기 마술합니다! 마술 보여드려요!'

그 말에 사람들이 하나둘씩 모이기 시작하더니, 얼마 안 있어 관중들이 빽빽하게 들어섰습니다. 처음엔 물을 제대로 따르지 못할 정도로 온몸이 떨렸습니다. 그런데 마술을 시작한 지 5분 정도 지나자, 눈앞을 덮고 있던 어둠이 사라졌습니다. 어느새 그는 관중과 하나가 되어 마술을 즐기고 있었던 것입니다. 신문지를 접어 물을 부었는데도 물에 젖지 않는 마술, 허공에서 인형이 튀어나오는 마술, 카드마술 등 준비한 마술들을 모두 보여줬습니다. 관중들은 우레와 같은 박수갈채를 보냈고, 그는 가슴속에서 뭔가 뜨거운 것이 솟아오르고 있음을 느꼈습니다.

'나는 마술사가 될 테야!'

이날 그는 평생의 직업으로 마술사가 될 것을 결심했습니다. 이은결은 20살이 채 되지 않은 나이에 본격적인 마술사의

마술사 이은결
이은결은 자신의 마술실력을 국내외의 각종 대회나
공연뿐 아니라 방송이나 책 등을 통해서도 널리 알렸다.

엔터테이너

이은결의 공연 모습

길에 들어섰습니다. 그래서인지 '안녕하세요. 마술사 이은결입니다'라고 하며 명함을 내밀면, 공연 관계자들은 어린 녀석이 뭘 하겠느냐며 대부분 미심쩍은 표정을 지었습니다. '마술을 하는데 나이가 무슨 상관이람!' 그는 더욱 오기가 생겨서, 밤새 연습하고 또 연습했습니다. 같은 마술을 수백 번 연습하고 나서야, 비로소 사람들에게 선보였습니다.

　　그의 마술 공연은 호텔, 놀이공원, 방송 등 다양한 매체에서 끊이지 않고 이어졌습니다. 덕분에 생활비를 직접 벌어 쓸 수 있게 되었고, 무엇보다 마술 실력이 점점 향상되어 갔습니다. 그런데 해외 마술사와의 대면은 그를 항상 작아지게 만들었습니다. 이은결은 여태까지 '우물 안 개구리'였음을 실감하며, 또다시 연습에 몰두했습니다. 매일같이 연습에만 전념했습니다. 마술에 앞서 소심한 성격도 문제였습니다. 이에 그는 마음을 열고 사람들에게 다가가기 시작했고, 그러자 사람들도 조금씩 마음을 열고 호응해주었습니다. 마침내 2001년 여름 일본에서 열린 세계

매직대회에서 그랑프리를 차지하고, 2002년 여름 남아프리카공화국에서 열린 SA매직챔피언십에서도 참가자 중 유일하게 기립박수를 받으며 매니플레이션 부문 1등과 그랑프리를 차지했습니다.

이은결이 등장하기 이전만 해도, 우리나라에서 마술이란 그저 눈요깃거리나 떠돌이 약장수의 묘기에 불과했습니다. 하지만 2000년대 이은결이 등장하여 강력한 카리스마와 화려하고 깔끔한 무대매너, 눈을 떼지 못하게 만드는 현란하고 빠른 손놀림, 스토리가 있는 탄탄한 레퍼토리를 토대로 본격적인 마술붐을 일으켰습니다. 당시 한국교육개발원이 중고교생을 대상으로 실시한 설문조사인 '가장 만나고 싶은 사람'에서도, 이은결이 5위를 차지했습니다. 이러한 청소년들의 폭발적인 반응으로 인해, 마술시장의 규모도 과거에 비해 10배 정도가 성장한 100억 원대가 되었습니다. 마술을 동경하는 청소년들이 '제2의 이은결'을 꿈꾸며 전국 학교에 만든 마술 동아리가 2천여 곳이나 되며, 온라인 마술카페만도 2백여 개에 이르렀습니다. 심지어 대학에서도 마술학과가 개설되기까지 하였습니다. 이처럼 이은결은 마술분야에서 하나의 '블루오션'을 창출했다고 할 수 있습니다."

이렇게 해서 모든 발표가 끝나자, 정 교수가 강단으로 올라가 먼저 이은결에 대해 간략한 총평을 해주었다.

"이은결은 남들에 비해 일찍 자신의 꿈을 찾았고, 그것을 위해 적극적으로 노력했습니다. 특히 끊임없는 노력이 이은결의 성공비결이었던 듯합니다. 그는 뛰어난 실력을 갖추기 위해 쉬지 않고 노력했으며, 그로 인해 세계마술대회에서도 우수한 마술실력을 인정받을 수 있었던 것입니다."

그리고는 다시 엔터테인먼트 분야의 창조사업가에 대해 간략히 정리해주었다.

"이처럼 요즘 엔터테이너들도 전문성과 창의성을 토대로 다양한 분야에 진출하여 창조사업가로서의 면모를 보여주고 있습니다. 예컨대 박진영은 본업인 가수 외에 프로듀서로 진출하여 유명한 가수들을 많이 길러냈고, 노홍철은 연예활동과 동시에 자신만의 독특한 쇼핑몰을 운영했습니다. 또 홍진경은 모델 출신이지만 방송, 사업 등으로 활동영역을 넓혀갔으며, 이은결은 자신의 마술실력을 국제대회뿐 아니라 각종 공연, 방송, 책 등을 통해 널리 알렸습니다. 그러면서 도전정신을 잃지 않는 한편, 계속해서 팬들의 성원에 보답하고 있습니다."

끝으로 정 교수는 다음 시간을 짧게 예고하고 이날의 수업을 마쳤다.

"다음 시간엔 아이디어 사업가 분야의 창조사업가에 대해 살펴보겠습니다. 이들은 생활 속에서 터득한 아이디어를 토대로 상품을 생산하는데, 창조사업가의 개념에 가장 부합하는 사람들이라 할 수 있습니다. 다음 시간에도 역시 훌륭한 발표를 기대하겠습니다."

이날 온달과 평강은 함께 집으로 돌아가면서, 첫 시간에 정 교수가 말한 이번 강좌의 e-book화 방안에 대해 고민해보았다. 그들은 우선 e-book에 대해 충분히 이해하고, 선행콘텐츠 조사를 통해 벤치마킹을 해보자고 하였다. 그런 다음 이번 강좌를 토대로 어떻게 e-book으로 만들 것인지 기획에 들어가자고 하였다.

〈나도 창조사업가!〉
프로젝트

6   자료수집과 선행콘텐츠 조사

우선 자신의 사업아이템을 구체화하기 위한 자료를 수집해보자. 자료수집은 인터넷과 도서, 현장답사 등을 토대로 하는데, 본문에 소개된 온달의 경우처럼 국내외, 과거와 현재, 이론과 실제 등을 망라하도록 한다.

   그와 함께 선행콘텐츠도 조사해서 분석하도록 한다. 선행콘텐츠는 이미 시중에 나와 있는 것들을 최대한 많이 조사해서 분석하며 자신의 단점을 보완하고 장점을 극대화하도록 한다. 또 선행콘텐츠 분석 방법은 대상 소개, 사업화 계기, 시행착오, 성공담과 성공 비결, 의의와 전망 등의 형식으로 하도록 한다.

7   현장탐방 보고서

자신의 사업아이템과 관련된 현장(인물, 기업, 기관, 콘텐츠 등)을 직접 탐방한 후 한 편의 보고서를 작성해보자. 현장탐방 보고서는 대상 소개, 준비과정, 현장탐방 및 인터뷰 내용, 소감 등의 형식으로 작성하도록 한다.

5장
아이디어 사업가

아이디어 산업시대

엘리베이터의 문이 거의 닫힐 무렵, 온달이 뛰어와 잽싸게 버튼을 누르고 안으로 밀고 들어갔다.

"죄송합니다. 좀 늦어서요."

온달은 미안하다는 듯 계속 사람들에게 고개를 숙였다. 바로 그때 누군가 그의 옆구리를 쿡 찌르며 말했다.

"이제 그만해도 돼! 바보 같이……."

낯익은 목소리라 고개를 돌려보니, 평강이 바로 곁에 서서 바라보고 있었다.

"오늘 출판사 사람들 만나기로 했잖아? 어떻게 일은 잘됐어?"
"응, 그렇잖아도 그 일 때문에 조금 늦은 거야. 지난번에 얘기했듯이 블로그에 있는 괴담 자료들을 차례대로 묶어 책으로 내기로 했어. 예전엔 괴담에 관한 책들이 많았는데 요즘에는 거의 나오지 않고 있대. 그래서 내심 내가 모은 자료들에 기대를 많이 하고 있나 봐."

엘리베이터에서 내리자마자 평강이 다시 걱정스런 얼굴로 물었다.

> "근데 신춘문예에 당선된 것도 아니고 박사학위를 받은 것도 아닌데, 일반인이 어떻게 책을 낼 수 있는 거야?"
> "아니, 요즘은 일반인의 블로거 출판이 열풍이래. 자전거 출퇴근족인 김준영이 자신의 블로그에 올렸던 글들을 엮어 출간한 『자전거 홀릭』, 직장인 황인경이 입사 3년 만에 월급만으로 1억 원을 모은 경험담을 책으로 펴낸 『첫월급 재테크』, 택시기사 이용재가 쓴 『딸과 떠나는 인문학 기행』 등이 그것이지. 블로그나 카페, 홈페이지 등 1인 미디어가 발달하면서 일반인도 과거에 비해 책을 내기가 훨씬 쉬워졌대."
> "정말 잘됐다. 오빠 요즘 너무 잘나가는 거 아냐? 내가 '조금' 부러울 정도로 말이야."
> "야, 고작 이 정도 가지고 부러워하면 어떡해. 이제 시작인데. 하하하하."

온달과 평강이 나란히 강의실로 들어가니, 3조의 팀장 왕이모가 신미영 등 팀원들과 함께 교탁의 컴퓨터 주변에 서 있고, 한 실장이 그들과 함께 뭔가를 부지런히 설치하고 있었다.

> "에잇 참! PPT 하나도 제대로 설치하지 못해서야 나중에 어떻게 사업하려고 그래요."
> "졸업한 지가 하도 오래되어서요. 그리고 우리 대학 다닐 때는 이런 거 없었단 말예요. 아이~ 참 교수님은 왜 하필 PPT로 발표하라고 하실까? 그냥 말로 해도 될 텐데……."

왕이모가 계속 투덜대자, 한 실장이 버럭 소리를 질렀다.

> "요즘은 멀티미디어 시대잖아요. 그리고 왕이모 씨는 좋은 점수

를 받기 싫어요?"

"아, 안 돼요! 나도 높은 점수를 따서 상을 받고 싶단 말이에요."

"그럼 군소리 말고 발표를 잘하셔야죠."

이윽고 PPT를 모두 설치해준 한 실장은 출석까지 마저 체크하고 사무실로 돌아갔다. 그러자 정 교수가 여느 때처럼 활짝 웃는 얼굴로 들어와 가볍게 인사하고 곧바로 강의 소개에 들어갔다.

"오늘은 아이디어 사업가 분야의 창조사업가에 대해 살펴보겠습니다. 아이디어 사업가란 주부나 직장인, 학생 등 일반 국민이 평소 생활 속에서 터득한 아이디어를 토대로 각종 상품(발명품, 지식, 기술)을 생산하는 것으로, 전문성과 창의성을 발휘하여 경제적 부가가치를 추구하는 창조사업가의 개념에 가장 부합하는 사람들이 아닌가 싶습니다. 주로 가정 주부층의 참여가 많은 편인데, 그들은 요리, 리폼, 살림정리법, 천연화장품이나 천연비누 제조법 같은 다양한 아이디어를 가지고 사업으로까지 연결시키고 있습니다.

그들은 대개 인터넷 블로그나 홈페이지, 쇼핑몰을 활용하여 창조사업을 펼친다는 특징을 가지고 있습니다. 먼저 블로그(blog)란 웹(web)과 로그(log: 일기)의 합성어인 웹로그에서 유래한 것으로, 일기 형태의 비교적 짤막한 글들이 수시로 업데이트되며, 시간을 역순으로 배치하여 최근에 게시한 글들이 맨 위로 올라가는 형태를 띠고 있습니다. 블로그는 누구나 할 수 있는

아이디어 사업가

아이디어 사업가란 일반 국민들이 생활 속에서 얻은 아이디어를 토대로 각종의 상품을 생산하는 것으로, 창조사업가의 개념에 가장 부합하는 사람들이라 할 수 있다.

것입니다. 자신이 간직하고 싶은 추억을 글로 남긴다든지, 자신이 잘 알고 있는 정보를 다른 사람과 공유한다든지, 심지어 자신의 일기를 공개할 수도 있습니다. 블로그는 이처럼 자기 능력을 쉽게 발휘할 수 있을 뿐만 아니라, 더 나아가 하나의 매체이자 점포로도 활용할 수 있습니다. 가장 많이 보이는 형태로는 '나물이네'처럼 자신의 요리법을 블로그에 올림으로써 대중적인 인기를 얻어 출판으로 이어지는 경우입니다. 그리고 아기를 가진 주부들이 자신의 육아법이나 이유식에 관한 이야기를 블로그에 올려 책으로 만든 경우도 있습니다.

다음으로 인터넷 쇼핑몰은 가상공간이라서 자본을 많이 들이지 않고도 점포로 개설할 수 있습니다. 그래서 많은 사람이 인터넷 쇼핑몰의 장점에 자신만의 아이디어를 결합해서 사업을 하고 있습니다. 예를 들어 리본이나 머리핀을 수공예로 만들어 인터넷 쇼핑몰에서 판매하는 경우가 그것입니다.

아이디어 사업가의 유형도 매우 다양하지만, 우리는 그들 가운데 대표적으로 천기저귀 개발자인 최영, 취미인 손뜨개를 하나의 사업으로 승화시킨 송영예, 자신만의 요리법을 블로그에 올려 사업화한 김용환, 톡톡 튀는 스타일의 옷을 만들어 인터넷 쇼핑몰에서 판매한 김예진에 대해서만 집중적으로 살펴보고자 합니다. 자~ 그럼 천천히 발표에 들어가볼까요?"

블로그(blog)
웹(web)과 로그(log: 일기)의 합성어인 웹로그에서
유래한 것으로, 자신의 능력을 쉽게 발휘할 수 있을 뿐
아니라 하나의 매체이자 점포로도 활용할 수 있다.

정 교수의 말에 왕이모를 비롯한 3조의 발표자들이 앞으로 나와서 PPT 화면을 켜고 유인물을 나눠주는 등 재빨리 발표 준비를 마쳤다. 그러고는 한 여성 수강생이 강단으로 올라가 첫 번째 발표를 시작하였다.

> "저는 천기저귀 개발자인 최영에 대한 발표를 준비했습니다. 전업주부였던 그녀는 자신만의 독특한 아이디어를 발휘하여 천기저귀를 개발했습니다. 일회용 기저귀 대신에 조금 불편하지만 재활용이 가능한 천기저귀를 만들어낸 것입니다. 또한 그녀는 주부들의 깐깐한 마음을 사로잡기 위해 기저귀 내부의 박음질도 꼼꼼하게 하고, 천의 단점인 흡수력도 개선했습니다. 그래서 인터넷 사이트에 올려 판매하기 시작했는데, 제품에 대한 반응이 워낙 좋아서 매년 수십억 원의 매출을 올리고 있다 합니다. 원래 천기저귀에 대한 요구는 계속 있어왔지만, 그때까지도 대기업이나 중소기업은 전혀 관심을 보이지 않았습니다. 하지만 그녀는 분명히 수요가 많을 것이라고 판단하고서, 과감하게 이 사업에 뛰어들어 성공했습니다."

이렇게 발표자는 먼저 최영에 관한 화두부터 제시한 뒤, 그녀가 천기저귀를 개발하게 된 계기부터 본격적으로 발표하기 시작했다.

천기저귀 개발자 최영
최영은 전업주부였던 경험을 토대로 하되
독특한 아이디어를 발휘하여 천기저귀를 새로
개발해내었다. 그리하여 매년 수십억 원의 매출을
올리고 있다.

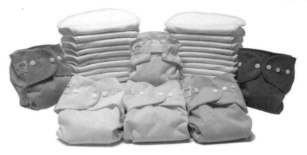

"날이 갈수록 주부들은 천기저귀를 사용하고 싶어 합니다. 다음과 같은 최영의 얘기처럼 일회용 기저귀는 여러 모로 문제가 많기 때문입니다.

'저도 아이들을 키우면서 일회용 기저귀 때문에 고민을 많이 했어요. 자주 사러가야 하기 때문에 돈이 많이 들뿐더러 귀찮기도 했거든요. 또 쓰레기 배출량이 많아서 치우는 것도 문제였고, 통풍이 잘 안 돼서 기저귀 발진이 쉽게 일어났어요.'

하지만 막상 천기저귀를 쓰려고 하면 눈앞이 깜깜해집니다. 대개 천은 흡수력이 떨어져 커다란 천을 여러 번 겹쳐서 사용해야 하는데, 그 커다란 천을 한 장씩 개키는 것도 바쁜 주부들에겐 부담스러운 일이거든요. 그래서 최영은 자신만의 신념과 창의적인 아이디어를 토대로 천기저귀를 만들어내었습니다. 기존의 천기저귀에 일회용 기저귀의 장점, 곧 흡수력을 더한 것입니다. 천기저귀는 겉으로 보기엔 한 장으로 되어 있는 것 같지만, 사실은 네 겹으로 되어 있어 천기저귀의 단점인 흡수력을 크게 보완했습니다. 또한 과거의 천기저귀는 사각형으로 되어 있었기 때문에 아기가 착용하기에 불편할 뿐 아니라, 세탁과 보관에도 손이 많이 가는 작업이었습니다. 이를 개선하기 위해 최영은 이른바 '땅콩 기저귀'를 개발했습니다. 그야말로 땅콩 모양으로 생겨서 땅콩 기저귀라고 하는데, 천을 사용하되 아기의 체형에 맞게, 그

아이디어 사업가

리고 주부들이 쓰기에 적당한 크기로 개발해낸 것입니다.

2006년 5월 이러한 천기저귀를 개발한 최영은 그해 7월 '베이비앙(아기천사)'이란 이름으로 상표를 등록하고, 9월엔 인터넷 쇼핑몰을 오픈했습니다. 그리고 11월엔 오프라인의 신세계몰, 우리 홈쇼핑, GS 홈쇼핑 등에 입점했습니다. 또 이듬해 7월엔 '(주)펀비즈'로 회사 법인을 전환하고, 10월엔 'VIP ASIA' 제품에 선정되는 쾌거를 이루었습니다. 많은 주부들이 원했던 것이기에 천기저귀는 그야말로 대박상품이 되었고, 여러 매스컴에서의 광고 효과도 톡톡히 보았습니다. 이로 인해 (주)펀비즈의 베이비앙은 현재 매년 20억 원 정도의 수익을 올리고 있다고 합니다. 또 혼자 힘으로 시작했던 개인기업이 지금은 대기업 못지않은 중소기업이 되었고, 중국에까지 지사를 두고 있는 상황입니다.

그렇다면 어떻게 자본금 300만 원으로 시작한 개인 기업이 매년 20억 원의 매출을 올리는 중소기업으로 성장할 수 있었을까요? 지금부터 그 성공 비결에 대해 말씀 드리겠습니다.

첫 번째 성공 비결은 바로 열정과 의지였습니다. 당시 그녀는 항상 어떻게 하면 천기저귀를 만들 수 있을까 하는 생각으로 가득 차 있었습니다. 심지어 흡수력과 착용감 등을 점검하기 위해 천기저귀를 직접 착용해보기도 했습니다.

두 번째는 주부의 섬세함이었습니다. 물론 섬세한 사람이야 많겠지만 과연 주부들의 꼼꼼함을 따라갈 수 있을까요? 이는 성차별적 발언이 아닌 직업에서 나오는 자연스런 현상입니다. 꼼꼼하지 않은 사람도 주부라는 직업을 갖게 되면, 자신도 모르게 꼼꼼해지고 작은 일에도 신경을 쓰게 됩니다. 최영도 전직 주부에서 얻은 꼼꼼함을 바탕으로 회사를 키워나갔던 것입니다. 단적인 예로 땅콩 기저귀의 박음질 부분에서도 그저 한두 번만 하는 것이 아니라 서너 번씩 박음질을 하였습니다. 이렇게 꼼꼼하게 제품을 만들었으니, 어찌 깐깐한 주부들의 마음에 들지 않을 수 있었겠습니까.

마지막으로 소비자들의 목소리에 항상 귀를 기울였습니다. 그녀는 소비자들의 집을 직접 방문하거나 온라인을 통해 반응을 계속 확인했습니다. 이렇게 소비자들의 의견을 적극적으로 수용하려는 자세가 바로 요즘 시대의 진정한 CEO가 아닐까 합니다."

발표를 마치자, 여느 때처럼 정 교수가 자리에서 일어나 간략히 총평을 해주었다.

"예, 수고했습니다. 최영은 정말 창의적인 아이디어와 도전정신을 갖춘 사람인 듯합니다. 전업주부였던 그녀가 일상생활에서 불편한 점을 개선하기 위해 창의력을 발휘하여 새로운 제품을 고안해내고, 강한 도전정신으로 그 제품을 실제로 만들어냈기 때문입니다. 사실 뛰어난 아이디어로 새로운 제품을 고안했다 하더라도 도전정신이 없었다면 이루어지지 못했을 것입니다. 그런 점에서 최영의 도전정신이야말로 오늘날 우리들에게 꼭 필요한 것이 아닐까 합니다."

취미생활처럼 일하라,
손뜨개 사업가 송영예

두 번째로 3조의 팀장이자 아이디어 사업가 분야의 창조사업가를 꿈꾸는 왕이모가 앞으로 나가 손뜨개 사업으로 대박신화를 이루어낸 송영예에 대해 발표하였다. 그녀 역시 송영예의 핵심적인 업적을 화두로 삼았다.

손뜨개 사업가 송영예
송영예는 집에서 취미로 하던 손뜨개를 창조적으로
활용하여 전국에 수십 개의 가맹점을 거느린
프랜차이즈 기업으로 성장시켰다.

아이디어 사업가

"송영예는 우리나라 최초로 손뜨개 인터넷 사이트 '바늘 이야기'를 개설하여 전국적으로 손뜨개 열풍을 일으킨 사람입니다. 이후 1998년 '바늘 이야기'란 기업의 대표가 되어 전국 70여 개의 체인망에 회원수 7만여 명을 거느린 사업가로 거듭나면서, 그녀의 이름 '송영예'는 주부들의 로망이 되었습니다. 또한 그녀는 2003년 '여성 CEO'(한국여성경제인협회), 2005년 '모범기업인'(여성부장관상, 중소기업청장상), '프랜차이즈 대상'(산업자원부) 등을 수상하기도 했습니다. 나아가 2008년에는 (사)한국손뜨개협회 회장이 되기도 했으며, 그녀가 지은 책 『송영예의 너무 쉽고 예쁜 손뜨개』, 『소문난 우리집 손뜨개 이야기』, 『엄마사랑 아이옷 손뜨개』 등은 손뜨개의 필독서가 되었습니다."

그런 다음 발표자는 송영예에 대해 본격적으로 분석하기 시작했다.

"종갓집의 종부였던 송영예는 사업하기 전까지만 해도 시아버지를 봉양하며 일 년에 여덟 번의 제사를 지내고, 철마다 직접 된장, 고추장을 담그던 살림꾼이었습니다.

그녀가 사업에 눈을 뜨게 된 것은 뜨개질의 매력에 푹 빠지면서입니다. 둘째아이의 태교를 위해 본격적으로 뜨개질을 배우기 시작한 그녀는, 정말 '혼자 보기 아깝다'는 소리를 자주 들을 정도로 남다른 손재주와 감각을 발휘했습니다. 송영예는 뜨개질의 매력에 대해 이렇게 말하고 있습니다.

'뜨개질이란 게 일단 시간과 정성을 많이 쏟아야 하잖아요? 선물 받을 사람을 생각하며 한 올 한 올 뜨다보면 자연히 그 사람에 대한 마음도 깊어지고요. 나중에 완성된 뜨개질감을 보면 참 보람이 있어요. 내 손끝에서 이렇게 예쁘고 따뜻한 옷이 나왔다는 사실에 뿌듯하기도 하고요. 받은 사람에게도 이보다 더 감동적인 선물이 어디 있겠어요? 옛날에 뜨개질은 없는 살림에 좀 더 실속 있게 옷을 지어내기 위한 방편이었다면, 오늘날엔 세상에

단 하나밖에 없는 특별한 옷을 짓기 위한 것인지라, 어린 학생들
이나 젊은이들 심지어 남성들까지도 뜨개질에 관심을 갖고 있습
니다. 그래서 저는 손뜨개를 감동이 있는 취미라고 생각해요.'

그러던 어느 날 남편이 회사에서 포상금을 타와 컴퓨터를
장만하게 됩니다. 이것이 송영예의 인생을 바꾼 결정적 계기가
되었습니다. PC 통신이 생소하기만 했던 1995년, 그녀는 손뜨개
동호회를 만들어 회원들과 정보를 공유하기 시작했습니다. 여성
지나 육아잡지 등에서 원고청탁이 들어온 것도 그 무렵이었습니
다. 또한 그녀의 작품이 인기를 끌자 잡지사에서는 아예 고정칼
럼을 맡겼고, 점점 입소문이 나면서 문화센터의 강의 요청도 잇
달았습니다.

이처럼 손뜨개에 관심 있는 사람들이 의외로 많다는 것을
알게 된 그녀는 마침내 1997년 손뜨개 정보를 유로로 제공하는

정보제공업자의 길에 들어섰습니다. 그리고 이듬해에는 전자상거래 교육을 받고 국내 최초로 온라인 손뜨개 전문점인 '바늘 이야기'의 문을 열게 됩니다. 이것이 향후 손뜨개를 하나의 사업으로까지 발전시킨 시금석이 되었던 것입니다.

그녀는 홈페이지에 부지런히 작품을 올리고, 만드는 방법과 함께 재료들을 팔았습니다. 그때는 주문이 들어오면 시장에 나가 물건을 가져다가 직접 포장해서 배송하는 방식이었습니다. 워낙 솜씨가 좋아 그녀의 작품에 반한 고객들이 많았고, 덕분에 홈페이지는 초기부터 별다른 광고 없이도 늘 북새통이었습니다. 전자상거래라는 개념조차 없던 시절에 인터넷 판매를 했던 것입니다. 그리고 1년 후에는 그녀가 강의하던 일산의 한 쇼핑몰에 조그마한 공간을 임대하여 '바늘 이야기' 오프라인 매장을 열면서 본격적인 사업가의 길을 걷기 시작합니다.

그런데 한 가지 문제가 발생했습니다. 더운 여름철에는 손뜨개를 하는 사람들이 거의 없다는 것이었습니다. 당연히 여름 비수기에는 매출이 급격히 줄었습니다. 이에 대한 대책을 마련하기 위해 한창 고심할 무렵 그녀에게 뜻하지 않은 행운이 찾아왔습니다. 수십 년 전에 사라진 수편기를 국내에 다시 도입하려는 사람이 찾아와 그녀에게 독점 판매권을 제안한 것입니다. 순간 그녀는 수편기가 여름 비수기를 극복할 적절한 대안이 되어줄 것이라는 예감이 들었습니다. 한 코씩 떠야 하는 손뜨개와 달리 수편기는 한 번에 한 단씩 짤 수 있었기 때문입니다. 그러므로 여름철에 뜨개질을 하고 싶어도 손으로 한 코씩 실을 뜨는 일이 힘들어 중단하는 이들에겐 더없이 좋은 대안이었습니다.

과연 그녀의 예상은 적중했습니다. 수편기로 만든 작품을 시연한 결과, 그에 대한 관심이 크게 늘어난 것입니다. 이는 회사에 큰 활력이 되었습니다. 특히 수편기는 소매점 수준이던 '바늘 이야기'가 본격적으로 유통업과 프랜차이즈 사업까지 하는 계기가 되어주었습니다.

그리하여 2001년 일산에 2억여 원을 투자해 61평 규모의 본점을 열었습니다. 30평 규모의 지하창고도 함께 얻었고요. 투자비용은 주택을 담보로 대출받아 마련했습니다. 그리고 그해 3월 '송영예의 바늘 이야기'라는 브랜드로 본격적인 프랜차이즈 사업을 시작했습니다.

당시 프랜차이즈 '바늘 이야기'의 가맹점 유지율은 70% 이상이었는데, 그 높은 유지율의 비결에 대해 송영예는 이렇게 보았습니다.

'저희의 가맹점 허가 기준은 매우 까다롭습니다. 일단 손뜨개 실력에 따라 최소한 3개월에서 6개월 정도의 의무교육을 받아야 하죠. 자신을 위해 6개월 정도 투자할 수 있는 사람이라면, 어떤 힘든 일이 닥쳐도 쉽게 포기하지 않을 것이란 이유에서입니다. 또 교육을 받으면서 자연히 저와 그 사람 사이에 유대관계 및 신뢰가 형성되게 됩니다. 단지 사업상으로만 관계를 맺기보다 인간적인 정으로 관계를 맺다 보니까 가맹점 유지율도 그만큼 커진 듯해요.'

이처럼 무조건 가맹점을 늘리려는 욕심보다 점주들과의 신뢰를 우선시한 덕분에 송영예 씨와 각 점주들 사이엔 가족과 같은 끈끈한 정이 생겼습니다. 실제로 회사에 자금난이 닥쳐왔을 때에도 그녀를 도와준 사람은 다름 아닌 각 점주들이었다고 합니다.

마지막으로 그녀는 자신의 성공 비결을 어떻게 생각하고 있을까요?

'일단 저는 일을 일처럼 생각하지 않고, 즐거운 취미생활의 연장선처럼 여겼어요. 이렇게 즐겁게 일했다는 점이 저의 성공 비결이라 생각해요. 저는 뜨개질을 정말 사랑하는 취미생활로 여겼기 때문에 남들보다 깊은 이해와 애정을 갖고 사업을 돌볼 수 있었습니다. 취미생활처럼 일하기! 정말 경쟁력 있어 보이지 않나요? 더구나 저는 뜨개질에 관해서는 늘 소비자의 입장에 서왔기 때문에 사업을 하는 입장이 되어서도 계속 고객의 입장으로 생각해볼 수 있었죠. 전 그들이 원하는 것을 알아요. 왜냐하면 제가 바로 그들이기 때문이죠. 끝으로 신의가 있겠네요. 저와 각 점주들 사이엔 돈독한 믿음으로 연결되어 있답니다. 인간적인 신의가 저의 사업을 더욱 단단하게 받쳐주고 있다고 생각해요.'

'바늘 이야기'는 손뜨개 문화를 이끌어가는 일종의 문화기업이었습니다. '바늘 이야기'의 등장 이후 우리나라 수편 시장에는 많은 획기적인 변화들이 일어났고, 손뜨개 인구는 무려 10%나 늘었습니다. 2005년 6월 '송영예의 바늘 이야기'가 한국 프랜차이즈 대상에서 최우수상을 받았던 것도 바로 이것 때문인 듯합니다."

이상으로 제법 긴 발표를 마치자, 정 교수가 수강생들과 함께 큰 박수를 쳐주며 말하였다.

"예, 정말 수고 많았습니다. 자료수집도 많이 하고, 분석도 체계적으로 잘해주었습니다. 세상의 모든 사람이 공통적으로 바라는 것이 있다면, 아마도 취미생활처럼 일하는 것이 아닐까 합니다. 집에서 취미로 하던 손뜨개를 가지고 전국에 수십 개의 가맹점을 거느린 프랜차이즈 기업으로 성장시킨 송영예는 그런 점에서 매우 행복한 사람인 듯합니다. 창조사업가의 출발은 이렇게 자기가 좋아하고 잘할 수 있는 일을 사업으로 연결시키는 것에서부터 시작된다고 볼 수 있습니다."

특별하지 않아서 더욱 특별한,
블로거 김용환

세 번째로 3조의 또 다른 수강생이 강단으로 올라가 창조사업가형 블로거인 김용환에 대해 발표하였다.

> "저는 자신만의 요리법을 블로그에 올려 하나의 사업으로까지 발전시킨 김용환에 대한 발표를 준비했습니다. 원래 그는 자신이 만든 레시피(recipe: 음식을 만드는 방법)를 블로그에 올리는 방식으로 시작했는데, 이후 출판사의 연락을 받아 여러 권의 요리책을 냈습니다. 특히 10대와 20대도 쉽게 만들 수 있는 레시피를 꾸준히 개발하여 『2,000원으로 밥상 차리기』와 같은 테마가 있는 요리책을 계속 펴냈습니다. 또한 그는 여기서 멈추지 않고 블로그를 홈페이지로 발전시켜 김치 판매를 하거나 정육업체와 인터넷을 이용하는 사람들을 연계하여 고기 판매까지 실시하였습니다. 제가 보기에 김용환이야말로 대표적인 창조사업가형 블로거인 듯합니다."

발표자는 이렇게 먼저 화두부터 제시한 뒤 김용환에 대한 본격적인 분석에 들어갔다.

> "김용환은 1971년 서울에서 태어났고, 중앙대 한국학과를 졸업했습니다. 원래 직업은 그림을 그리고 사진을 찍는 화가였습니

블로거 김용환
김용환은 자신만의 요리법을 블로그에 올려 많은
사람과 공유했고, 또 그것이 널리 알려지면서
출판이나 김치 및 고기 판매까지 하게 된 대표적인
창조사업가형 블로거이다.

아이디어 사업가

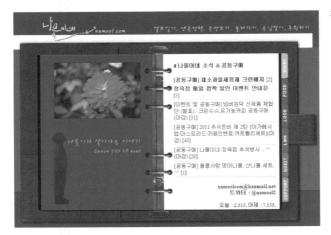

다. 심리치료용 동화책『그림형제』의 그림을 그린 적이 있으며, 쇼핑몰 웹디자인뿐만 아니라 직접 쇼핑몰을 운영한 적도 있습니다. 이후 그는 값싸고 맛있게 하루 세 끼의 식사를 해결할 수 있는 방법을 연구하여, 그 요리과정을 '나물이네'라는 인터넷 블로그에 올려 수많은 네티즌의 사랑을 받았습니다. 그의 저서로는『2,000원으로 밥상 차리기』(2003),『누가 해도 참 맛있는 나물이네 밥상 1』(2005),『누가 해도 참 맛있는 나물이네 밥상 2』(2007) 등이 있습니다.

그런데 김용환은 처음에 어떻게 해서 '나물이네'라는 블로그를 운영할 생각을 했을까요?

'사실 처음엔 딱히 어떤 목적을 가지고 블로그를 오픈한 것은 아니었어요. 그저 제가 취미로 하고 있던 요리나 사진들을 다른 사람들과 공유하고 싶어서 시작한 거죠. 특히 요리 같은 경우는 제가 혼자 살면서 알게 된 비법들을 다른 사람들과 공유하고 싶었어요. 아무래도 혼자 살면 음식을 잘 안 해먹게 되는데, 그렇게 귀찮거나 돈이 없을 때도 몇 가지 재료만 있으면 맛있는 요리를 할 수 있다는 것을 알려주고 싶었죠.'

나물이네의 웹 사이트는 셀프일기, 생존전략, 주변보기, 놀러가기, 손님맞이, 후원하기라는 여섯 가지 메뉴로 구성되어 있습니다. 단순히 레시피만 담고 있는 요리 블로그가 아닌 자신의 일상이 담겨 있으며, 남녀노소 모든 네티즌이 소통할 수 있는 놀이터 같은 곳입니다. 먼저 '셀프일기'는 나물이가 자신의 일상을 일기 형식으로 담는 곳입니다. 자신의 사진과 함께 소소한 일상을 올리면, 네티즌들의 댓글이 수십 개씩 달리곤 합니다. '생존전략'은 나물이네의 핵심 메뉴라 할 수 있습니다. 그만의 요리방법을 적어놓은 곳이며, 요리노트는 요리도구나 주방용품 등 자신이 사용하는 도구의 구입처나 가격 등 리뷰를 올려놓은 곳입니다. '주변보기'는 나물이가 주변에서 보고 느끼는 것들을 사진으로 담아 이야기를 올리는 곳입니다. '놀러가기'는 여행이나 산책을 다니면서 찍은 사진을 올리는 갤러리입니다. '손님맞이'는 나물이가 아닌 손님들이 글을 올리는 메뉴입니다. 이곳에서 사람들은 서로 정보를 공유하고 이야기를 나눕니다. 후원하기 & 나물이네 반찬가게, 정육점…은 어려운 이웃을 돕고자 하는 것입니다. 또한 나물이네 반찬가게, 정육점 등은 나물이네 사이트에서 유일한 수입원으로 작용하고 있습니다.

　　그렇다면 김용환은 웹 사이트에 올리던 레시피를 어떻게 해서 책으로 펴내게 되었을까요?

　　'처음에 책으로 낸다는 것은 생각지도 못했어요. 주변 친구들이 책으로 내라고 할 때도 레시피가 300개 이상은 돼야 한다면서 거절했는데, 네티즌들의 반응이 너무 뜨거웠어요. 레시피가 100개도 되지 않을 때부터 책으로 내달라는 리플이 많이 달렸죠. 네티즌들이 모니터를 보고 요리를 따라하는 것도 불편할 것이고, 그것을 출력해서 쓰니 차라리 책값이 더 싸겠다 싶어서 책을 낼 결심을 했어요. 그러던 중 여러 출판사에서 연락이 왔고, 그중 영진닷컴을 선택해서 책을 낸 것이죠.'

　　그의 첫 요리책은 『2,000원으로 밥상 차리기』입니다. 이 책은 혼자 살면서 외롭고, 요리하기 귀찮고, 거기에 돈까지 없는 불쌍한 자취생들의 음식에 관한 것입니다. 두 번째와 세 번째 요리책은 『누가 해도 참 맛있는 나물이네 밥상 1·2』입니다. 이 책들은 밥숟가락 계량법과 냉장고에 굴러다니는 흔한 재료들을 이용해서 누가 해도 맛있고, 또 한 번쯤 도전해보고 싶게 하는 레시피들이 많이 담겨 있습니다.

끝으로 김용환의 성공 비결은 과연 무엇이었을까요? 먼저, 지극히 평범한 사람들의 밥상을 타깃으로 삼았다는 점입니다. 그의 레시피에는 진귀한 재료로 만든 아주 특별한 요리는 찾아볼 수 없습니다. 그저 우리네 밥상이나 식당에서 자주 봐왔던 낯익은 음식들을 어떻게 하면 더 간편하고 맛있게 요리할 수 있는지, 그 비법을 적어놨을 뿐입니다. 그래서인지 경제 불황 속에서도 그의 요리는 계속 인기를 끌었고, 나오는 책마다 단숨에 베스트셀러가 되었습니다.

다음으로, 계량 방법의 차이를 들 수 있습니다. 보통의 요리책들은 계량스푼이나 컵으로 계량을 하기 마련입니다. 하지만 사실 이것들은 대부분의 집에서 가지고 있지 않은 것들입니다. 따라서 김용환은 이것들을 사용하지 않고, 그가 개발한 보통손, 종이컵, 밥숟가락 등의 계량 방법들을 사용했으며, 이것들에 대해서는 모든 책의 앞부분에 상세히 적어 놓았습니다. 이런 계량방식은 현재 다른 요리책에서도 많이 사용하고 있는데, 그것의 원조가 바로 김용환이었던 것입니다.

이처럼 김용환은 자신만의 요리법을 인터넷 사이트에 올려 많은 사람과 공유했고, 그것이 널리 알려지면서 출판이나 김치 및 고기 판매까지 하게 된 대표적인 창조사업가형 블로거입니다."

발표를 마치니, 정 교수가 간단히 총평을 해주었다.

"예, 질의-문답 형식의 독특한 발표였던 듯합니다. 세상엔 요리

를 잘하는 사람은 많지만 요리법을 잘 이야기해주는 사람은 드
뭅니다. 김용환 씨가 쟁쟁한 요리사들 사이에서 성공할 수 있었
던 것은 바로 요리에다 스토리텔링을 잘 결합시켰기 때문인 듯
합니다. 그는 쉽고 재미있게 레시피를 블로그에 올리고, 또 자신
의 일상을 함께 담으며 사람들에게 친근하게 다가갔습니다. 그
리하여 여러 권의 책을 출판하여 크게 히트를 치면서 대표적인
창조사업가형 블로거가 된 듯합니다.”

스타일에 대한 열정,
인터넷 쇼핑몰 운영자 김예진

마지막으로 3조의 한 여성 수강생이 강단으로 올라가 창조사업가형 인터넷
쇼핑몰 운영자 김예진에 대해 발표하였다. 그녀 역시 김예진에 대한 화두부
터 제시했다.

“저는 자신만의 스타일로 옷을 꾸민 뒤 인터넷 쇼핑몰에서 판매
하여 이른바 ‘4억 소녀’의 주인공이 된 김예진에 대한 발표를 준
비했습니다. 그녀는 우리나라 인터넷 쇼핑몰의 선두주자입니다.
원래대로라면 고등학교에서 공부해야 할 나이였지만, 그녀는 일
찌감치 자신만의 관심 분야를 살려 인터넷에 옷가게를 열었습니
다. 모델은 바로 자기 자신이었고, 이제껏 없었던 새로운 개념의
사업이라 많은 사람의 관심 속에 엄청난 수익을 올렸습니다. 고
등학생인 어린 소녀가 중소기업 못지않은 연 4억 원의 수익을 올

인터넷 쇼핑몰 운영자 김예진
김예진은 자신만의 스타일로 옷을 꾸민 뒤 인터넷
쇼핑몰에서 판매하여 대박을 터트린 창조사업가형
아이디어 사업가였다.

아이디어 사업가   125

'립합'의 대표 김예진

린 것입니다. 곧바로 그녀의 별명은 '4억 소녀'가 되었고, 그 성공 스토리는 책으로 출간되고 각종 언론의 조명을 받으면서 방송출 연까지 하게 됩니다. 물론 그녀는 옷 모델을 할 때 조금 과감하다 싶을 포즈로 비판을 받기도 했지만, 이는 그녀만의 캐릭터화 전 략이었습니다. 이처럼 김예진은 옷에 대한 열정으로 어린 나이 에 인터넷 쇼핑몰을 운영하여 성공한, 아이디어 사업가 분야의 대표적인 창조사업가입니다."

그러고 나서 김예진에 대한 성장과정부터 자세히 분석하였다.

"김예진은 1985년생으로 강일중학교와 혜성여자상업고등학교 를 나왔습니다. 고등학교 3학년인 2003년 12월 인터넷 쇼핑몰 '립합'을 오픈하여, 이후 월 평균 매출액 2억 원에 하루 평균 7만 여 명이 다녀가는 쇼핑몰로 성장시켰습니다.

인터넷 쇼핑몰 '립합' 메인 화면

     그런데 '립합(Liphop)'이란 대체 무슨 뜻일까요? 립합 하면 떠오르는 것은 립스틱과 힙합인데, 립스틱은 여성을 의미하고 힙합은 20대의 전유물입니다. 따라서 립합은 20대 여성들이 편하게 입을 수 있는 캐주얼 의상이란 것을 알 수 있습니다.

     그녀의 옷에 대한 열정은 초등학교 시절까지 거슬러 올라갑니다. 초등학교 3학년, 그녀의 등굣길은 항상 바빴습니다. 아파트 비상계단에서 5분 안에 옷 갈아입기! 그녀에게는 빠뜨릴 수 없는 의식과도 같았습니다. 이미 전날 밤에 머릿속으로 스타일링이 끝난 옷들을 짧은 시간 안에 급하게 갈아입고 학교로 달려갔습니다. 친구들의 바라보는 시선이 즐거웠고, 좋아하는 옷을 입는 것만으로도 자신감이 넘쳤습니다. 이처럼 그녀는 어릴 때부터 패션에 대한 애착이 남달랐습니다. 엄마가 입혀주는 구닥다리 같은 옷들은 그녀에겐 걸치고 싶지 않은 천조각과 같은 것이었습니다. 그녀에게 있어서 옷이란 자신 있게 입을 수 있고, 남들이 부러운 눈으로 보아야 하며, 자신이 진정으로 입고 싶은 것이어야 했습니다.

고등학교 시절에도 그녀는 스타일에 대해서만 많은 관심을 가질 뿐 공부에는 별로 취미가 없었습니다. 물론 공부를 하지 않으면 안 될 것 같다는 막연한 생각 때문에 한때는 마음을 잡고 공부하기도 했습니다. 하지만 갑자기 집안 사정이 나빠지는 바람에 평소 입지 않던 옷들을 학교로 가져가 친구들에게 팔기 시작했습니다. 그동안 간간이 들르던 동대문시장도 이때부터 본격적으로 출입하기 시작했습니다. 처음 구입한 것은 선글라스 20개였습니다. 이 선글라스는 인터넷 사이트에 올리기가 무섭게 팔려나갔고, 그녀는 자신감을 얻었습니다. 그리하여 다양한 스타일을 하고 사진을 찍어서 인터넷 사이트에 올려 판매하기 시작했습니다.

김예진은 특이하게도 교무실에 자주 놀러가는 아이였습니다. 선생님들이 귀찮아하건, 친구들이 어떤 눈으로 보건, 그녀는 교무실에 놀러가서 인터넷으로 무엇을 얼마에 팔았다며 조잘조잘 이야기하는 것을 좋아했습니다. 그런 그녀를 있는 그대로 보아주고 비즈니스로 연결시켜준 분이 바로 담임선생님이었습니다. 담임선생님은 사업자 등록을 내는 방법을 자세히 가르쳐주고, 세무서로 가는 그녀를 직접 차로 데려다주기도 했습니다. 어머니 역시 창업 자본금 350만 원을 선뜻 내주었습니다. 이렇게 해서 그녀는 고등학교 3학년 시절 '립합'을 시작했다고 합니다.

김예진은 이후 CEO가 되어서도 사업의 중심에 서서 일했습니다. 그녀는 물건을 사거나 코디를 하고 사진을 찍고 포토샵을 해서 인터넷에 올리는 등 모든 일을 직접 개입해서 했습니다. 자신이 곧 립합이라고 생각했기 때문입니다. 똑같은 동대문의 옷을 팔지만, 전혀 똑같지 않게 파는 것이 그녀의 목표였습니다. 또한 그녀는 정말 욕심쟁이였습니다. 연 40억 원대의 매출을 올리고 있으면서도 그 자리에 안주하려 하지 않았습니다. 자신이 직접 옷을 디자인하는 등 새로운 제품을 만들기 위해 끊임없이 노력했습니다.

　　물론 이런 그녀도 호된 시행착오를 겪은 적이 있습니다. 2005년 그녀는 SBS의 <진실게임>이란 프로그램에 출연하여 대중의 급격한 관심을 끌었습니다. 18세 소녀가 4억 원을 벌다니! 방송의 위력은 대단했습니다. 며칠 동안 검색어에 '4억 소녀'가 10위권 안에 들어 있었습니다. 일반인이 연예인보다 더욱 큰 관심을 끈 것입니다. 이로 인해 주문이 폭발적으로 늘어나면서, 급기야 서버가 다운되는 사태까지 벌어졌습니다. 하지만 늘어나는 주문을 감당할 수 없게 되자 이번에는 고객들의 항의가 빗발쳤습니다. 악플이 넘쳐나고 인신공격이 난무했습니다. 결국 그녀는 최악의 선택을 하게 됩니다. 립합을 닫고 세상과 단절하기로 한 것입니다. 그때 당시 하루도 눈에서 눈물이 마를 날이 없었다고 하니, 스무 살의 어린 나이에 겪었을 그녀의 심적 고통이 얼마나 컸을지 충분히 짐작할 만합니다. 이처럼 <진실게임>의 출연은 '4억 소녀'라는 닉네임을 얻게 하고 세상에 김예진이라는 이름을 알리는 데는 큰 힘이 되었지만, 사람들에 대한 믿음을 처참하게 무너뜨리게 한 충격적인 사건이었습니다.

　　김예진에 대한 발표를 준비하는 내내 놀라움을 감출 수 없었습니다. 고작 20대에 불과한데, 그녀는 자신이 좋아하는 일을 찾았을 뿐 아니라 웬만한 중소기업 못지않은 수익을 올리고 있었습니다. 물론 그녀의 오늘이 있기까지는 스타일에 대한 열정, 보이지 않는 노력, 그리고 남모르게 흘린 눈물이 있었기에 가능했을 것입니다. 앞으로도 그녀가 계속 대박행진을 이어갔으면 하는 바람입니다."

발표를 마치자, 정 교수는 별로 덧붙일 말이 없는지 다음 시간을 짧게 예고하고 이날의 수업을 마쳤다.

"예, 수고들 많았습니다. 다음 시간엔 IT 개발자 분야의 창조사업가에 대해 살펴보겠습니다. 이들은 독특한 정보기술(IT)을 제공하고 이윤을 추구하는 사람들로, 대체로 인터넷이나 모바일을 기반으로 활동하고 있습니다. 특히 다음 시간엔 인터넷 발명 이후 또 하나의 IT 혁명이라 불리는 스마트폰에 대해서도 자세히 살펴볼 계획입니다."

수강생들은 또 다른 창조사업가의 분야와 그들의 경험담을 접한다는 생각에 벌써부터 흥분된 표정을 지었다.

〈나도 창조사업가!〉
프로젝트

8 스토리텔링 작업

요즘은 감성 마케팅의 시대로, 모든 분야에서 이야기 형식으로 재미있고 감동적으로 전달하는 스토리텔링(storytelling)이 필수 요소가 되고 있다. 그러므로 공포나 재난 콘텐츠 전문가, 테마 음식점 등 자신의 사업아이템과 관련된 스토리텔링 작업을 해보도록 하자. 예를 들어 공포 콘텐츠 관련 창조사업가가 되고 싶다면, 본문의 온달처럼 출판이나 영화, 드라마, 게임 등의 원소스(원작)나 시나리오를 만들도록 한다. 그리고 테마 음식점 관련 창조사업가가 되고 싶다면, 독특한 캐릭터를 개발하여 그 음식점이 만들어진 계기나 각종 음식과 인테리어, 서비스 등에 얽힌 재미있는 이야기를 만든 뒤, 장차 가게 곳곳이나 메뉴판, 홈페이지 등에 장식하도록 한다. 그럼 손님들은 단순히 음식만 먹는 것이 아니라, 그 가게가 담고 있는 이야기도 즐기게 될 것이다.

6장
IT 개발자

스마트폰과 어플리케이션

모처럼 평강보다 일찍 강의실에 도착한 온달이 몸을 뒤로 젖히고 무언가를 열심히 읽고 있었다. 그 모습을 보고 흐뭇해진 평강은 소리를 죽이고 뒤로 다가가서는 그의 어깨를 툭 치며 말하였다.

"오빠! 뭘 그리 골똘하게 봐?"

깜짝 놀란 온달이 가슴을 쓸어내리며 말하였다.

"야! 갑자기 그러니까 놀랐잖아. 하마터면 이거 떨어뜨릴 뻔했다고."

온달은 다시 조금 전처럼 거만한 자세를 취하며 열심히 읽기 시작했다.

"오빠, 그게 뭐야? 태블릿 PC잖아."
"창피하게 너무 그러지 마. 요즘 이런 거 하나 가지고 있는 건 기본이야."

온달의 말이 채 끝나기도 전에 평강의 주먹이 그의 이마를 향했다.

"이거 하나 샀다고 까불기는……."

"아야! 아파. 요즘 블로그 때문에 할 일이 많잖아. 괴담 자료들을 어플이나 e-book으로도 개발해야 하고 말이야. 그러려면 이걸 직접 써봐야 할 것 같아서 큰맘 먹고 할부로 산 거야."

"어플이나 e-book을 개발한다고? 오빠는 디지털콘텐츠 제작에 대해선 잘 모르잖아."

"이 오빠를 뭘로 보고……. 요즘은 각 회사마다 어플 개발 프로그램을 제공하고 있어서 누구나 조금만 배우면 어렵지 않게 개발할 수 있어. 물론 당장의 수익을 기대하는 건 아니고 먼 미래를 내다보고 하는 거지."

"오~ 그렇게 말하니까 조금 멋있어 보이는데."

"이 오빠가 원래 좀 멋있지. 평강아, 이제 걱정 말아라. 곧 너를 호강시켜줄게."

이윽고 정 교수가 시간에 맞춰 강의실로 들어와 출석을 체크한 뒤, 먼저 이날의 강의 개요부터 소개했다.

"오늘은 IT 개발자 분야의 창조사업가에 대해 살펴보고자 합니다. 지난 시간에 얘기했듯이 이들은 독특한 정보기술(IT)을 제공하고 수익을 창출하는 사람들로, 주로 인터넷이나 모바일을 기반으로 활동하고 있습니다.

1990년대 중반 이후 IT 산업의 급속한 발달에 따라 각종 소프트웨어나 홈페이지 제작자, 웹 디자이너 등 IT 개발자들이 대거 출현했습니다. 또한 인터넷의 발달에 따라 앞에서처럼 블로그나 인터넷 홈쇼핑, 홈페이지 등을 통한 창조사업가가 많이 생

창조사업가형 IT 개발자
IT 개발자들은 독특한 정보기술(IT)을 제공하고
수익을 창출하는 사람들로, 주로 인터넷이나
모바일을 기반으로 활동하고 있다.

IT 개발자

겨나기도 했습니다.

그와 함께 2007년 6월 아이폰이 출시되면서(우리나라에서는 2년 뒤인 2009년 11월 정식 출시되었음), 인터넷 발명 이후 또 하나의 IT 혁명이라 불리는 스마트폰이 본격화되었습니다. 스마트폰은 휴대전화에 인터넷 통신과 정보검색 등 컴퓨터 지원 기능을 추가한 지능형 단말기입니다. 다시 말해 전화 기능이 있는 '소형 컴퓨터'라 할 수 있습니다. 과거의 인터넷 시대에는 PC가 중심이어서 집이나 직장에 묶여 있어야 했는데, 이제 스마트폰 시대에는 그러한 시간과 장소의 구애를 받지 않게 되었습니다. 언제 어디서든 실시간으로 네트워크에 접속하여 정보를 획득하거나 다른 사람들과 대화하고, 기타 물건도 구매할 수 있게 된 것입니다.

스마트폰의 가장 큰 특징은 주어진 기능만 사용하던 기존의 휴대폰과 달리, 다양한 어플들을 사용자가 원하는 대로 설치하고 삭제할 수 있다는 점입니다. 앞에서처럼 어플이란 어플리케이션(application)의 준말로, 흔히 '앱'이라고도 칭합니다. 스마트폰에 설치하여 사용하는 응용 프로그램으로, 무료와 유료로 구분되며, 아이폰은 아이폰 전용 어플을, 안드로이드폰은 안드로이드폰 전용 어플을 써야 합니다. 어플의 종류는 매우 다양한데, 버스나 지하철 도착시간, 주변 음식점 검색, 도서관 자리 찾기, 영화예매, 택배조회 등의 생활정보, 게임이나 음악, 만화, 영화 등의 엔터테인먼트, 그 밖의 e-book이나 어학, 교육 콘텐츠 등 인간이 상상할 수 있는 거의 모든 것을 실현할 수 있습니다.

그런데 2008년 7월 애플의 앱 스토어(아이폰 어플리케이션 판매 서비스)가 출시되면서, 어플은 대형 업체만이 아니라 일반 개인들도 자유롭게 개발하여 판매할 수 있게 되었습니다. 그리하여 이전의 인터넷처럼 스마트폰을 기반으로 한 새로운 모바일 콘텐츠 시장이 형성되었습니다.

현재 앱 스토어에는 엄청난 수의 어플들이 축적되어 있으며,

매일같이 출시되는 어플만 해도 1천여 개에 달한다고 합니다. 어플은 창의적인 아이디어와 소프트웨어 제작 능력만 있다면 누구나 개발이 가능합니다. 유주완의 <서울버스>나 백승찬의 <어썸노트>처럼 학교나 직장에 다니면서 잠깐씩 시간을 내어 개발할 수도 있습니다. 그래서 이것을 사업의 기회로 활용하는 사람들이 늘어나고, 또 스마트폰 어플 개발자 중에서도 창조사업가가 많이 출현하고 있습니다. 앞으로 스마트폰의 대중화는 개인의 라이프스타일은 물론 기업의 운영체계도 변화시킬 것이며, 특히 창조사업가를 크게 활성화시킬 것입니다.

나아가 스마트폰 사용자의 증가로 콘텐츠 시장도 변화하고 있는데, 기존의 영화나 드라마 같은 대규모 자본과 인력이 투입되는 대형 콘텐츠에서 스마트폰용 게임이나 음악, 영화, 방송, e-book 같은 소규모 자본과 인력이 투입되는 소형 콘텐츠 중심으로 빠르게 이동하고 있습니다. 다만 어플 시장의 경우 아직까지는 무료 어플이 많아 수익 창출이 어렵고, 수명이 짧아 꾸준한 수입을 내기가 어려우며, 개발자가 워낙 많아 경쟁이 치열하다는 점에 유의할 필요가 있습니다.

IT 개발자 분야의 창조사업가도 대단히 많겠지만, 대표적으로 컴퓨터 백신 프로그램 개발자인 안철수, 컴퓨터 및 스마트폰 개발자 스티브 잡스, 어플 개발자 신석현과 유주완에 대해서만 살펴보도록 하겠습니다. 자~ 그럼 천천히 발표에 들어가볼까요?"

스마트폰
스마트폰의 대중화는 개인의 라이프스타일은
물론 기업의 운영체계도 변화시킬 것이며, 특히
창조사업가를 크게 활성화시킬 것이다.

IT 개발자

도전하는 사람은 아름답다,
컴퓨터 백신 프로그램 개발자 안철수

정 교수의 말에 4조의 첫 번째 발표자가 앞으로 나가 유인물을 나눠주고
PPT 화면을 띄우는 등 재빨리 발표 준비를 하였다. 그러고는 컴퓨터 백신
프로그램의 개발자인 안철수에 대해 발표하기 시작했다. 그는 안철수에 관
한 화두를 짧게 제시하고 곧바로 성장과정부터 소개했다.

　"안철수는 의학박사이자 'V3'라는 컴퓨터 백신 프로그램의 개발
　자였으며, 또 안철수연구소의 대표였습니다. 특히 그는 IT 개발
　자 분야의 창조사업가에서 출발하여, 나중엔 거대기업의 CEO
　로 성장한 독특한 인물입니다. 그럼 안철수의 성장과정부터 자
　세히 살펴보도록 하겠습니다.

　　안철수는 1962년 부산에서 의사의 아들로 태어났습니다. 그
　리고 서울대 의대에 입학한 뒤 스물일곱 살의 젊은 나이에 단국
　대 의대 학과장의 자리에 앉았으며, 또 서른 살이 되던 해에는 의
　학박사 학위까지 받았습니다. 하지만 그는 이처럼 안정적인 의
　대 교수직을 포기하고, 당시로선 위험요소가 상당히 큰 분야인
　소프트웨어 개발자의 길에 뛰어들었습니다.

　　원래 그가 컴퓨터를 처음으로 접한 것은 1982년 서울대 의
　대 재학시절에 같이 하숙하던 친구의 애플 컴퓨터를 구경하면
　서부터입니다. 얼마 안 있어 그도 개인용 컴퓨터를 구입하여 본
　격적인 컴퓨터 연구의 길에 들어서게 되었습니다. 그런데 대학
　원에서 생리학을 전공한 그는, 생리학 실험에 쓰이는 기계를 컴
　퓨터와 연계시켜 보겠다는 생각으로 컴퓨터 언어를 공부하다
　가 우연히 컴퓨터 바이러스의 존재를 알게 되었습니다. 이후 그
　것을 치료할 수 있는 백신을 개발해내면서 생리학 의사가 아닌
　'컴퓨터 의사'로서의 첫발을 내딛게 되었습니다. 그는 국내에서
　발견되는 컴퓨터 바이러스에 대해 계속 연구하여 '백신'과 '백신

안철수

2(V2)'를 내놓았고, 박사과정을 마치고 해군 군의관으로 입대하던 1991년에는 '백신3(V3)'를 발표했습니다. 특히 그는 이 프로그램을 모든 사람에게 공개하여 자유롭게 사용하도록 했습니다.

1995년 그는 결국 의사의 길을 접고 컴퓨터 바이러스 연구소를 설립했습니다. '안철수연구소'는 창립 이래 한번도 1위 자리를 내준 적이 없는 명실상부한 국내 최고의 IT 기업으로, 1999년 100억 원의 매출을 돌파한 후 2008년 600억 원 이상의 매출을 올렸습니다. 대표 상품인 V3 외에도 서버, 네트워크, 이메일, 모바일 분야까지 다양한 분야에 진출하여 지금까지도 국내 IT 업계의 중추적 역할을 담당하고 있습니다.

그런데 안철수는 회사를 서립한 그해 가을 경영자로서 거듭나기 미국 유학길에 나섰습니다. 그곳에서도 연구원이나 교환교수 자리에 대한 제의가 빗발쳤지만, 그는 학생 본연의 자세로 돌아가고 싶다면서 모두 정중하게 거절했습니다. 그러고는 토플 시험도 새로 보고 20대 학생들처럼 대학입시도 다시 보고서, 그야말로 '학생' 신분으로 유학길에 나섰습니다.

1997년 그가 실리콘 밸리에 머물고 있을 때, 경쟁 회사인 미국의 맥아피사로부터 1,000만 달러에 안철수연구소를 인수하고 싶다는 제안을 받게 됩니다. 당시 안철수연구소는 아직 크게 성장한 상태가 아니었지만, M사에서는 그 장래성을 보고 거액에 매입할 의사를 보였던 것입니다. 하지만 그는 '상업적 이익만을 추구하는 외국 기업에 안철수연구소가 넘어가면, 직원들은 쫓겨나고 우리나라 사용자들은 비싼 값에 백신을 구입해야 한다'며 일언지하에 거절했습니다.

회사를 설립한 지 10주년이 되던 2005년, 결국 안철수는 CEO 자리에서 물러나 중소 벤처 업계 전체에 도움이 되는 일을 하고자 두 번째 미국 유학을 갑니다. 그리고 3년 만인 2008년 5월에 돌아와 한국과학기술원(KAIST) 교수로 재직하며 학생들에게 기업가 정신을 가르치는 한편 활발한 대중 강연으로 청춘의 멘토가 되어주었습니다. 2011년 6월부터는 서울대 융합과학기술대학원장으로서 융합 학문을 정착하는 데 주력하고 있습니다. 저서 활동도 계속하여 『CEO 안철수, 영혼이 있는 승부』, 『CEO 안철수, 지금 우리에게 필요한 것은』, 『행복 바이러스 안철수』 등을 남기기도 했습니다.

이처럼 안철수는 의학박사에서 프로그래머로, CEO에서 대학교수로, 계속해서 도전적인 삶을 살아왔는데, 마지막으로 과연 어떻게 해서 그렇게 할 수 있었는지 그에게 직접 들어보면서

컴퓨터 백신 프로그램 개발자 안철수
안철수는 의학박사에서 프로그래머로, CEO에서
대학교수로 계속 도전적인 삶을 살아왔다.

발표를 마치도록 하겠습니다.

　　'저에게 있어 추진력을 주는 힘은 세 가지입니다. 첫 번째는 일 자체가 의미 있어야 하고, 두 번째는 일이 재미있어야 하고, 세 번째는 제가 잘할 수 있는 일이어야 합니다. 의사를 그만뒀을 때도 그 일이 싫었던 게 아니에요. 의사는 지금 봐도 참 좋은 직업입니다. 사람 대 사람으로, 한 인간이 다른 인간을 직접 도와줄 수 있다는 점이 굉장히 좋았거든요. 그래서 학생 때 구로동에서 봉사 진료도 했죠. 하지만 저한테는 컴퓨터 바이러스 쪽이 훨씬 더 의미가 있더라고요. 의사는 저 말고도 많은데, 당시 이 일은 저밖에 할 사람이 없었어요. 재미도 더 있었고요. CEO를 그만두고 대학교수가 된 것도 마찬가지입니다. 사실 제일 편한 선택은 안철수연구소 CEO를 계속하는 거였죠. CEO를 그만둘 생각은 하지 않았어요. 그런데 9년차부터 자꾸 의미가 더 큰 일이 눈앞에 어른거리면서 저를 성가시게 하는 겁니다. 물론 가르치는 일이 경영보다 더 어려워요. 다른 사람을 도와서 성공하게 만드는 일이니까요. 자신 있다는 말은 못하겠지만, 앞으로 잘할 가능성은 있을 것 같습니다.'"

발표를 마치자, 정 교수는 여느 때처럼 짧게 총평을 해주었다.

"예, 수고했습니다. 보통 사람들은 단지 부와 명예, 권력 같은 지극히 말초적인 성공만을 위해 살아가기 마련입니다. 하지만 안철수는 그러한 길을 선택하지 않았습니다. 그는 항상 의미 있고 즐거운 일을 추구해왔고, 지금도 그것을 위해 계속 도전하고 있습니다. 그래서 2009년 10월의 한 설문조사에서 대한민국 대학생들이 가장 존경하는 인물 1위로 그를 뽑지 않았나 생각합니다."

디지털 혁명가,
컴퓨터 및 스마트폰 개발자 스티브 잡스

바로 이어서 4조의 팀장이자 창조사업가형 어플 개발자 지망생인 정대세가 앞으로 나가 컴퓨터 및 스마트폰 개발자 스티브 잡스에 대해 발표하였다. 스티브 잡스는 앞의 경우들처럼 개인적인 형태의 창조사업가가 아니라 집단적 형태의 창조사업가에 속하는 편이었다. 정대세는 우선 스티브 잡스에 대해 짧게 소개한 뒤 특이하게도 2005년 스탠퍼드 대학에서 했던 졸업식 축사로써 그의 삶과 철학을 보다 생생하게 들려주었다.

> "스티브 잡스(Steven Paul Jobs)는 미국의 기업자이자 애플의 CEO로서, 창조경영으로 전 세계에 일대 변혁을 일으킨 인물입니다. 세계 최초의 PC '애플', 최초의 3D 애니메이션 <토이 스토리>, MP3 플레이어 '아이팟(ipod)', 스마트폰 '아이폰(ipone)', 태블릿 PC '아이패드(ipad)' 등 그가 창안한 제품과 콘텐츠는 온 세상을 뒤흔들었습니다. 특히 그는 단순히 제품만을 개발하여 파는 사업가가 아니라, 인류의 생활방식과 문화까지 바꾼 일종의 디지털 혁명가였습니다.
>   스티브 잡스는 애플 사의 신화적 인물입니다. 그는 1976년 스티브 워즈니악과 함께 애플을 공동으로 창업했습니다. 그러고는 거대한 컴퓨터만 존재하고 있을 당시, '애플'을 세상에 내놓음으로써 소형 개인용 컴퓨터 시대를 열었습니다. 또한 이후 매킨토시라는 제품으로 미국인의 80% 이상에게 애플이라는 회사를

컴퓨터 및 스마트폰 개발자 스티브 잡스
스티브 잡스가 창안한 제품과 콘텐츠는 온 세상을
뒤흔들었다. 특히 그는 단순히 제품만을 개발하여
파는 사업가가 아니라 인류의 생활방식과 문화까지
바꾼 일종의 디지털 혁명가였다.

각인시키기도 했습니다. 하지만 매킨토시의 판매부진과 경영분쟁으로 인해 그는 애플 사에서 쫓겨나는 수모를 겪었습니다. 그럼에도 조지 루카스 감독의 컴퓨터그래픽 부서를 인수하여 '픽사(Pixar)'라는 회사를 설립하고, <토이 스토리> 등으로 3D 애니메이션의 역사를 새로 썼습니다. 이후 1999년 스티브 잡스는 힘을 잃은 애플로부터 임시 CEO 자리를 제의받고, 다시 애플로 돌아옵니다. 그리하여 자신의 트레이드 마크인 혁신과 도전정신을 통해 맥북, 아이팟, 아이폰, 아이패드 등을 연이어 개발함으로써 애플을 미국 최고의 기업으로 성장시킵니다. 과거 애플에서 쫓겨났던 수모를 깨끗이 씻고 화려하게 재기한 것입니다.

스티브 잡스의 성장과정과 성공 비결은 2005년 스탠퍼드 대학교에서 했던 졸업식 축사에 잘 나타나 있습니다. 여기서 그는 사회 초년생들에게 '헝그리 정신을 가지고 미련하게 자기 길을 가라(Stay hungry, stay foolish)'고 주문하고 있는데, 향후 창조 사업가로 살아가고자 하는 여러분에게도 많은 교훈을 주고 있는 듯합니다. 그러므로 약간 길기는 하지만, 이 자리에서 그 내용을 최대한 원문 그대로 들려주고자 합니다.

<헝그리 정신을 가지고 미련하게 자기 길을 가라>
먼저 세계 최고의 명문으로 꼽히는 이곳에서 여러분의 졸업식에 참석하게 된 것을 영광으로 생각합니다. 저는 대학을 졸업하지 못했습니다. 태어나서 대학교 졸업식을 이렇게 가까이서 보는 것은 처음이네요. 오늘, 저는 여러분께 제가 살아오면서 겪었던 세 가지 이야기를 해볼까 합니다. 별로 대단한 이야기는 아니고요. 딱 세 가지만요.

먼저, 인생의 전환점에 관한 이야기입니다. 전 리드 칼리지에 입학한 지 6개월 만에 자퇴했습니다. 그래도 1년 반 정도는 도강을 듣다가 정말로 그만두었습니다. 왜 자퇴했냐고요? 그것은 제가 태어나기 전까지 거슬러 올라갑니다. 제 생모는 대학원생인 젊은 미혼모였습니다. 그래서 저를 입양보내기로 결심했던 거지요. 그녀는 제 미래를 생각해서, 대학 정도는 졸업한 교양 있는 사람이 양부모가 되기를 원했습니다. 그래서 저는 태어나자마자 변호사 가정에 입양되기로 되어 있었습니다. (……) 그런데 알고 보니 양어머니는 대졸자도 아니었고, 양아버지는 고등학교도 졸업하지 못한 사람이어서, 친어머니는 입양동의서 쓰기를 거부했습니다. 친어머니는 양부모가 저를 꼭 대학까지 보내주겠다고 약속한 후 몇 개월이 지나서야 화가 풀렸다고 합니다.

17년 후, 저는 대학에 입학했습니다. 그러나 저는 멍청하게도 바로 이곳 스탠퍼드의 학비와 맞먹는 값비싼 학교를 선택했습니다. 평범한 노동자였던 부모님이 힘들게 모아뒀던 돈이 모두 제 학비로 들어갔습니다. 결국 6개월 후, 저는 대학 공부가 그만한 가치가 없다는 생각을 했습니다. 내가 인생에서 진정으로 원하는 게 무엇인지, 그리고 대학이 그것에 얼마나 어떻게 도움이 될지 판단할 수 없었습니다. 게다가 양부모님이 평생토록 모은 재산이 전부 제 학비로 들어가고 있었습니다. 그래서 모든 것이 잘될 거라고 믿고 자퇴를 결심했습니다. 지금 되돌아보면 참으로 힘든 순간이었지만, 제 인생 최고의 결정 중 하나였던 것 같습니다.

자퇴를 하니 평소에 흥미 없던 필수과목 대신 관심 있는 강의만 들을 수 있었습니다. 그렇다고 꼭 낭만적인 것만도 아니었습니다. 전 기숙사에 없었기 때문에 친구 집 마룻바닥에서 자기도 했고, 한 병당 5센트씩 하는 코카콜라 빈 병을 팔아서 먹을 것을 사기도 했습니다. 또 매주 일요일에는 맛있는 음식을 먹기 위해 7마일이나 걸어서 헤어 크리슈나 사원의 예배에 참석하기도 했습니다. 맛있더군요.

당시 순전히 호기와 직감만을 믿고 저지른 일들이 후에는 정말 값진 경험이 됐습니다. 예를 든다면 그 당시 리드 칼리지는 아마 미국 최고의 서체 교육을 제공했던 것 같습니다. 학교 곳곳에 붙어 있는 포스터, 서랍에 붙어 있는 상표들은 너무 아름다웠습니다. 어차피 자퇴한 상황이라 정규과목을 들을 필요가 없었기 때문에 서체에 대해서 배워보기로 마음먹고 서체 수업을 들었습니다. 그때 저는 세리프와 산 세리프체를 배웠는데, 서로 다른 문자끼리 결합될 때 다양한 형태의 자간으로 만들어지는 굉장히 멋진 글씨체였습니다. 과학적인 방식으로는 도저히 따라하기 힘든 아름답고, 유서 깊고, 예술적인 것이었고, 전 그것에 흠뻑 빠졌습니다. 사실 그때만 해도 이런 것이 제 인생에 어떤 도움이 될지는 상상도 못했습니다. 그러나 10년 후 우리가 매킨토시를 처음 구상할 때, 그것들은 고스란히 빛을 발했습니다. 우리가 설계한 매킨토시에 그 기능들을 모두 집어넣었으니까요. 아마 아름다운 서체를 가진 최초의 컴퓨터가 아니었나 생각합니다. (……)

두 번째는 사랑과 상실입니다. 저는 운 좋게도 인생에서 정말 하고 싶은 일을 일찍 발견했습니다. 제가 스무 살 때 부모님의 차고에서 스티브 워즈니악과 함께 애플의 역사가 시작됐습니다. 차고에서 두 명으로 시작한 애플은 10년 후에 4,000명의 종업원을 거느린 200억 달러짜리 기업이 되었습니다. 제 나이 스물아홉 살, 우리는 최고의 작품인 매킨토시를 출시했습니다. 그러나 이듬해 저는 해고당했습니다. 내가 세운 회사에서 내가 해고당하다니! 당시 애플이 점점 성장하면서, 저는 저와 잘 맞는 유능한 경영자를 데려와야겠다고 생각했습니다. 처음 1년은 그런대로 잘 돌아갔습니다. 그런데 언젠가부터 우리의 비전은 서로 어긋나기 시작했고, 결국 우리 둘의 사이도 어긋나기 시작했습니다. 이때, 우리 회사의 경영진들은 그의 편을 들었고, 저는 서른 살에 쫓겨나야 했습니다. 그것도 아주 공공연하게 말입니다. (……)

저는 완전히 '공공의 실패작'으로 전락했고, 실리콘 밸리에서 도망치고 싶었습니다. 그러나 제 맘속에는 뭔가가 서서히 다

스티브 잡스의 미국 스탠퍼드 대학교 졸업식 축사

시 일어나기 시작했습니다. 전 여전히 제가 했던 일을 사랑했는데, 애플에서 겪었던 일들조차도 그런 마음들을 꺾지 못했습니다. 전 해고당했지만, 여전히 일에 대한 사랑만은 식지 않았습니다. 그래서 전 다시 시작하기로 결심했습니다. 당시에는 몰랐지만, 애플에서 해고당한 것은 제 인생 최고의 사건임을 깨닫게 되었습니다. 그 사건으로 인해 저는 성공이란 중압감에서 벗어나서 초심자의 마음으로 돌아가 자유를 만끽하며, 내 인생 최고의 창의력을 발휘하는 시기를 맞게 된 것입니다.

이후 5년 동안 저는 넥스트, 픽사, 그리고 지금 제 아내가 되어준 그녀와 사랑에 빠져버렸습니다. 픽사는 세계 최초의 3D 애니메이션 <토이 스토리>를 시작으로 지금은 가장 성공한 애니메이션 제작사가 되었습니다. 세기의 사건으로 평가되는 애플의 넥스트 인수와 그 시절 개발했던 기술들은 현재 애플 르네상스의 중추적인 역할을 하고 있었습니다. 또한 로렌과 저는 행복한 가정을 꾸리고 있습니다. 애플에서 해고당하지 않았다면 이런 엄청난 일들을 겪을 수도 없었을 것입니다. 정말 독하고 쓰디쓴

약이었지만, 이게 필요한 환자도 있는가 봅니다.

　때로 세상이 당신을 속일지라도, 결코 믿음을 잃지 마십시오. 전 반드시 인생에서 해야 할 만한 일이 있었기에 반드시 이겨낸다고 확신했습니다. 당신도 사랑하는 일을 찾아보세요. 사랑하는 사람이 내게 먼저 다가오지 않듯이 일도 그런 것이죠. '노동'은 인생의 대부분을 차지합니다. 그런 거대한 시간 속에서 진정한 기쁨을 누릴 수 있는 방법은 스스로가 위대한 일을 한다고 자부하는 것입니다. 자신의 일이 위대하다고 자부할 수 있을 때는 사랑하는 일을 하고 있는 그 순간뿐입니다. 지금도 찾지 못했거나 잘 모르겠다고 해도 주저앉지 말고 포기하지 마세요. 전심을 다하면 반드시 찾을 수 있습니다. 그리고 일단 한번 찾아낸다면 서로 사랑하는 연인들처럼 시간이 가면 갈수록 더욱더 깊어질 것입니다. 그러니 그것들을 찾아낼 때까지 포기하지 마세요. 현실에 주저앉지 마세요.

　세 번째는 죽음에 관한 것입니다. 열일곱 살 때, 이런 문구를 읽은 적이 있습니다. '하루하루를 인생의 마지막 날처럼 산다면 언젠가는 다른 길에 서 있을 것이다.' 이 글에 감명 받은 저는 그 후 쉰 살이 되도록 거울을 보면서 자신에게 묻곤 했습니다. 오늘이 내 인생의 마지막 날이라면 지금 하려고 하는 일을 할 것인가? '아니오!'라는 대답이 계속 나온다면 다른 것을 해야 한다는 걸 깨달았습니다. 인생의 중요한 순간마다 곧 죽을지도 모른다는 사실을 명심하는 것이 저에게는 가장 중요한 도구가 됩니다. 왜냐고요? 외부의 기대, 각종 자부심과 자만심, 수치스러움과 실패에 대한 두려움들은 '죽음' 앞에서는 모두 밑으로 가라앉고, 오직 진실만이 남기 때문입니다. 죽음을 생각하는 것은 무엇을 잃을지도 모른다는 두려움에서 벗어나는 최고의 길입니다. 여러분이 지금 모두 잃어버린 상태라면 더 이상 잃을 것도 없기에 본능에 충실할 수밖에 없을 것입니다.

저는 1년 전쯤 암 진단을 받았습니다. 아침 7시 반에 검사를 받았는데, 이미 췌장에 종양이 있었습니다. 그전까지는 췌장이라는 게 뭔지도 몰랐습니다. 의사들은 길어야 3개월에서 6개월이라고 말했습니다. 주치의는 집으로 돌아가 신변정리를 하라고 했습니다. 죽음을 준비하라는 뜻이었지요. 그것은 내 아이들에게 10년 동안 해줄 수 있는 것을 단 몇 달 안에 다 해치워야 된단 말이었고, 임종 시에 사람들이 받을 충격이 덜하도록 매사를 정리하라는 말이었고, 작별인사를 준비하라는 말이었습니다. 전 불치병 판정을 받았습니다. 그날 저녁 위장을 지나 장까지 내시경을 넣어서 암세포를 채취해 조직검사를 받았습니다. 저는 마취상태였는데 후에 아내가 말해주길 현미경으로 분석한 결과 치료가 가능한 아주 희귀한 췌장암으로, 의사들까지도 기뻐서 눈물을 글썽였다고 합니다. 저는 수술을 받았고, 지금은 괜찮습니다. 그때만큼 제가 죽음에 가까이 가본 적은 없는 것 같습니다. 또한 앞으로도 가고 싶지 않습니다. (……)

여러분의 삶도 제한되어 있습니다. 그러니 낭비하지 마십시오. 도그마(다른 사람들의 생각)에 얽매이지 마십시오. 타인의 잡음이 여러분 내면의 진정한 목소리를 방해하지 못하게 하세요. 그리고 가장 중요한 것은 마음과 영감을 따르는 용기를 가지는 것입니다. 이미 마음과 영감은 당신이 진짜로 무엇을 원하는지 알고 있습니다. 나머지 것들은 부차적인 것이죠.

제가 어릴 때, 제 나이 또래라면 다 알만한 『지구백과』란 책이 있었습니다. (……) 그 책의 최종판 뒤쪽 표지에는 이른 아침 시골길 사진이 있었는데, 아마 모험을 좋아하는 사람이라면 히치하이킹을 하고 싶다는 생각이 들 정도였지요. 그 사진 밑에 이런 말이 있었습니다. '배고픔과 함께, 미련함과 함께'. 그것이 그들의 마지막 작별인사였습니다. 저는 이제 새로운 시작을 앞둔 여러분이 각자의 분야에서 이런 방법으로 나아가길 원합니다. '배고픔과 함께, 미련함과 함께'. 감사합니다.

이렇게 스티브 잡스는 '남과 다르게 살라. 도전적인 인생을 살라. 자기 자신에게 의미 있는 삶을 살라'고 강조하고 있습니다. 우리나라의 부모나 교사 등 어른들이 그저 좋은 대학에 가서 안정된 직장을 잡아 편안하게 살라는 얘기와는 너무도 대조적이지 않습니까? 모두 한번쯤 스티브 잡스의 조언에 대해 진지하게 고민해 봤으면 싶습니다."

발표를 마친 정대세는 상당히 비장한 표정으로 강당을 내려왔다. 이에 정 교수도 자리에서 일어나 몇 마디를 덧붙여 주었다.

"예, 좋은 이야기를 들려주어 감사합니다. 이젠 우리도 막연히 좋은 대학이나 직장이 아닌, 남과 다른 길을 소신 있게 가는 것, 그리고 큰 뜻(꿈)을 품고 멋지게 사는 자세가 필요한 듯합니다.
흔히 스티브 잡스는 빌 게이츠와 비견되곤 하는데, 그중에 이런 말이 있습니다. '빌 게이츠는 남들보다 한 발자국 앞섰다. 하지만 스티브 잡스는 두 발자국 앞섰다. 빌 게이츠는 'Super Rich'가 되었다면, 스티브 잡스는 'Dreamer'가 되었다." 돈과 명예는 소모되면 잊히지만 꿈은 결코 사라지지 않습니다. 꿈은 미래를 만들어 나가는 것이기 때문입니다.
여러분도 눈앞의 것에만 연연하지 말고 좀 더 높은 것을 향해 노력하고 또 노력하길 빕니다. 스티브 잡스는 자신의 부를 위해 일하고 아이디어를 짜내는 것이 아니었습니다. 좀 더 나은 기술의 향상과 회사 공동체를 위해 일했습니다. 눈앞의 것에만 연연하지 않는 미래지향적인 'Dreamer'. 이것이 스티브 잡스에게서 우리가 배울 점이 아닐까 합니다."

남을 즐겁게 하는 어플,
어플 개발자 신석현

마지막으로 컴퓨터공학과에 다닌다는 한 남학생이 앞으로 나가 스마트폰 어플 개발자 신석현과 유주완에 대해 연달아 발표하였다. 그는 먼저 스마트폰의 응용 프로그램인 어플에 대해 간략히 설명해주었다.

"요즘 아이폰이나 갤럭시, 모토로이, 블랙베리 등 스마트폰의 붐을 타고 어플에 기반한 창조사업가가 주목받고 있습니다. 앞에서 살펴보았듯이 어플은 컴퓨터 파일과 유사한데, 스마트폰에서 쓰이는 프로그램이라 보면 됩니다. 예전 휴대폰과 달리 스마트폰은 자신에게 필요한 프로그램을 앱 스토어란 어플 판매 서비스에서 다운받아 쓸 수 있습니다.

대표적으로 애플의 앱 스토어는 추천항목, 주제별 분류, 인기항목, 검색, 업데이트 등으로 구성되어 있습니다. 추천항목은 국내외를 포함하여 새롭게 만들어진 어플과 인기 있는 어플을 보여줍니다. 주제별 분류는 책, 비즈니스, 교육, 엔터테인먼트 등으로 구성되어 있고, 인기 있는 어플 순으로 보여줍니다. 인기항목은 유료, 무료, 전체 인기항목으로 구별되어 있습니다. 검색은 자신이 원하는 어플을 찾을 때 유용하게 사용되고, 업데이트는 자신이 사용하고 있는 어플의 업데이트를 알려주는 것입니다. 아이폰의 앱 스토어에는 수십만 개의 다양한 어플이 존재하고 있습니다. 우리나라의 삼성이나 LG가 아이폰을 따라잡기 위해 노력하지만, 아직까지는 힘든 상황입니다. 왜냐하면 아이폰은 이미 방대한 양의 어플을 확보하고 있기 때문입니다.

이렇게 스마트폰 시대로 급속히 나아가면서 발 빠르게 좋은 어플을 개발하여 큰 성공을 거둔 이들이 등장하고 있습니다. 그들은 주로 전문성과 창의성을 토대로 독립적이고 자유롭게 일하는 창조사업가의 형태를 띠고 있는데, 대표적으로 신석현과 유주완을 예로 들 수 있습니다."

그런 다음 어플 개발자 신석현부터 본격적인 분석에 들어갔다.

"신석현은 2000년대 초반 두산동아의 웹 개발자로 일하면서, PDA 같은 모바일 장치에도 늘 관심을 갖고 있었습니다. 언젠가는 모바일 분야가 각광받을 것이라 생각하고 미리부터 조금씩 준비하고 있었던 것입니다.

마침내 2009년 7월 국내에서도 아이폰이 출시된다고 하자, 그는 회사를 그만두고 본격적인 사업에 착수했습니다. 특히 그는 기능적인 어플보다는 사람들이 흥미를 느낄 수 있는 어플을 개발하는 데 초점을 맞추었습니다. 그래서 시험 삼아 만든 것이 피아노를 연주할 수 있는 어플이었습니다. 대중의 반응을 보기 위해 PC를 통해 공짜로 배포해보니 의외로 반응이 좋았습니다. 때마침 'T옴니아 윈도우 모바일 소프트웨어 경진대회' 소식이 들려왔습니다. 그는 이 어플을 업데이트해서 '옴니아노'란 이름으로 응모했습니다. 오랫동안 준비해온 탓도 있지만, 다른 OS에 비해 경쟁률이 적은 윈도우 모바일이란 희소성에 힘입어 그는 수상의 기쁨을 맛보게 됩니다.

옴니아노는 스마트폰으로 피아노, 플루트, 드럼을 연주할 수 있는 어플입니다. 화면 속의 건반을 누르면 피아노가 연주되고, 마치 입으로 플루트를 불듯이 하고서 화면을 누르면 플루트의 선율이 흘러나옵니다. 또 스마트폰을 흔들면 드럼 소리가 리드

어플 개발자 신석현
신석현은 기능적인 어플보다 사람들이 흥미를
느낄 수 있는 어플을 개발하는 데 초점을 맞추었다.
그래서 만든 것이 스마트폰으로 피아노, 플루트,
드럼을 연주할 수 있는 '옴니아노'란 어플이었다.

형아소프트 대표 신석현

미컬하게 연주됩니다. 옴니아노는 2009년에 방영된 SBS 드라마 <천만번 사랑해>에서도 등장했습니다. 아버지가 아들에게 스마트폰으로 피아노를 쳐주는 장면이 그것입니다. 그리하여 세상에 널리 알려지면서 옴니아노의 다운로드 횟수가 급격히 늘어났습니다.

이후 그는 '삼성 어플리케이션 스토어 개발자 챌린지 2009'에서 '옴파스 월드시티'로 플래티넘상을 받으며 다시 한 번 실력을 입증해보였습니다. 옴파스는 디지털 나침반으로 자기장 센서를 이용하여 자기가 바라보는 방향에서 세계 주요 도시까지의 방향과 거리를 알려줍니다. 더 나아가 앞으로는 증강현실(AR)을 도입하여 세계의 주요 도시에서 도로 표지판을 휴대폰 카메라로 잡으면, 주변의 쇼핑센터나 식당, 관광명소 등을 알려주는 기능까지 추가하겠다고 합니다. 그는 이 옴파스를 발판으로 삼아 '형아소프트'라는 회사를 설립하였습니다.

형아소프트는 스마트폰 어플을 개발하는 전문회사로, 신석현이 혼자서 거의 모든 일을 처리해가는 창조사업가의 형태를 띠고 있습니다. 창업한 지 불과 몇 년밖에 되지 않았지만 형아소프트는 국내에서 대표적인 스마트폰 어플 제작 및 서비스 업체로 주목받고 있습니다. 특히 신석현의 실력이 알려지면서 그 회사를 찾는 곳도 많아졌습니다. 내로라하는 대기업과 공공기관, 정부부처 등이 그 회사의 주요 고객들입니다. 특히 삼성전자와 마이크로소프트로부터 각각 셀렉티드 파트너, 비즈니스 파트너로 선정돼서 국내외 스마트폰 어플 시장에서의 영향력을 넓혀가고 있습니다. 물론 회사 매출액도 빠르게 증가하고 있습니다.

그렇다면 신석현의 성공 비결은 과연 무엇이었을까요? 우선 미래를 보는 안목과 오랜 준비기간을 들 수 있겠습니다. 그는 IT 분야에서 근무하며 2000년대 초반부터 모바일 시장이 부상할 것이라고 예견하고 미리부터 철저한 공부를 해두었습니다. 그리하여 아이폰이 등장하자마자 지금이 바로 기회라고 판단하고, 잘나가는 대기업을 그만두고 자신만의 사업을 시작했습니다. 또한 그는 옴파스에서 볼 수 있듯이 남들과 다른 발상으로 창의적인 어플을 개발해냈으며, 옴니아노에서는 기능보다 흥미에 초점을 맞추어 남을 즐겁게 하는 어플을 개발했습니다. 이후로도 그는 혼자 했을 때보다 남하고 같이 했을 때 더욱 즐거운 어플을 만들고 싶다고 합니다.

스마트폰의 공급이 급속도로 늘어나는 최근의 추세로 보았을 때, 향후 어플의 확산은 필연적이라고 생각합니다. 스마트폰의 경쟁력이 사실상 좋은 어플을 얼마나 많이 갖추고 있느냐로 판단되기 때문에 지금보다 훨씬 많은 어플들이 필요하게 되리라 봅니다. 그렇다면 어플 시장에 한번 도전해보는 것도 좋을 듯합니다. 다른 시장과 달리 거의 아이디어와 스토리텔링으로 승부하는 어플 시장에서는 많은 사람이 인정할 만한 제품을 개발해낸다면 비교적 손쉽게 창조사업가로 나아갈 수 있기 때문입니다. 만약 신석현처럼 어플 시장에 대한 철저한 분석과 오랜 준비가 동반되고, 거기에다 자신만의 창조적인 능력을 유감없이 발휘한다면 얼마든지 성공할 수 있을 것으로 보입니다."

생활 속에서 얻은 아이디어,
어플 개발자 유주완

발표자는 계속해서 스마트폰 어플 개발자 유주완에 대해 분석했다.

"서울시에 거주하는 아이폰 사용자라면 거의 필수적으로 갖고 있는 어플이 있습니다. 당시 경기고에 재학 중이던 유주완(19세)이 만든 것인데, 서울시에서 운영하는 버스 노선과 정류장, 버스 위치를 실시간으로 알려주는 '서울버스'란 어플이 바로 그것입니다.

서울버스는 다양하고 필수적인 기능들과 깔끔한 인터페이스로 인기를 한 몸에 받았습니다. 앱 스토어에 올린 지 일주일도 안 되어 4만 명 이상이 다운로드를 받았으며, 한국 계정 무료 인기프로그램 1위를 계속 지켰습니다. 리뷰 사이트에도 '아마추어 실력이 아닐 정도로 수준이 높다', '웬만한 유료 프로그램보다 훨씬 낫다', '공무원이 할 일을 대신하고 있다' 등과 같은 찬사가 이어졌습니다.

그렇다면 '서울버스'가 이렇게 사용자들의 찬사를 한 몸에 받은 이유는 과연 무엇이었을까요? 지하철과 달리 버스는 복잡한 노선과 그날의 교통사정에 따른 불규칙한 운행시간 등으로

어플 개발자 유주완
어플은 일상생활을 하면서 느끼는 불편한 점들을 해소하는 작은 아이디어가 사업의 원천이 될 수도 있다. 유주완도 평소 궁금했던 버스의 도착시간에 착안해서 '서울버스'란 어플을 개발했다.

유주완이 개발한 어플 '서울버스'

이용하기에 불편한 점이 많습니다. 이 어플은 그런 사소하지만 잦은 불편을 해소시켜준다는 데에 가장 큰 매력이 있습니다.

'서울버스'는 노선번호, 정류소, 주변 정류소 등 세 가지 검색 기능을 제공하고 있습니다. 노선번호로 검색하여 해당 버스의 현재 위치를 확인하거나, 정류소 이름이나 번호로 검색하여 해당 버스의 도착시간이 얼마나 남았는지를 확인할 수 있습니다. 정류소 찾기가 번거롭다면 위치 서비스를 이용하여 주변 정류소를 검색한 후 해당 버스를 고를 수도 있습니다. 이런 단순하지만 편리한 서비스를 제공함으로써 서울버스는 사용자들로부터 '필수 어플'이란 찬사를 받았던 것입니다.

한편, 서울버스가 화제가 된 것은 단지 그 성능과 인기뿐만 아니라 고등학생이 만든 어플이라는 점 때문이기도 했습니다. 당시 유주완은 경기고 3학년에 재학 중이었습니다. 그는 서울버스를 만든 계기에 대해 이렇게 말했습니다.

'솔직히 누구나 한번쯤 생각해볼 수 있는 거라고 봐요. 저도 그때 핸드폰에서 어떤 기능을 가장 많이 사용하나 생각해봤어요. 전화, 문자, 카메라, 메모, 이런 것을 제외하고서 가장 많이 사용한 게 바로 ARS로 버스의 도착시간을 알아보는 것. 그걸 가장 많이 사용했거든요. 그래서 한번 만들어보자고 생각했죠.'

그는 2007년 스티브 잡스가 아이폰을 발표했을 당시부터 어플 개발에 관심을 갖고 있었다고 합니다.

'마침 한 친구가 아이팟 터치를 갖고 있는 것을 보고 빌려달라고 해서 사용해봤는데 정말 놀라웠어요. 그전에는 맥이나 기타 애플 제품에 별로 관심이 없었는데, 아이폰 때문에 애플 제품과 스마트폰에 관심이 생겼어요.'

그는 1년 후 애플에서 '소프트웨어 개발 키트(SDK)'를 공개하자, 그 즉시 다운로드를 받았습니다. 하지만 윈도우(Window)에서는 실행되지 않고, 같은 애플에서 나온 맥(Mac)에서만 호환이 가능했습니다. 결국 그는 '나중에 기회가 오겠지'라고 생각하고 잠시 개발 의지를 접어두었습니다. 드디어 2009년 9월 아이폰의 한국 출시가 가시화되자, 그는 개발자 등록을 하고 본격적으로 어플을 개발하기 시작했던 것입니다.

그는 서울버스를 2주일도 채 되지 않는 짧은 시간에 만들었다고 합니다.

'물론 제가 초등학교 때부터 프로그래밍을 해서 좀 수월하긴 했지만 사실 만드는 게 굉장히 간단하고 쉬웠어요. 물론 아이폰 코드를 만드는 건 배워야 했지만 상당히 쉽게 만들 수 있었어요.'

유주완은 어릴 적부터 프로그래머가 꿈이었습니다. 초등학교 5학년 때 프로그램을 처음 만들었고, 그때부터 재미를 붙여 프로그램 만드는 법을 꾸준히 익혔습니다. 그리고 중학교 때는 마음에 맞는 친구 두 명과 함께 <스타크래프트>와 같은 전략 시뮬레이션 게임을 만들어보기도 했습니다. 나아가 2008년에는 정보보호올림피아드 행안부 장관상을 수상하고, 2009년에는 서울시교육청 주관 정보의 바다 탐구대회에서 대상을 수상한 적도 있었습니다.

주지하듯이 2000년대 초반 세계 인터넷 시장에는 '온라인 마켓플레이스(오픈마켓)'의 열풍이 불었습니다. 오픈마켓은 '장터를 제공하고 판매자와 구매자가 자유롭게 거래하도록 한다.'는 비즈니스 모델을 기반으로 인기를 누렸습니다. 지금은 애플의 앱 스토어, 구글의 안드로이드 마켓 등을 통해 새로운 오픈마켓 시대가 열리고 있습니다.

스마트폰 어플은 해당 스마트폰 회사가 소프트웨어 개발 키트(SDK)를 제공해주기 때문에 개발에 있어서 가장 중요한 것은 기술보다 다양한 '아이디어'입니다. 특히 일상생활을 하면서 느끼는 불편한 점들을 해소하는 작은 아이디어가 사업의 원천이 될 수도 있습니다. 유주완도 평소 궁금했던 버스의 도착시간에 착안해서 서울버스란 어플을 개발했던 것입니다."

이렇게 연속으로 두 개의 발표를 마치자, 정 교수가 수강생들과 함께 큰 박수를 쳐주며 말하였다.

"예, 정말 고생 많았습니다. 최근 스마트폰 열풍에 힘입어 창조사업가형 어플 개발자들이 크게 주목받고 있습니다. 게다가 앱 스토어에서 부와 명성을 얻은 사례들이 속속 출현하면서 그들에 대한 관심이 더욱 커져가고 있습니다. 신석현과 유주완은 바로 그들 가운데 대표주자인 듯합니다."

그리고 나서 정 교수는 여느 때처럼 다음 시간을 짧게 예고하고 이날의 수업을 마쳤다.

"다음 시간엔 서비스업 종사자 분야의 창조사업가에 대해 살펴보겠습니다. 이들은 전문성과 창의성을 바탕으로 차별화된 서비스를 제공하여 성공한 사람들인데, 역시 우리에게 많은 것을 가르쳐줄 듯합니다."

이날도 온달과 평강을 비롯한 수강생들은 창조사업가뿐 아니라 인생에 대해서도 배운 바가 많아서인지 저마다 뿌듯한 마음으로 집으로 돌아갔다.

〈나도 창조사업가!〉
프로젝트

9 사업계획서 작성

이상의 준비과정을 종합하여 한 편의 사업계획서를 작성해보자. 대체로 사업계획
서는 표지(사업명, 제안자), 사업개요(취지, 목적, 방법 등), 사업내용(구체적인 사업
내용, 연계상품, 추진일정, 소요예산 등), 기대효과 및 의의 등으로 쓰면 된다.

7장
서비스업 종사자

1인 기업에서 프랜차이즈화로

오늘도 정 교수는 강의실에 들어오자마자 우선 출석부터 체크하였다. 출석부를 펼쳐들고 이름을 불러나가니, 수강생들도 그에 맞춰 큰소리로 대답하였다. 그런데 온달의 출석을 체크한 뒤 정 교수가 갑자기 고개를 들고 물었다.

> "온달 씨! 좋은 소식이 있던데요. 어느 경진대회에 나가 수상했나요?"
> "정부에서 주최한 어플 개발 경진대회인데요. 준비 기간이 짧아서 큰 상을 받지는 못했습니다."

순간 수강생들의 시선이 온달에게로 향했다. 그와 함께 모두의 입에서 '와~' 하는 탄성이 터져 나와 온달을 멋쩍게 했다.

> "그래도 참 대단하네요. 어떤 어플을 개발했나요? 독창적인 아이디어를 내기가 쉽지 않았을 텐데요."
> "저도 고민을 많이 했습니다. 창의성과 실현 가능성, 사업성을 모두 고려한 아이디어를 찾기가 쉽지 않더라고요. 잘나가는 어플들을 구매해서 살펴보니, 지난 시간에 배운 것처럼 생활 속에서 아이디어를 찾는 경우가 많았어요. 메모나 주소록, 날씨, 게임, 책

등이요. 그래서 저는 색다르게 '라면 어플'을 개발해봤습니다. 라면은 누구나 다 좋아하니까요. 라면의 종류나 개인의 식성, 그날의 기분과 날씨, 냄비의 종류 등에 따른 레시피를 제공해서 사용자들이 편리하고 맛있게 요리할 수 있도록 해봤습니다. 또한 저의 레시피만 올리는 게 아니라 다른 사용자들의 레시피도 실시간으로 올릴 수 있도록 했고요."

"그거 참 기발한 생각이네요. 요즘 온달 씨를 보고 있으면 정말로 '일취월장(日就月將)'이란 표현이 딱 들어맞는 듯해요."

정 교수의 칭찬에 수강생들이 모두 박수를 쳐주었다. 온달은 모처럼 평강 앞에서 멋진 모습을 보여준 것 같아 흐뭇한 표정을 지었다.

이윽고 출석 체크를 마치자, 정 교수가 우선 이날의 강의 개요를 간략히 소개했다.

"오늘은 서비스업 종사자 분야의 창조사업가에 대해 살펴보도록 하겠습니다. 이들은 전문성과 창의성을 바탕으로 차별화된 서비스를 제공하여 성공한 사람들입니다. 또한 이들은 업종의 특성상 처음엔 1인 중심으로 사업을 시작하지만, 성공한 후에는 프랜차이즈 회사로 전환하는 경우가 많습니다. 그래서 우리도 이들에 대해 분석할 때는 두 가지 상황을 동시에 고려하여 살펴보도록 하겠습니다.

그 대표적인 예로 떡볶이와 튀김 등 분식을 브랜드화하여

창조사업가형 서비스업 종사자
서비스업 종사자는 전문성과 창의성을 바탕으로
차별화된 서비스를 제공하여 성공한 사람들이다.
또한 이들은 업종의 특성상 처음엔 1인 중심으로
사업을 시작하지만 성공한 후에는 프랜차이즈
회사로 전환하는 경우가 많다.

성공한 '아딸'의 이현경, 정(情)이라는 휴머니즘 마케팅으로 성공한 '영철버거'의 이영철, 단순한 야채가 아닌 문화를 판다는 개념으로 접근하여 성공한 '총각네 야채가게'의 이영석, 카페에 대해 차를 마시는 공간 이외에 문화와 감성의 공간으로 발상을 전환하여 성공한 '민들레 영토'의 지승룡, 한식을 브랜드화하고 고전 캐릭터를 현대적으로 수용하여 성공한 '(주)놀부'의 김순진 등을 들 수 있었습니다.

　이 밖에도 우리 주위엔 기발한 아이디어로 서비스업을 운영하여 성공한 사람들이 의외로 많습니다. 예컨대 서울 안암동의 고려대 부근에 유명한 와플집이 있었습니다. 사람들이 매일같이 줄을 서서 기다리며, 식사 후에는 꼭 거쳐야 하는 필수코스처럼 인식되었습니다. 와플 메뉴가 무려 50가지나 되고, 개인의 취향에 따라 번호를 선택하여 주문할 수 있습니다. 메뉴 중에는 '아무거나' 혹은 '전날에 제일 많이 팔렸던 와플' 등도 있어 눈길을 끌지요. 이러한 주인의 센스가 와플집의 인기에 한몫을 했던 듯싶습니다. 이곳은 선불제이며, 메뉴 중에 먹고 싶은 와플의 번호를 골라 주문을 하면 대기번호가 쓰여 있는 화투패를 한 장씩 줍니다. 5분 정도 기다리다 보면 '딩동' 하는 소리와 함께 완성된 와플의 대기번호가 뜹니다. 그럼 옆에 있는 조그만 문을 통해 화투패를 반납하고 와플을 받으면 됩니다. 이 와플집에서 또 하나 빼놓을 수 없는 것이 바로 '커팅제'입니다. 와플을 반으로 잘라 달라는 요구가 하도 많아 커팅을 해줄 때는 200원씩을 더 받습니다. 이 돈은 따로 모아지며, 나중에 불우이웃돕기 등 좋은 일에 쓰입니다. 수많은 메뉴, 대기번호가 쓰여 있는 화투패, 커팅제 등의 기발한 아이디어로 인해 이 와플집은 상당한 인기를 끌었습니다. 자~ 그럼 천천히 발표를 들어볼까요?"

정 교수의 말에 5조의 팀장인 박상민이 오달근 등과 함께 앞으로 나가 PPT 화면을 켜고 유인물을 나눠주는 등 서둘러 발표 준비를 하였다. 30대 중반의 사진작가인 박상민은 여전히 턱수염을 멋지게 기르고 있고, 40대 중반의 치킨집 사장인 오달근은 모처럼 깔끔한 정장 차림을 하고 있었다.

그들이 한창 발표 준비를 하고 있는데, 정 교수가 오달근을 보고 약간 걱정스런 표정으로 물었다.

“오달근 씨는 어떻게 발표 준비를 해왔습니까? 평소 해보지 않은 것이라 많이 힘들었을 텐데요?”
“걱정 마십시오, 교수님! 앞의 사람들이 하는 걸 보고 저도 대강 따라서 해왔습니다.”

그리고 나서 오달근은 당당한 표정으로 맨 먼저 강단에 올라가 창조사업가형 서비스업 종사자인 ‘아딸’의 이현경에 대해 발표하기 시작하였다.

분식을 브랜드화하라,
‘아딸’의 이현경

오달근도 역시 앞선 발표자들처럼 ‘아딸’에 관한 화두부터 제시했다.

“여러분! 한국인의 대표 간식하면 뭐가 떠오릅니까? 바로 떡볶이죠. 떡볶이는 쉽게 접할 수 있을 뿐만 아니라 가격도 저렴해서 주머니가 가벼운 학생들을 비롯하여 누구나 즐겨 찾는 음식입니다. 정말 떡볶이는 한국인의 허한 속을 채워주는 일등공신임에 틀림없습니다. 길거리에서 가장 쉽게 찾을 수 있는 곳이 떡볶이를 파는 노점상이나 분식점이니 한국인의 떡볶이 사랑은 정말 대단하다고 할 수 있습니다. 그런데 떡볶이 시장은 이미 포화상태에 이르렀고, 남과 차별되는 뭔가가 있지 않고서는 살아남기 어렵습니다. 이런 상황에서 좋은 품질과 맛, 저렴한 가격, 그리고 특별한 메뉴와 친절한 서비스 정신으로 소비자를 유혹하는 떡볶이집이 있습니다. 바로 '아딸'이지요. 이름부터 특이한 아딸은 자신들만의 전문성과 창의성으로 분식을 브랜드화하는 데 성공했습니다. 그리하여 이제 대표적인 프랜차이즈 기업으로 자리 잡았습니다."

그러고는 아딸의 탄생과정부터 본격적으로 분석했다.

"아딸의 시작은 1972년으로 거슬러 올라갑니다. 지금은 고인(故人)이 된 이영석 옹이 경기도 파주 문산에서 튀김집을 시작한 것입니다. 그는 당시 미군 PX에 물품을 배달하면서 튀김요리를 배웠다고 합니다. 이후 30년 이상 튀김을 만들어 팔아오던 아버지에게 딸 이현경과 사위 이경수가 함께 장사할 것을 제안하면서, 2000년 11월 서울 금호동에 작은 분식집을 오픈하였습니다. 메뉴는 아버지의 튀김 요리에다 떡볶이, 김밥, 빙수 등을 첨가했습니다. 아버지는 경기도 문산에서 서울 금호동까지 출퇴근을 하면서 딸에게 튀김 노하우를 전수했습니다.

그러나 얼마 지나지 않아 문제가 발생했습니다. 고객들이 튀김에 대해서는 극찬을 하면서도 떡볶이에 대해서는 시큰둥한 반응을 보였던 것입니다. 가정에서도 흔히 요리할 수 있는 떡볶이를 너무 쉽게 생각한 것이 문제였습니다. 이때부터 이현경은 떡볶이의 맛을 찾아내기 위해 온 힘을 기울였습니다. 젊은이들이 맛있다고 얘기하는 떡볶이 집들을 찾아다니며 직접 먹어보고, 그 요리 과정도 지켜봤습니다. 그와 함께 떡볶이의 소스 개발에도 노력을 기울였습니다.

'아딸'의 이현경
아딸은 전문성과 창의성을 바탕으로 분식을
브랜드화하는 데 성공하였고, 그에 멈추지 않고
전국적인 체인망을 구축하여 대표적인 프랜차이즈
기업으로 자리잡았다.

'아딸'의 메뉴

　　이후 그녀의 분식집은 맛있는 집으로 소문이 나기 시작했습니다. 특히 2002년 모 방송사의 프로그램에 맛집으로 소개되면서 밀려드는 고객을 감당하기 힘들 정도로 성황을 이뤘습니다. 그때부터 이현경은 '누구나 친근한 음식인 튀김과 떡볶이를 전문화시켜 체인점화한다'는 사업 구상에 들어갔습니다. 그에 앞서 튀김 요리도 더욱 강화했습니다. 시대 변화에 따라 고객의 선호도도 조금씩 바뀌는데, 그에 발맞춰 출시한 것이 허브 튀김이었습니다. 드라이 허브를 추가해서 기름기가 적은 웰빙 튀김을 출시했는데, 고객들의 반응은 그야말로 선풍적이었습니다.

　　마침내 2002년 4월 이대 입구에 '아버지 튀김 딸 떡볶이'라는 브랜드로 매장을 오픈했습니다. 지금의 '아딸'이란 브랜드가 정식으로 탄생한 것입니다. 아딸이란 이름은 아버지가 튀김을

서비스업 종사자

만들고 딸이 떡볶이를 연구해서 2대가 대물림한 전통 있는 음식점이란 뜻으로 지었다고 합니다.

이처럼 체인망을 구축한 뒤 아딸은 서서히 다른 분식집과 차별화를 두기 시작했습니다. 먼저 업그레이드된 메뉴를 선보였습니다. 두꺼운 튀김옷에 눅눅하던 기존 튀김과 달리, 아딸은 얇고 바삭바삭한 튀김을 만들고 허브를 첨가하여 맛과 향을 더했습니다. 또한 떡볶이도 아딸만의 천연 양념장을 개발했으며, 쫄깃한 식감이 있는 쌀떡과 예전 떡볶이의 맛을 그대로 느낄 수 있는 밀떡 등 두 가지를 준비해서 고객들이 선택할 수 있도록 했습니다.

다음으로 깔끔한 인테리어와 위생 상태는 물론이요, 점주와 직원들 모두 유니폼을 입어 통일성을 꾀하는 등 고급 외식업소를 방불케 했습니다. 포장 또한 독특하게 했습니다. 기존처럼 비닐봉지에 담아주는 것이 아닌, 치킨이나 피자처럼 손잡이가 달린 예쁜 박스에 담아줬습니다.

결국 아딸은 2009년 기준으로 전국에 400여 개의 가맹점을 갖춘 프랜차이즈 기업이 되었습니다. 떡볶이와 튀김으로 이러한 성공을 거두기까지는 자신들만의 확고한 브랜드화 과정이 있었을 뿐 아니라 그 브랜드를 지탱하는 비전이 굳건히 세워져 있었기 때문입니다. 또한 자신들만의 로고와 간판으로 브랜드 파워를 극대화했기 때문인 듯합니다.

떡볶이와 튀김이라는 아이템은 어찌 보면 레드오션입니다. 그만큼 많이 소비된 아이템이라는 것입니다. 또한 길거리 음식이라는 인식이 강해 하나의 기업 브랜드로까지 끌어올리기에는 무리가 있습니다. 하지만 아딸은 떡볶이와 튀김만을 전문적으로 연구하고 개발함으로써 결국 자신들만의 차별성을 만들어내었습니다. 또한 깔끔하고 위생적인 포장방식으로 길거리 음식이라는 이미지를 고급스럽게 바꾸었습니다. 이렇게 그들은 전문성과 창의성을 바탕으로 분식을 브랜드화하는 데 성공하였고, 그에 멈추지 않고 전국적인 체인망을 구축하여 대표적인 프랜차이즈 기업으로 자리 잡았습니다."

발표를 마친 오달근이 흐뭇한 표정으로 강단을 내려오자, 정 교수가 수강생들과 함께 큰 박수를 쳐주며 말하였습니다.

"예, 아주 잘 분석해주었습니다. 한식이나 중식, 일식, 양식, 고깃집 등 우리나라 음식점은 대단히 천편일률적인 방법으로 운영하고 있습니다. 그래서 금방 개업했다가 금방 사라지는 등 수명이 아주 짧은 편입니다. 앞으로는 아딸의 이현경처럼 전문성과 창의성을 바탕으로 다른 음식점과 차별화를 꾀해서 '음식 명가(名家)'로서의 전통을 계속 유지해갔으면 좋겠습니다."

휴머니즘 마케팅, '영철버거'의 이영철

두 번째로 20대 후반의 한 남자 수강생이 앞으로 나가 창조사업가형 서비스업 종사자인 '영철버거'의 이영철에 대해 발표했다. 그도 마찬가지로 이영철에 관한 화두부터 제시했다.

"이영철은 고려대 학생이라면 모르는 사람이 없는 고대 명물이자 친한 형입니다. 그가 척추 수술 때문에 한 달 동안 자리를 비웠을 때 수많은 학생들이 그의 쾌유를 기원하는 메모를 남겼을 정도입니다. 또 단골 학생들은 졸업한 후에도 그를 찾아와 취직을 알리거나 결혼할 배우자를 소개해주기도 한다고 합니다. 이런 깊은 유대감에 보답하는 마음으로, 그는 2004년부터 매년 고려대에 2천만 원씩을 장학금으로 기부하고 있습니다. '영철 스트리트 버거 장학금'이 바로 그것입니다. 뿐만 아니라 어려운 사람들에게 자신의 사랑이 담긴 영철버거를 아낌없이 베풀고 있습니다. 더 나아가 2005년엔 『내가 굽는 것은 희망이고 파는 것은 행복입니다』라는 책을 출판하여 사람들의 축 처진 어깨에 희망을 불어넣어주기도 했습니다. '어제보다 오늘을 더 희망차게 살자'라는 인생 목표를 가지고 있는 그는 오늘도 아낌없는 사랑과 희망이 담긴 영철버거를 굽고 있습니다."

그런 다음 발표자는 이영철의 성장과정부터 본격적으로 분석하였다.

"이영철의 성장과정은 그야말로 암울했습니다. 그는 초등학교 4학년 때 아버지를 여의고 집안의 생계를 책임져야 했습니다. 그래서 친형과 함께 서울로 올라와 목걸이 공장, 음식집, 군복 공장, 막노동판 등 해보지 않은 일이 없었습니다. 가는 곳마다 사장들로부터 구타와 업신여김 등 모진 취급도 많이 당했다고 합니다. 결혼한 후에는 엎친 데 덮친 격으로 일하던 도중 허리까지 다쳐서 임신한 아내와 함께 근근이 살아가야 했습니다. 마침내 2000년 9월 그는 처갓집에서 더부살이를 하는 한편, 전 재산인 2만여 원을 털어 노점상을 시작했습니다.

　　이처럼 그의 사업화 계기는 전혀 대단하지 않았습니다. 그저 먹고 살기 위해서 사업을 시작했습니다. 그런데 고작 2만여 원으로 그가 할 수 있는 일이란 한 평도 안 되는 손수레를 가지고 노점상을 하는 것뿐이었습니다. 당연히 그의 장사는 순조롭지 않았지요. 용두동에서 면목동으로, 다시 이문동에서 고려대 앞까지 장소도 여러 번 바꾸었고, 판매 상품도 여러 차례 바뀌었습니다. 처음엔 떡볶이 장사를 시작했다가 돈이 전혀 벌리지 않자 어묵과 순대, 토스트까지 팔았습니다. 그러나 오히려 더욱 적자만 날 뿐이었습니다. 결국 계란빵과 햄버거에 주력하기로 하고, 동그란 모양의 빵에 패티가 끼워져 있는 일반 햄버거를 팔았습니다.

　　그러던 어느 날 재료를 공급하는 상점의 젊은 사장이 그에

영철버거의 대표 이영철

게 새로운 아이템을 일러주었습니다. 외국에서 파는 핫도그 모양의 햄버거에 관한 이야기였습니다. 그의 귀가 솔깃했습니다. 그러고는 예전에 처음 상경해서 먹었던 자장면을 생각해냈습니다. 자장면은 양파와 돼지고기를 자장소스에 볶아낸 것이었는데, 거기에서 착안하여 두 달 동안 제품 개발에 주력했습니다. 그리하여 양배추의 아삭함과 토마토케첩을 첨가한 맛을 알아냈고, 즉석 요리로 느끼하지 않고 담백한 맛의 버거를 개발하기에 이르렀습니다.

상품명은 거의 행운에 의한 것이었습니다. 외대 앞에서 장사할 무렵 한 단골 여학생에게 '아저씨가 개발한 이 버거의 이름을 한번 지어봐' 하고 장난삼아 말했더니, 며칠 뒤 여학생이 다시 찾아와 '아저씨가 만드신 거니까 아저씨 이름을 붙이는 게 좋겠어요. 또 길거리에서 파는 버거니까 스트리트(street) 버거가 어때요?'라며 이름을 지어준 것이었습니다. 정말 그답게 학생들과의 교류에서 얻은 우연한 소득이었습니다.

영철버거의 대표 메뉴는 '영철 스트리트 버거'입니다. 돼지고기 뒷다리 살에 양파와 청양고추, 양배추 등의 고급재료를 듬뿍 넣어 만든 단돈 1,000원짜리 햄버거입니다(현재는 시세에 맞춰 500원이 인상된 1,500원임). 거기에 버거를 먹을 때 없어서는 안 될 콜라를 공짜로 무한정 리필해줍니다. 누가 봐도 결코 남는 장사가 아닌 것처럼 보입니다. 이영철도 말합니다. '어느 정도의 개수를 팔지 않는 이상 항상 적자'라고. 신선한 재료에다 저렴한 가격을 유지하려다 보니 이는 당연한 결과일 것입니다. 하지만 그는 힘든 여건 속에서도 꾸준히 이러한 운영방식을 이어갔습니다. 그가 이렇게 장사를 계속할 수 있었던 것은 바로 돈에 대한 욕심이 없었기 때문입니다. 그는 돈을 생각하기보다 일에 대한 즐거움을 먼저 좇았습니다. 그는 항상 말합니다.

'원하는 일을 묵묵히 하다보면 언젠가는 돈이든 명예든 자연스레 따라올 것입니다.'

그의 성공 비결은 한마디로 '사람 대 사람'입니다. 사람으로서 사람에게 다가가서 버거가 아닌 정(情)을 판다는 것이지요. 또한 그러한 정을 느낀 사람들에 의해 마케팅은 자연스럽게 이루어지는 것입니다. 어찌 보면 정말 대책 없고 바보처럼 보이는 방법입니다. 하지만 그것이 빛을 발할 수 있었던 것은 이영철 바로 그분이기에 가능하지 않았나 싶습니다."

'영철버거'의 이영철
'영철버거'의 이영철은 인간의 감성을 자극하여
마음을 이끌어내는 휴머니즘 마케팅을 펼쳤다. 또한
'맛 없으면 안 판다'고 하면서 맛에 대한 연구를
끊임없이 해왔다.

발표를 마치니, 정 교수가 자리에서 일어나 간략히 총평을 해주었다.

> "예, 발표 잘 들었습니다. 내가 보기에도 이영철은 '값이 싼 버거'나 '장학금 기부'와 같은 진부한 방법만으로 성공한 것은 아닌 듯 합니다. 그에겐 인간적인 무언가가 있었고, 특히 사람에 대한 정과 의리가 있었습니다. 한마디로 인간의 감성을 자극하여 마음을 이끌어내는 휴머니즘 마케팅을 펼친 것입니다. 또한 그는 '맛없으면 안 판다'고 스스로 선언한 것처럼 맛에 대한 연구를 끊임없이 해왔습니다. 실제로 그는 학생들과의 대화를 통해 계속해서 영철버거를 업그레이드시켰고, 그 결과 지금과 같은 버거의 맛을 찾게 되었다고 합니다."

문화를 파는 야채장사, '총각네 야채가게'의 이영석

계속해서 5조의 또 다른 발표자가 강단으로 올라가 창조사업가형 서비스업 종사자인 '총각네 야채가게'의 이영석에 대해 발표하였다.

> "강남 대치동에 젊은 총각들이 야채를 파는 가게가 있습니다. 사장도 젊은 30대 남자이고, 종업원들도 젊고 힘 좋은 남자들입니다. 그들은 어머니 손님들에게 싹싹하게 대하고, 조금이라도 웃음을 주려 하고, 유기농 야채를 팔고, 그날 받아온 물건은 그날 다 팔아서, 그 동네에선 아주 인기 있는 야채가게입니다. 마트나 시장보다 가격은 조금 비싸지만, 총각들의 서비스나 물건이 워낙 좋아서 아주머니들은 그 야채가게에만 가게 된다고 말합니다. 야채가게라고 가볍게 볼 수도 있겠지만 매출로만 본다면 웬만한 중소기업에 못지않습니다. 이 야채가게는 TV에도 자주 나오고, 체인점도 많이 내고, 또 대학로에서 <총각네 야채가게>라

는 이름으로 뮤지컬도 할 정도로 아주 유명합니다."

이렇게 총각네 야채가게에 관한 화두를 제시한 발표자는, 다시 그 창업자 이영석의 사업화 계기부터 자세히 분석했다.

"이영석은 대학 시절 레크리에이션을 전공했습니다. 그가 보기에 우리나라 사람들은 제대로 놀 줄을 몰랐고, 그래서 이왕이면 노는 것을 전문적으로 공부해보자는 생각으로 레크리에이션 학과에 진학했습니다. 그래서 대학을 졸업하자마자 이벤트 회사에 취직했지만, 얼마 안 있어 능력보다는 편법이 판치는 기업문화에 실망하여 회사를 그만두었습니다.

미래를 열어가는 창조사업가들

하루는 머리도 식힐 겸해서 한강 둔치로 나갔는데, 그곳에서 자신의 인생을 바꾸어놓은 오징어 행상을 만나게 됩니다. 당시 그 오징어 행상은 질 좋은 오징어를 트럭에 가득 싣고도 별로 장사할 마음이 없었는지, 그저 지나가는 사람들을 무심히 바라보고만 있었습니다. 순간 이영석은 '내가 팔면 저보다는 잘 팔 수 있을 텐데!'라는 생각이 들어 그 자리에서 오징어 2만 원 어치를 샀습니다. 그러고는 사람들이 있는 곳을 찾아다니며 30여 분 만에 오징어를 다 팔고서 4만 원을 벌었습니다. 그는 다시 오징어를 사고 팔아, 한 시간여 만에 8만 원을 벌었습니다. 처음 2만 원으로 시작한 장사가 두 시간이 채 지나지 않아서 네 배나 늘어 8만 원이 된 것입니다. 이렇게 해서 그는 자신이 즐거우면서도 정말 잘할 수 있는 일을 우연처럼 발견했고, 그 길로 장사에 몸을 담기로 마음을 먹었습니다.

하지만 당시 이영석은 장사에 대한 지식이 전혀 없었기 때문에 그 오징어 행상을 자신의 스승으로 삼기로 했습니다. 그리하여 1년 이상을 그 오징어 행상을 따라 다니며 장사에 대한 기본적인 지식들을 배웠습니다. 그는 하루 20만 원에 불과한 매상을 200~300만 원까지 올려놓고 오징어 행상으로부터 독립했습니다.

이후 그는 은행에서 300만 원을 빌려 트럭을 구입해서 6년여 동안 오징어와 야채 행상을 했습니다. 그와 함께 훗날 야채가게를 꾸려 가는 데 꼭 필요한 노하우를 배우기 위해 각 분야의 최고들을 수소문하여 찾아다녔습니다. 특히 그는 가락시장에서 과일을 고르면서 자신보다 많이 알고 있는 사람들을 무조건 스승으로 삼았다고 합니다.

이렇게 이영석은 수많은 장사 노하우를 직접 체득하고, 드디어 1998년 강남구 대치동에 5평 남짓한 야채가게를 열었습니다. 본래 상호명은 '젊음 이곳에… 자연의 모든 것'이었는데, 이 가게를 이용하는 주부들이 젊은 총각들이 많이 일하는 것을 보고 '총각네 야채가게'란 별명을 붙여주었습니다. 이를 발판으로 그는 6년여 만에 서울과 수도권에 직영점 두 개를 비롯해서 분점 여섯 개, 가맹점 두 개 등 모두 십여 개의 매장을 갖춘 중소기업(직원 100여 명)으로 성장시켰습니다. 그리고 2004년만 해도 200억 원의 매출과 20~30억 원의 순이익을 올렸습니다.

그렇다면 이영석을 비롯한 '총각네 야채가게'의 성공 비결은 과연 무엇이었을까요? 첫째, 재고율 0%에 도전한다는 것입니다. 총각네 야채가게에서는 과일과 야채뿐 아니라 생선도 취급하는데, 모든 제품은 시장에서 들여온 그날에 다 팔고, 다음날 새벽시장에서 새로운 물건을 들여오는 것을 원칙으로 하고 있습니다. 그래서 재고를 남기지 않아 상품의 질과 신선도를 최고로 높였습니다.

둘째, 고객 하나하나를 기억하는 일대일 맞춤형 서비스를 실시함으로써 주부들의 오감을 만족시키고 있다는 것입니다. 이 가게의 직원들은 손님을 그저 단순한 손님으로 여기지 않습니다. 그들은 손님과 허물없는 사이가 되어 사소한 이야기부터 가족 이야기까지 함께 나눌 수 있는 끈끈한 관계를 유지하고 있습니다. 그러다보니 손님의 입장에서는 자신의 집안 사정을 잘 알고, 또 자신을 기억해주는 직원들이 더욱 살갑게 느껴질 수밖에 없는 것입니다.

셋째, 과일도 A/S가 가능하다는 것입니다. 요즘 기업들은 고객이 만족할 수 있는 애프터서비스를 최대한 제공하려 하고 있습니다. 만약 고객이 만족스런 애프터서비스를 받으면 다음에도 그 제품을 다시 찾을 것이기 때문입니다. 그렇다면 야채가게에서도 애프터서비스가 가능할까요? 일반적인 상식으론 야채가게에서 애프터서비스를 기대하는 것은 어림도 없는 일입니다. 하지만 총각네 야채가게에서는 이러한 상식을 뒤집고 있습니다. 총각네 야채가게에서는 손님들이 만족할 때까지 교환, 환불을 해준다는 것을 철칙으로 삼고 있습니다. 비록 손님의 실수로 인해 상품의 질이 떨어졌다고 해도 그들은 싫은 소리 하나 없이 물건을 바꿔줍니다. 또한 그저 물건만 바꿔주는 것이 아니라, 손님들이 앞으로는 더 이상 그런 실수를 되풀이하지 않도록 조언해주는 것도 빠뜨리지 않습니다.

넷째, 야채가 아닌 문화를 판다는 것입니다. 총각네 야채가게를 방문하면 손님들의 눈길을 사로잡는 재미있는 푯말을 자주 발견할 수 있습니다. 예를 들면 멜론 상자에는 '사장총각 맞선 기념 대박세일'이라는 푯말이 붙어 있고, 그 옆의 쪽파에는 '어머, 쪽팔려'라는 푯말이 붙어 있습니다. 손님들은 이러한 재미있는 푯말을 보고 슬며시 웃음을 짓거나, 푯말의 내용과 관련해 총각들에게 농담을 건네기도 합니다. 또 하나 빼놓을 수 없는 것이 특별한 날에 벌이는 이벤트입니다. 만우절에는 직원 모두가 여장을 하고 '처녀네 야채가게'로 변신하고, 국군의 날에는 군복을 입고 손님들에게 충성을 외치며, 화이트데이에는 양복을 입고 사탕을 건네줍니다. 이러한 작은 이벤트들이 이 가게를 방문하는 주부들에게 큰 호응을 얻고 있습니다. 어떻게 보면 총각네 야채가게의 직원들은 흥겨운 공연을 하고 있는 것이나 다를 바 없습니다. 직원들이 펼치는 생동감 넘치는 공연을 보며 손님들은 흥겨워하고, 어느새 서로 하나가 되어 즐기는 것입니다. 실제로 총각네 야채가게를 찾는 손님들은 이처럼 열정적으로 일하는 직원들의 모습을 보고 싶어 방문하는 경우도 많다고 합니다.

한편, 총각네 야채가게는 이제 단순히 야채가게로만 머물지 않고 사회 전반적으로 다양한 모습을 나타내고 있습니다. 우선 총각네 야채가게는 서울도시철도공사와 제휴를 맺고 야채과일 전문점 '베리핀'을 선보였습니다. 베리핀은 손질할 필요 없이 곧바로 먹을 수 있는 소포장 과일과 채소, 과일 도시락 및 샐러드,

'총각네 야채가게'의 이영석
이영석은 야채가 아닌 문화를 판다는 생각으로
장사하고 있다. 그만큼 자신의 직업에 자부심을 갖고
즐겁게 일하고 있다는 것이다.

생과일 주스 등을 파는 곳입니다. 또한 LG전자의 경우 공동점포를 내는 것을 제안하여 서울 대방동에 총각네 야채가게와 LG전자의 하이프라자가 나란히 문을 열기도 했습니다. 뿐만 아니라 총각네 야채가게는 문화적인 영역에까지 진출하여 2003년과 2005년엔 도서『총각네 야채가게』,『야채가게 총각들 부엌으로 들어간 이유』를 각각 출판했으며, 2008년엔 뮤지컬 <총각네 야채가게>를 후원하기도 했습니다.

지금까지 저는 직업에 대한 편견에 사로잡혀 야채장수를 낮게만 바라봤습니다. 그러나 어느 누구보다 자신의 직업을 사랑하는 이영석과 총각네 야채가게의 직원들을 보면서 저의 낡은 사고방식은 조금씩 변하게 되었습니다. 이것은 단순히 그들이 돈을 많이 벌어서가 아닙니다. 세상에는 엄청난 돈을 벌면서도 자신의 직업에 만족하지 못하는 사람들이 많습니다. 하지만 그들에게 있어서 돈이란 그저 자신의 일을 즐기는 와중에 생기는 부수적인 결과에 불과했습니다. 그들은 정말 자신의 직업에 대해 자부심을 가지고 있었던 것입니다."

제법 긴 발표를 마치자, 수강생들이 일제히 큰 박수를 쳐주었다. 정 교수도 그들과 함께 박수를 치고서 간략히 총평을 해주었다.

"예, 풍부한 자료조사와 깊이 있는 분석을 토대로 발표를 아주 잘해주었습니다. 특히 '야채가 아닌 문화를 판다'는 말이 참 인상적이었습니다. 그만큼 자신들의 직업에 자부심을 갖고 즐겁게 일한다는 뜻일 겁니다. 정말로 세상에 그 어떤 일이 중요하지 않은 게 있겠습니까? 이젠 우리나라 사람들도 자신이 무슨 일을 하든지 자부심을 갖고 항상 즐겁게 일했으면 좋겠어요. 누가 무슨 말을 하든지 '소신(所信)'을 가지고 말입니다."

도심 속의 문화공간,
'민들레 영토'의 지승룡

정 교수와 수강생들은 여느 때처럼 10여 분의 휴식을 취하고 들어와 계속해서 발표를 진행하였다. 이번에는 5조의 팀장인 박상민이 강단으로 올라가 창조사업가형 서비스업 종사자인 '민들레 영토'의 지승룡에 대해 발표하였다. 박상민은 짧게 화두를 제시하고 곧바로 발표에 들어갔다.

"민들레 영토는 1994년 신촌을 시작으로 태어난 찻집 형태의 문화공간으로, 단순히 차만 마시는 것이 아니라 다양한 문화까지 누릴 수 있는 대한민국 최고의 문화카페입니다. 이곳에서는 찻값 대신에 문화비를 받습니다. 그럼 원하는 만큼 차를 마실 수 있고, 최신 단행본과 잡지를 읽을 수 있으며, 영화를 보거나 그림을 감상할 수도 있습니다. 또한 상냥한 도우미의 따뜻한 환대를 받을 수 있고, 귀여운 개도 만날 수 있습니다.

원래 지승룡은 목회활동을 하던 성직자였습니다. 하지만 이혼과 함께 그의 인생은 크게 바뀌게 되었습니다. 더 이상 목회활동을 할 수 없어서 하루아침에 실직자가 되어버린 것입니다. 이런 절망적인 상황 속에서 그에게 빛이 되어준 것이 바로 책이었습니다. 그는 3년여 동안 2,000여 권의 책을 읽었는데, 신문과 잡지는 물론 경영과 철학, 문화, 예술 등 모든 분야의 책을 섭렵했습니다. 또한 그는 도서관에서 우연히 만난 여인과 재혼도 하게 되었습니다.

이후 1993년 가을 그는 한 카페에 들르게 됩니다. 주말 오후에 한가롭게 차를 마시며 앞으로의 일을 구상하고 있는데, 카페 주인이 '손님, 주말 오후에 이렇게 혼자 오래 계시면 영업에 지장이 있습니다. 그만 일어나주시겠습니까?'라고 하며 매몰차게 내쫓는 것이었습니다.

그 순간 지승룡은 도심 속의 휴식공간이 부족하다는 것을

서비스업 종사자

절실하게 느꼈습니다. 그와 함께 외로운 도시 사람들이 어머니
의 사랑을 느낄 수 있는 편안한 휴식공간을 만들어보겠다는 결
심을 하게 됩니다.

　　하지만 그의 지갑에는 당장의 교통비조차 없었습니다. 지인
들에게 빌리려고 했으나, 아무도 그에게 돈을 빌려주지 않았습
니다. 이에 그는 사업자금을 마련하기 위해 서민들이 즐겨 찾는
음식인 가래떡을 부자동네에서 팔아보기로 작정했습니다. 장사
를 하더라도 남과 차별되는 것을 해야 성공할 수 있다는 경영학
이론을 그대로 따른 것입니다. 그리하여 정장차림을 하고 강남

'민들레 영토'의 지승룡
지승룡은 카페를 감성적인 문화공간으로 만들었다.
또한 고객들에게 다양한 종류의 음료를 세 번까지
리필해주면서 어머니의 사랑을 느낄 수 있도록 했다.

미래를 열어가는 창조사업가들

의 고급아파트 단지에서 가래떡을 팔아 6개월 만에 2천여만 원을 모으게 됩니다.

지승룡은 무슨 일이 있어도 신촌에 카페를 차리고 싶었다고 합니다.

'제가 연세대를 나와서 익숙한 곳이기도 했습니다. 하지만 신촌은 여느 지역과 다른 특성이 있습니다. 우리나라 젊은이들의 상징적인 거리이고 아방가르드적인 곳이죠. 또 유동인구가 많아서 90년대에 유행한 커피전문점, 노래방, 소주방, 전화방, 만화방, 비디오방 등이 신촌을 매개로 해서 전국으로 퍼져나갔습니다. 각종 시국 데모들이 신촌에서 있었던 것도 젊은이들이 많이 모이는 이러한 신촌의 지리적·문화적 특성 때문이었습니다.'

그는 2천만 원이라는 비교적 적은 돈으로 10평짜리 무허가 건물을 임대하고, 6개의 테이블을 놓고 소박하게 출발할 수밖에 없었습니다. 게다가 무허가 건물이라 일반 카페처럼 영업할 수도 없고, 심지어는 커피조차 팔 수 없었습니다. 하지만 그는 이러한 상황을 오히려 역전의 기회로 바꾸었습니다. 즉, '문화비'라는 명목으로 공간 사용료를 받되, 카페 안으로 먹을 것을 갖고 들어오는 것을 막지 않은 것입니다. 쉽게 말해 문화비를 받고 휴식을 취할 수 있는 공간을 제공한 것이었죠. 이러한 문화비라는 개념은 이후로도 계속 유지하고 있는 그만의 경영전략이었습니다.

이렇게 신촌의 한 무허가 건물에서 출발한 민들레 영토는 이후 고려대, 대학로, 경희대, 명동, 종로, 홍대 등 주로 젊은 층이 많이 모이는 곳으로 계속 확대되어 나갔습니다.

그렇다면 민들레 영토의 성공 비결은 과연 무엇이었을까요? 우선 지승룡만의 고객 중심적인 마케팅 덕분이라고 할 수 있습니다. 그중에서도 특히 마더 마케팅과 오감 마케팅이 최고의 자양분이 되었습니다. 마더 마케팅이란 어머니 정신의 마케팅을 말합니다. 대개 어머니는 자식들에게 따뜻한 밥을 한 수저라도 더 먹이고 싶어 합니다. 그는 이렇게 '먹고 더 먹어라'라는 어머니의 마음을 마케팅으로 승화시켰고, 이로써 탄생한 것이 바로 리필 시스템이었습니다. 실제로 민들레 영토에선 음료가 세 번까지 리필이 가능하고, 컵라면과 빵도 무료로 먹을 수 있습니다.

또한 민들레 영토는 시각, 촉각, 청각, 후각, 미각 등 오감을 만족시켜주는 카페입니다. 첫째, 시각의 경우는 동화를 연상케 하는 인테리어로 카페 분위기를 연출했다는 것입니다. 예컨대 홍대점은 입구에서부터 동화의 집으로 들어간다는 산뜻한 느낌을 주고, 실내 인테리어 역시 아늑하고 아기자기한 동화처럼 꾸며져 있습니다. 둘째, 촉각의 경우는 영혼까지 편안한 소파를 갖추고 있다는 것입니다. 민들레 영토의 소파는 너무 딱딱하지도 너무 푹신하지도 않은 안성맞춤의 형태입니다. 너무 딱딱하면 오래 앉아 있을 수 없고, 너무 푹신하면 축 처지는 느낌이 들기 때문입니다. 셋째, 미각의 경우는 민들레 영토에는 '민토차'라는 것이 존재합니다. 민토차는 커피와 녹차로 만들어진 것으로, 커피의 향기로움과 녹차의 담백함을 모두 음미할 수 있는 독특한 차입니다. 그 밖에도 18가지 커피와 다양한 음료를 제공하고, 기존 카페에서는 판매하지 않은 컵라면과 떡볶이 같은 음식도 제공하며, 기타 다양한 음식들도 판매합니다. 넷째, 후각의 경우는 민들레 영토엔 늘 자연의 향기가 담겨 있다는 것입니다. 앞서 언급한 민토차는 30분이 지나면 식어버리기 때문에 항상 신선한 민토차의 향기가 그곳을 뒤덮고 있습니다. 또 식물과 꽃이 항상 놓여 있기 때문에 공기도 좋을 뿐만 아니라 자연의 향을 느낄 수 있습니다. 다섯째, 청각의 경우는 민들레 영토에서는 대부분 클래식 음악을 들려줍니다. 대개 클래식은 손님들의 대화에 방해

마더 마케팅

마더 마케팅(mother marketing)이란 자식들에게
따뜻한 밥을 한 수저라도 더 먹이고 싶어 하는
어머니의 마음을 마케팅으로 활용한 것을 말한다.

민들레 영토 신촌점 입구

가 되지 않으며, 직원들에게도 안정감을 주어서 지구력을 길러
주는 효과가 있습니다. 그리고 무엇보다 클래식은 마음을 진정
시키는 효과가 있습니다.

　감성은 굳이 개념을 정의하지 않아도 됩니다. 즉, 감성은 머
리로 이해하는 것보다는 마음을 먼저 통하게 한다는 것입니다.
이렇게 감성은 우리의 마음을 자극하기 때문에 경제적 측면에서
도 거부감이 들지 않게 하고, 문화적 측면에서도 꿈과 낭만을 심
어줍니다. 바로 이러한 감성을 카페에 접목시킨 사람이 바로 민
들레 영토의 지승룡인 듯합니다."

발표를 마치니, 정 교수가 다시 자리에서 일어나 총평을 해주었다.

　"예, 발표 잘 들었습니다. 흔히 미국에 스타벅스가 있다면, 한국

엔 민들레 영토가 있다고 말합니다. 잘 알다시피 스타벅스는 그냥 카페가 아닙니다. '커피는 음료다'라는 고정관념을 깨고, 커피와 문화를 접목하여 전 세계시장을 단숨에 장악했지요. 하지만 민들레 영토는 스타벅스보다 한 단계 더 앞선 우리의 토종카페입니다. 민들레 영토는 카페를 감성적인 문화공간으로 만들었습니다. 또한 고객들에게 다양한 종류의 음료를 세 번까지 리필해주면서 어머니의 사랑을 느낄 수 있도록 했습니다. 나아가 카페 내에 영화관, 대화방, 세미나실, 독서실 등을 만들되 그 지역과 어울리는 독특한 문화공간으로 자리매김하도록 했습니다. 그래서 본점인 신촌의 민들레 영토는 800여 평의 빌딩 전체가 모두 카페입니다. 스타벅스가 전 세계 어디서나 똑같은 모습을 하고 있다면, 민들레 영토는 각 지점마다 다른 모습으로 고객들에게 다가가는 그야말로 문화카페라 할 수 있습니다."

한식의 프랜차이즈화, '(주)놀부'의 김순진

마지막으로 5조의 또 다른 수강생이 앞으로 나가 창조사업가형 서비스업 종사자인 '(주)놀부'의 김순진에 대해 발표하였다. 특이하게도 그는 수강생들에게 질문하는 형식으로 발표를 시작했다.

"여러분! '한식' 하면 제일 먼저 떠오르는 것이 무엇입니까? 매콤한 김치? 구수한 된장찌개? 달짝지근한 불고기? 나열하자면 끝이 없겠죠. 하지만 이 모든 음식에 반드시 포함되어야 하는 것이 있습니다. 바로 '어머니의 손맛'입니다. 똑같은 재료로 만들었다 해도 식당에서 사먹는 음식과 어머니가 만들어준 음식은 어딘지 모르게 다르며, 어머니의 손맛이 없으면 뭔가 빠진 듯한 느낌이 들기 마련입니다. 그런데 역으로 이 어머니의 손맛 때문에 지금

까지 한식을 토대로 음식 사업을 펼치는 데 어려움이 많았습니다. 또한 한식의 경우 밥상이 차려질 때까지 시간이 많이 걸린다는 것도 단점으로 작용했습니다. 더 나아가 표준화된 맛과 서비스 체계를 마련할 수 없어서 프랜차이즈 사업을 전개할 수 없었습니다.

그런데 최근 이러한 고정관념을 깨고 한식을 프랜차이즈화하여 성공한 기업들이 나타나고 있습니다. '(주)놀부', '원할머니 보쌈', '신선설농탕' 등이 대표적인 기업으로, 이들은 본점에서의 성공을 바탕으로 적극적인 프랜차이즈 사업을 벌이고 있습니다. 이 중에서 단연 돋보이는 기업이 바로 (주)놀부입니다. 규모 면에서 국내 최대의 한식 프랜차이즈 업체이면서 한정식과

'(주)놀부'의 김순진
(주)놀부는 불모지와 다름없는 외식업계에 과학적인
프랜차이즈화 시스템과 한식의 표준화, 체계적인
경영 환경을 구축하여 국내 최대의 한식 브랜드로
자리매김하게 되었다.

서비스업 종사자

보쌈, 부대찌개 등 다양한 메뉴로 매년 10%가 넘는 성장률을 기록하고 있습니다. 고전소설 『흥부전』에선 착한 동생 흥부는 복을 받아 행복해지고 못된 형 놀부는 벌을 받아 불행해지는데, 21세기의 놀부는 정반대로 승승장구하고 있습니다."

발표자는 이렇게 화두를 던지고 (주)놀부의 유래부터 본격적으로 분석했다.

"(주)놀부는 1987년 5월 서울 신림동 뒷골목의 5평짜리 점포인 '놀부보쌈'에서 출발했습니다. 이후 창업자 김순진은 한국 전통의 맛과 고객 서비스에 대해 꾸준히 연구하여 1989년부터 본격적으로 프랜차이즈 사업을 펼쳤습니다. 그리고 현재는 놀부보쌈과 돌솥밥, 놀부부대찌개 & 철판구이, 놀부항아리갈비, 놀부설농탕 & 냉면, 놀부 유황진흙구이, 차롱, 수라온 등의 브랜드를 가지고 있습니다. (주)놀부는 불모지와 다름없는 외식업계에 과학적인 프랜차이즈화 시스템과 한식의 표준화, 체계적인 경영환경을 구축하여 국내 최대의 한식 브랜드로 자리매김하게 되었습니다.

　　그런데 김순진은 왜 하필 '놀부'라는 이름으로 브랜드명을 지었을까요? 놀부는 심술꾸러기인데다 욕심도 많고, 또 불쌍한 동생을 내쳤다가 벌까지 받은 인물이지 않습니까? 그에 대해 김순진은 이렇게 말했습니다.

　　'신림동의 5평짜리 비좁은 점포를 내놓고 살고 있던 전세방까지 빼서 12평짜리 점포로 이사했어요. 그런데 점포를 늘리고 이름을 무엇으로 지어야 할지 고민하고 있을 때, 한 손님이 보쌈을 상추쌈에 싸서 한 아름 입에 넣는데 우습게도 그 모습이 꼭 놀부 같다는 생각이 들었어요. 그래서 점포 이름을 놀부로 결정했고, 지금의 (주)놀부 브랜드명이 되었어요.'

　　놀부라는 브랜드명은 상반된 이미지를 내포하고 있기 때문에 인지도를 더욱 높이는 효과를 발휘하고 있습니다. 첫째, 놀부는 악을 상징하지만 셜록이나 스쿠루지의 악함과는 다르다는 것입니다. 놀부의 악은 인간이라면 누구나 갖고 있는 '심술'이라 할 수 있습니다. 초상난 데 춤추기, 불난 데 부채질하기, 우는 아이 똥 먹이기, 우물곁에 똥 누기 등과 같은 놀부의 행위에서도 알 수 있듯이, 그는 심보가 나쁘다는 것뿐이지 자신의 경제적 이익 추구와는 별다른 관련이 없습니다. 그래서 놀부의 심술은 사회적 악이 아닌 개인적 심리라고 평가할 수 있습니다. 둘째, 놀부는 순우리말 브랜드명이라는 것입니다. 기존의 외식업계, 특히 프랜차이즈 업계는 대개 외래어를 사용하는 경우가 많았습니다. 그러나 놀부는 순우리말로 만들어서 한식 전문업체임을 자연스럽게 어필하고 있습니다. 셋째, 『흥부전』의 배경은 조선 후기인데, 이러한 시대적 배경에서 풍기는 토속적 분위기가 향수를 더욱 자극하는 매개체가 되고 있습니다. 넷째, 놀부는 그 자체로 푸짐한 이미지를 풍긴다는 것입니다. 보통 '흥부' 하면 가난하고 볼품없는 밥상을, '놀부'는 상다리가 부러질 것 같은 진수성찬을 떠올리기 마련인데, 놀부라는 브랜드명에는 그러한 진수성찬을 기대하는 사람들의 바람이 잘 표현되어 있습니다.

이 밖에도 (주)놀부의 성공 비결은 여러 가지가 있었습니다. 우선 다양한 메뉴 개발을 들 수 있습니다. 예컨대 보쌈만 해도 주재료인 돼지고기를 부드러우면서도 기름기가 빠진 담백한 상태로 만들었고, 색깔도 먹음직스런 빛깔을 유지하는 등 품질에 만전을 기했습니다. 또한 부대찌개, 유황오리, 항아리갈비 등과 같은 요리의 개발로 소비자들의 욕구를 자극했습니다. 다음으로 (주)놀부는 지속적으로 다양한 이벤트를 실시하여 브랜드의 가치를 유지하고 있습니다. 예컨대 고객들에게 행운의 보쌈 로또를 증정한다거나, 황사가 시작될 무렵에는 마스크를 무료로 나눠주기도 했습니다. 또한 UCC를 활용한 놀부 마니아 찾기, 신메뉴 출시 기념 이벤트 등을 펼치며 (주)놀부의 이미지를 극대화했습니다. 나아가 2006년에는 문화콘텐츠산업에도 진출하여 한국형 뮤지컬인 <놀부 4인방>에 3억 원을 투자하기도 했습니다.

<놀부 4인방>은 가짜 놀부들 속에서 진짜 놀부를 찾아가는 과정을 에피소드 형식으로 재미있게 풀어낸 것이었습니다. 끝으로 (주)놀부는 사회공헌에도 힘쓰고 있습니다. '놀부 장학회'를 통해 (주)놀부의 점포에서 일하는 사람들의 자녀들에게 장학금을 지급해왔으며, '놀부 외식 논문 및 아이디어 현상공모'를 통해 더욱 많은 대학생들에게 장학금을 지급했습니다. 그리고 2001년부터 시작한 '사랑의 봉사단'과 '상록회' 등을 통해 불우한 이웃들에게 음식을 무료로 제공하고 있습니다.

미래학자 롤프 옌센은 정보화 시대가 지나면 꿈과 감성이 기반이 되는 '드림 소사이어티(dream society)'가 도래할 것이라고 했습니다. 특히 꿈과 감성을 자극하는 이야기가 부가가치를 만들어내며, 이를 통해 새로운 시장들이 형성된다는 것입니다. 실제로 요즘 성공한 브랜드에는 거의 공통적으로 이야기가 들어 있습니다. 그러므로 앞으로는 자사 브랜드를 멋진 스토리로 포장하여 판매하는 '스토리텔링 마케팅'을 펼칠 필요가 있습니다. 흥미 있는 이야기가 담긴 상품은 단순히 품질이나 디자인이 우수한 상품보다 훨씬 더 매력적이기 때문입니다.

(주)놀부는 바로 이러한 스토리텔링 마케팅을 잘 구사했던 것으로 보입니다. '놀부'라는 캐릭터를 통해 날카롭고 세련되기보다는 시골 사람의 후한 정을 가진 이미지를 절묘하게 표현했기 때문입니다. 하지만 (주)놀부는 스토리텔링 마케팅에 있어서 단순히 이름만 차용했을 뿐 이후 놀부 이야기를 담은 연계상품에 대한 개발은 등한시하고 있습니다. 제가 보기엔 남은 음식을 포장해주는 쇼핑백에 (주)놀부의 CI를 만화로 만들어 한번쯤 읽어보게 하는 것은 어떨까 싶습니다. 또한 (주)놀부의 타깃 층은 주로 30~40대 후반의 고객들입니다. 하지만 우리나라에서 최고의 소비계층으로 떠오르고 있는 10~20대를 배려하지 않고서는, 다른 업체와의 경쟁에서 우위를 차지하기 어렵습니다. 따라서 그들을 위한 신 메뉴 개발도 필요한 듯합니다."

모든 발표를 마치자, 정 교수가 강단으로 올라가 우선 이번 발표에 대해서부터 짧게 총평을 해주었다.

"예, 발표 잘했습니다. 특히 (주)놀부의 성공 비결과 한계를 잘 지적해준 듯합니다. 최근 들어 고전(古典)이 각종 문화콘텐츠뿐만 아니라 위와 같은 상품 개발에서도 자주 활용되고 있습니다. 고전은 친숙함과 함께 어떻게 현대적으로 변형시켰을지 궁금증을 자아냄으로써 소비자들에게 쉬우면서도 전략적으로 어필할 수 있기 때문이지요. (주)놀부도 바로 고전과 한식을 적절히 결합해서 성공한 경우라 할 수 있습니다. 이처럼 앞으로도 우리의 역사나 문학, 예술 등 고전이 더욱 다양한 방면에서 활용되었으면 좋겠습니다."

그런 다음 정 교수는 수강생들을 향해 물었다.

"벌써 창조사업가에 대한 성공사례 분석이 거의 끝나가고 있는데, '나도 창조사업가! 프로젝트'는 개별적으로 잘 진행하고 있나요?"

정 교수의 질문에 순간적으로 뜨끔한 표정을 짓는 수강생들이 많았다. 그동안 열심히 준비해온 온달만 자신 있는 표정을 짓고, 다른 수강생들은 괜히 고개를 숙이거나 눈길을 피했다.

고전의 현대적 수용
최근 들어 고전이 각종 문화콘텐츠뿐만 아니라
상품개발에도 자주 활용되고 있다. 고전은 친숙함과
함께 어떻게 현대적으로 변형시켰을지 궁금증을
자아냄으로써 소비자들에게 쉬우면서도 전략적으로
어필할 수 있기 때문이다.

서비스업 종사자

"반응을 보니 다들 쉽지 않은 모양이네요. 비록 힘들겠지만, 최소한 창조사업가가 되기 위한 상품을 기획하고 개발하는 준비단계까지만이라도 실습해주세요. 다들 힘내시길 바랍니다."

정 교수의 격려에 수강생들이 다시 용기를 얻었는지 결연한 눈빛을 보였다. 정 교수는 다음 시간을 간략히 예고하고 이날의 수업을 마쳤다.

"다음 시간엔 마지막으로 대중교육자 분야의 창조사업가에 대해 살펴보겠습니다. 이들은 일반 시민을 대상으로 각종 지식이나 정보, 삶의 방향 등을 제시해주는 사람들인데, 대체로 칼럼이나 도서, 방송, 강연 등을 통해 활동하고 있습니다. 해당 발표자들은 최선을 다해 준비해주세요."

이날 밤 온달과 평강은 집으로 돌아가면서 위와 같이 창조사업가가 되기 위한 실습 이외에 정 교수가 특별히 내준 과제인 이번 강좌의 e-book화 방안에 대해서도 깊이 있게 의논하였다.

〈나도 창조사업가!〉 프로젝트

10   제품 개발

앞에서 작성한 사업계획서에 따라 본격적으로 제품을 개발해보자. 예컨대 공포나 재난, 액션과 관련된 도서, 영상물, 어플 등 각종 문화콘텐츠를 만들거나 테마 카페나 음식점을 창업하기도 한다. 이때 소요비용을 충당하기 위해 각종 공모전에 참여하거나 정부지원금을 신청할 수도 있을 것이다. 그래서 본격적으로 해당 분야의 창조사업가로 성장해가도록 한다.

8장
대중교육자

강연도 하나의 산업이다

아카데미 수업을 시작하기 전에 강의실 밖으로 전화하러 나갔던 온달이 약간 걱정스런 표정으로 다시 들어와 평강에게 말하였다.

> "이를 어쩌지? 나는 사람들 앞에만 서면 떨려서 말이 나오지 않는데……."
> "왜? 무슨 일인데 그래?"
> "우리 모교에서 전화가 왔는데 나보고 초청강연을 해달라는 거야."
> "뭐? 그게 진짜야?"
> "요즘 내가 운영하는 블로그가 인기를 끌고 있잖아. 그것 때문에 후배들 앞에서 초청강연을 해달라는 거야. 주제가 뭐더라? '전문지식을 활용한 창조사업가'라던가? 아무튼 하도 간곡히 부탁해서 수락은 했는데 걱정이 태산이다."
> "잘됐네. 근데 뭐가 문제야?"
> "난 아직 아무것도 내세울 게 없는 바보잖아. 게다가 말주변도 별로 없고."
> "쯧쯧, 정말 바보같기는. 이제 오빠는 엄연히 괴담에 기반한 창조사업가라고. 또 강연은 억지로 잘하려고 하지 말고 마음을 열고 있는 그대로 편하게 하면 돼. 대중은 똑똑한 것보다 솔직한 것에

미래를 열어가는 창조사업가들

더 감동을 받는 법이거든."

"정말 잘할 수 있을까?"

"그럼! 더 이상 뭘 망설여. 오빠의 브랜드 가치를 높일 수 있는 절호의 기회라고."

"그래, 까짓 거 한번 도전해보지 뭐."

이윽고 수업시간이 되자 정 교수가 강의실로 들어와 여느 때처럼 활짝 웃는 얼굴로 인사하고, 출석 체크를 하였다. 그러고는 먼저 이날의 강의 개요부터 간략히 소개했다.

"오늘은 대중교육자 분야의 창조사업가에 대해 살펴보겠습니다. 날이 갈수록 자기계발이 중요해지면서 이제 강연도 하나의 산업이 되었습니다. 공공기관이나 학교, 기업, 단체 등에서 강연에 대한 수요가 크게 증가하고, 또 기업 강연의 경우는 회당 강연료가 수백만 원에 이르기도 하기 때문입니다. 그에 따라 최근 창조사업가형 대중교육자가 많이 출현하고 있습니다. 예컨대 의학계의 황수관이나 이시형, 경영학계의 공병호나 구본형, 행복학과 여성학계의 고(故) 최윤희, 전미경, 오한숙희, 어학계의 유수연 등이 바로 그들입니다. 이들은 자신만의 전문적 능력을 바탕으로 일반 대중에게 지식이나 정보, 삶의 방향 등을 제시해주는데, 대체로 칼럼이나 저술, 방송, 강연 등을 통해 활동하고 있습니다. 어찌 보면 이들은 앞의 엔터테이너와 유사한 면이 있습니다. 엔터테이너들이 재미와 감동을 통해 수익을 얻는다면, 이들은 전문 지식을 바탕으로 수익을 얻고 있기 때문입니다. 나아가 요즘

창조사업가형 대중교육자
대중교육자는 일반 시민을 대상으로 각종 지식이나
정보, 삶의 방향 등을 제시해주는 사람들인데, 대체로
칼럼이나 도서, 강연 등을 통해 활동하고 있다.

엔 '강연콘서트'처럼 새로운 강연 관련 콘텐츠도 많이 출현하고 있습니다. 창조사업가형 대중교육자도 대단히 많겠지만, 우리는 대표적으로 경영 전문가 공병호, 행복 디자이너 고(故) 최윤희, 토익강사 유수연, 기타 강연 관련 콘텐츠인 '강연콘서트'에 대해서만 살펴보도록 하겠습니다."

생각을 경영하라, 경영 전문가 공병호

정 교수의 설명이 끝나자, 미리 발표 준비를 마치고 기다리고 있던 6조의 첫 번째 발표자가 강단으로 올라가 창조사업가형 경영 전문가 공병호에 대해 발표하였다.

"공병호는 우리나라에 1인 기업의 개념을 맨 먼저 보급한 선두 주자입니다. 원래 1인 기업이란 개념을 처음으로 정의하고 시장에서 직접 시범을 보여준 사람은 미국의 경영학자 톰 피터스였습니다. 그는 1983년 『초우량 기업의 조건』이란 책을 쓰고, 강연과 저술 등으로 시장에서 살아남는 데 성공하였습니다. 우리나라에서 그러한 1인 기업의 개념을 처음으로 받아들여 과감히 독립을 선언한 사람이 바로 공병호였습니다. 그는 2001년 '공병호 경영연구소'라는 1인 중심적인 기업을 만들고, 강연과 저술활동을 통해 성공적인 수익 모델을 만들어냈습니다. 특히 그는 다독(多讀)과 다작(多作)을 하는 대표적인 창조사업가형 경영 전문

경영 전문가 공병호
공병호는 누구보다 먼저 1인 기업의 개념을
받아들여 전문 지식을 토대로 사업화하고 자기
자신을 브랜드화한 창조사업가의 선두주자이다.

가로 알려져 있습니다."

이렇게 화두를 던진 발표자는 다시 공병호의 성장 과정부터 본격적인 발표에 들어갔다.

"공병호는 경남 충무에서 태어나 고려대 경제학과를 졸업하고, 미국으로 건너가 박사학위를 취득했습니다. 그는 멸치잡이를 했던 아버지 덕분에 일찍부터 자본주의의 치열함을 배우며 자랐습니다. 그의 아버지는 결코 멈춰서 안주하는 사람이 아니었습니다. 항상 뭔가 새로운 것을 개발하려고 노력했으며, 어업에 종사하면서도 새로운 기계나 조업 방식이 출현하면 누구보다 먼저 도입하곤 했습니다. 그래서 아버지의 주위에는 언제나 새로운 기술을 배우려고 찾아오는 사람들이 끊이지 않았고, 그런 아버지의 모습은 어린 공병호에게 커다란 자극제가 되었습니다.

그는 미국에서 박사학위를 받고 돌아온 뒤, 1988년부터 2년간 국토개발연구원에서 근무했습니다. 하지만 경제학자로서 확실한 토대를 잡을 수 있었던 곳은 1990년부터 약 7년 동안 근무한 한국경제연구원이었습니다. 그는 이곳에서 연구위원, 산업연구실장 등 여러 가지 직책을 맡으면서 자유주의 경제학자로서의 기본적인 소양과 토대를 굳힐 수 있었습니다. 또한 1992년부터 1년간 일본 나고야 대학에서의 객원연구원 경험도 한국과 다른 일본 경제를 이해할 수 있는 좋은 기회가 되었습니다.

이후 2000년에 이르러 그는 실질적인 의미에서 국내 최초의 비영리 독립연구소를 열었는데, 개인과 기업들로부터 기부금을 받아 재단법인 자유기업원을 출범시켰습니다. 이외에도 (주)인티즌과 (주)코아정보시스템의 대표이사직을 역임했는데, 이러한 경험들이 향후 그의 경영연구소 개설에 커다란 밑바탕이 되었습니다.

마침내 2001년 10월 그는 '공병호경영연구소'를 출범시켰습

경영 전문가 공병호

니다. 미국의 피터 드러커, 일본의 오마에 겐이치, 프랑스의 자크 아탈리, 기소르망 등을 벤치마킹하되 경제와 경영에 관한 대중적인 글과 강연, 방송, 경영컨설팅 등을 토대로 이제까지 불모지에 가까웠던 1인 기업이란 새로운 영역에 도전했습니다. 그가 개인 브랜드를 내걸고 경영연구소를 설립했을 때 많은 사람이 그에게 밥 먹고 살기 힘들 것이라고 말했습니다. 하지만 '나는 내 길을 가는 사람'이란 평소의 신념처럼 그는 자기 자신에게 분명한 확신이 있었습니다. 또한 한국경제연구원을 다닐 때부터 그만의 브랜드가 형성되어 있었고, 시장이 무엇을 원하는지도 이미 파악한 상태였습니다.

이후 그는 이 경영연구소를 기반으로 저술과 강연, 아카데미 운영 등으로 매우 바쁘게 살아갑니다. 먼저 2001년 『공병호의 자기경영노트』를 출판한 이래, 그는 '다작(多作)의 선수'라고 불릴 정도로 1년에 5~6권씩의 책을 발표했습니다. 책의 소재도 아이 교육법, 자기경영 다이어리, 한국경제의 미래, 영어 학습서, 리더십 개발 등 매우 다양했습니다. 특히 그는 저술을 자기 경영의 한 축으로 만들었습니다. 대개 저술가들은 책에 따른 인세, 청탁 원고, 책이나 전문 분야에 대한 강연 등 세 가지를 주요 수입원으로 삼고 있습니다. 그는 이러한 시스템을 보다 정교하게 다듬어서, 아예 그의 강연을 듣는 사람들을 타깃으로 설정하여 그들에게 맞도록 책이나 글을 써내는 방식을 채택했습니다.

또한 2004년부터는 자신의 연구소에 '자기경영 아카데미'를 개설하여 커다란 반향을 불러일으켰습니다. 이 아카데미는 2008년 2월 기준으로 일반인 53회, 고교생 49회, 중학생 53회, 초등학생 13회, 대학생 2회를 각각 개최했는데, 개인의 이름을 내걸고 이렇게 지속적으로 인기를 끌고 있는 자기계발 프로그램은 여태까지 존재하지 않았습니다.

공병호는 자신이 경험한 모든 것을 사람들에게 들려주려 하고 있습니다. 책을 읽은 것도, 영어에 관한 것도, 습관에 관한 것도……. 서점에 깔린 수많은 성공 처세술에 관한 책들 속에서 그의 책이 계속 살아남고, 그의 강연이 널리 퍼지는 이유도 아마 이것 때문인 듯합니다. 또한 그는 남들 앞에서 자신감 있게 강연하기 위해 교수법을 배우고 라식수술까지 했다고 하는데, 정말로 대단한 프로의식을 가진 사람인 듯합니다.

그런데 이번 발표를 준비하면서 느낀 점은 그가 경제학도나 경영학도로서는 뛰어났을지 모르지만, 세상에 대해서는 상당히 편협한 시각을 갖고 있다는 것이었습니다. 인간은 태어나서 자기 뇌의 반에 반도 못 쓰고 죽는다고 합니다. 그만큼 자기계발과 자기경영을 통해 능력을 최대한 발휘하도록 하는 것은 매우 중요합니다. 하지만 공병호의 초점은 지나치게 성공과 그것을 위한 마인드 컨트롤에 맞춰져 있습니다. 이는 마치 한때 열풍이 불었던 '아침형 인간'과도 같은 것입니다. 인간의 신체 리듬상 일찍 자고 일찍 일어나는 것은 좋습니다. 그렇다고 그것이 모든 사람에게 통용되는 것은 아닙니다. 우리는 이 점에 유의해야 할 듯합니다."

발표를 마치자, 정 교수가 자리에서 일어나 간단히 총평을 해주었다.

> "예, 간단명료하게 잘 발표해주었습니다. 공병호는 누구보다 먼저 1인 기업의 개념을 받아들여 전문지식을 토대로 사업화하고 자기 자신을 브랜드화한 창조사업가의 선두주자입니다. 다만 세상엔 다양한 가치들이 존재하는데, 너무 경제적 성공만을 강조하는 것은 시대착오적이지 않나 생각합니다. 20세기 산업사회까지만 해도 생존문제가 다른 무엇보다 중요했으나, 21세기 창조사회에선 인생을 얼마나 즐겁고 유익하게 사느냐가 훨씬 더 중요해지고 있기 때문이죠. 한마디로 이젠 돈과 함께 가치를 생각하는 '인문경영학'을 할 필요가 있다는 것입니다."

행복은 셀프다, 행복 디자이너 최윤희

다음으로 20대 중반의 여성 수강생이 앞으로 나가 창조사업가형 행복 디자이너 고(故) 최윤희에 대해 발표하였다.

> "다들 알다시피 최윤희는 우리나라의 대표적인 행복 디자이너요 멘토였습니다. 그런데 만성적인 통증을 이기지 못해 얼마 전 남편과 같이 동반자살로 생을 마감했습니다. 전 개인적으로 최윤희보다 그 남편이 더욱 대단하다고 생각합니다. 아내의 저승길을 따라간 사람은 인류 역사상 거의 없었기 때문입니다. 물론 그것은 평소 최윤희가 얼마나 남편에게 잘했는지를 반증하는 것이기도 하지만요. 저는 인생에서 중요한 건 결과보다는 과정이라고 생각합니다. 또한 지금쯤 최윤희의 생전 업적을 정리하고 정당하게 평가해줄 필요가 있다고 봅니다. 그래서 비록 갑작스럽게 생을 마감하긴 했지만, 창조사업가형 행복 디자이너 최윤

희에 대해 집중적으로 살펴봤습니다.

　제가 그녀를 처음 본 것은 몇 년 전에 엄마가 즐겨보신 KBS 의 <아침마당>이라는 프로그램에서입니다. 그녀는 단발머리를 파랗게 물들이고 있었는데, 그때 제게 든 생각은 '저 여자 뭐야? 나이에 안 맞게……. 참 안 어울리게 하고 다니네!'였습니다. 아줌마인지 할머니인지 잘 구분되지 않는 다소 지저분한 외모에다 참 특이한 헤어스타일을 하고 있었던 그녀. 그녀가 바로 행복 디자이너 최윤희였습니다. 사람들이 그녀를 행복 디자이너라고 부르는 이유는 우리가 행복하게 사는 법에 대해 그 누구보다도 쉽고 재미있게 설명해주었기 때문입니다.

　원래 그녀는 평범한 전업주부였지만, 나중엔 행복학 강사로 활발한 활동을 펼쳤습니다. 다양한 방송활동을 통해 사람들에게 행복의 길로 나아갈 수 있도록 도와주었고, 왕성한 집필활동을 통해 사람들에게 행복에 대한 많은 조언을 해주고자 했습니다."

이렇게 제법 길게 화두를 제시한 발표자는 다시 최윤희의 성장과정부터 본격적으로 발표하였다.

　"최윤희는 1947년 광주에서 태어났습니다. 이화여대 국문과를 졸업하자마자 바로 결혼해서 38세까지 100% 순수 가정주부로 살았습니다. 그녀는 가난한 남편에게 첫눈에 반하여 주위의 반대를 무릅쓰고 결혼했다고 합니다. 하지만 얼마 되지 않아 남편의 사업이 실패하자, 그녀는 절망에 빠진 채 앞으로 어떻게 할 것

행복 디자이너 최윤희
최윤희는 한때 대한민국 최고의 행복학 강사였다.
다양한 방송활동을 통해 사람들에게 행복의 길로
나아갈 수 있게 했고, 왕성한 집필활동을 통해
사람들에게 행복에 대한 많은 조언을 해주었다.

인지 다음과 같이 스스로에게 문제를 냈습니다.

'① 이혼, ② 가족 동반자살, ③ 묻지마 인생, ④ 새출발'

①번 이혼은 한 번에 되지 않고 절차가 복잡해서 패스, ②번 가족 동반자살은 '재미있어 죽겠다'는 아이들에게 차마 같이 죽자고 말할 수 없어 패스, ③번 타락도 얼굴이 안 받쳐줘서 패스, 결국 남은 것은 ④번 새출발뿐이었습니다.

그리하여 새출발을 위해 부산으로 내려갔고, 그곳에서 1년을 생활하다가 현대그룹 주부사원 채용 공고에 지원했는데, 그야말로 '하느님이 보우하사' 공채에 합격했습니다. 이때 그녀는 133 : 1이라는 엄청난 경쟁력을 뚫고 입사했는데, 그 비결은 자기소개서를 잘 썼기 때문이라고 합니다.

'특기: 멍하니 하늘 쳐다보기. 취미: 인상 쓰고 있는 사람 간지럼 태우기. 희망 월급: 물질은 완전 초월했음'

그녀는 나이와 외모, 성별 등 최악의 조건 속에서도 자신만의 독특함을 활용하여 입사의 기회를 잡았던 것입니다.

하지만 세상 물정을 모르는 아줌마에게 직장생활이 그리 호락호락할 리 만무했습니다. 그럼에도 최윤희는 특유의 웃음과 친화력, 따뜻한 마음으로 서서히 동료들의 마음을 녹여냈습니다. 그녀를 무시했던 사람들이 점차 업무 협의를 하기 위해 주변으로 몰려들고, 심지어는 틀니를 해줄 테니 정년퇴직 때까지 함께 있어달라는 부탁을 받기도 했습니다.

그렇게 성공적인 직장생활을 보내던 최윤희에게도 IMF가 찾아왔고, 그녀는 52세의 나이에 사표를 내고 회사를 나올 수밖에 없었습니다.

'그때 제가 국장이었는데, 부하 직원들 중 30%가 회사를 그만두어야 할 상황이었어요. 그들이 인사를 하러 다니는데 막 눈물이 나는 거예요. 회사가 경영이 어려우니까 저도 언젠가 회사를 나가게 될 텐데, 지금 제가 나가면 젊은 직원들 세 명이 다닐 수 있잖아요. 그래서 회사의 만류에도 1998년 1월에 사표를 쓰고 회사를 나왔어요. 제 꿈이 봉사활동을 하는 것이었으니까, 이제 봉사도 하고 책도 쓰면 되겠구나 했지요.'

퇴사 직후 그녀는 『행복, 그거 얼마예요』라는 책을 쓰게 되었고, 자신의 인생과는 전혀 상관없을 줄 알았던 방송과 강연의 세계에 뛰어들게 되었습니다.

'52세의 나이에 뭘 시작할 수 있겠어요. 그래서 『행복, 그거 얼마예요』라는 책을 썼어요. IMF 때 무너진 가정들을 일으켜 세운 사례들을 모아 출간했는데, TV에서 나오라고 하더라고요. 출판사에서도 책 홍보를 위해 나가야 한다고 해서 시키는 대로 나갔어요. 그리고 TV에 나갈 때 분수도 모르고 화장하는 거 싫으니까 맨얼굴로 나간다고 했어요. 방송 PD가 순수하니까 그대로 하라고 해서 맨얼굴로 나갔잖아요. 그런데 그게 바로 제 인생을 바꿔놓을 줄 몰랐죠. 방송 출연 이후 어느 개그맨보다 더 재미있다는 소문이 방송 PD와 작가들 사이에 쫙 퍼진 거예요. 그때부터 방송도 나가고 강의도 하게 된 거예요. 완전히 인생역전이었죠.'

이후 그녀는 교통방송의 <최윤희의 행복뉴스>, SBS의 <손숙·김승현의 편지쇼>, KBS의 <아침마당> 등 다수의 방송 프로그램에 출연했고, KBS 명사특강, SBS 행복특강, MBC 느낌표 특강 등 활발하게 TV 강의를 했습니다. 또한 그녀는 각 기업체와 공무원, CEO, 주부, 시민, 대학생 등 각계각층의 사람들을 대상으로 이 시대의 행복학에 대해 강연했습니다. 그녀는 대한민국 강사 중에서 가장 다양한 사람들에게 강연을 했으며, 특히 우리나라 기업 중 가장 강연이 많다는 삼성그룹에서 1,300명의 외부강사 중 '명강사 1위'로 선정되기도 했습니다. 나아가 그녀는 『당신의 인생을 역전시켜라』, 『최윤희의 행복동화』, 『행복, 그거 얼마예요』 등 10여 권의 책을 쓰기도 했습니다.

최윤희는 대한민국 최고의 행복학 강사였습니다. 죽을 작정을 했던 사람, 우울증에 괴로워하던 사람들도 그녀를 만나면 거짓말처럼 행복학에 전염되어 인생을 180도로 바꾸게 되었습니다. 하지만 그녀의 이러한 행복학은 정말 피나는 노력의 결과였습니다.

'사람들은 제가 전국에 강연을 다니면서 행복, 행복 하니까 정말로 24시간 행복한 줄 알아요. 제가 머리에 꽃을 꽂은 것도 아니고 행복 체인점도 아닌데 어떻게 그럴 수 있겠어요? 다만 열 번 슬플 것을 아홉 번으로 줄이고, 일곱 번 짜증나는 것을 여섯 번으로 줄이는 피나는 훈련을 한 거죠. 저도 슬플 때가 있는데, 그럴 때는 저만의 노하우가 있어요. 전 세계의 힘찬 구호들을 불러오는 거예요. 얍!, 으랏차차!, 아자!, 으샤으샤 파이팅!. 이렇게 스스로 최면을 거는데 스무 번만 해보면 행복 에너지가 온몸에 퍼져요. 그리고 우리가 슬픈 이유는 남과 비교하기 때문이고, 없는 것을 생각하기 때문이에요. 차라리 없는 것보다는 있는 것을 생각해서 사고의 전환을 빨리 회전시키는 거죠. 쉽진 않겠지만 막상 해보면 생각보다 쉬워요.'

끝으로 그녀가 평소 했던 말 중에 가장 기억에 남는 말로 발표를 마칠까 합니다.

'행복은 셀프(Self)예요. 행복은 내가 스스로 찾는 거예요. 행복은 로또복권이 당첨되어야 하는 것도 아니고, 누가 해줘야 하는 것도 아니고, 내가 스스로 만들어내는 거예요.'"

발표를 마치니, 정 교수가 수강생들과 함께 박수를 쳐주며 말하였다.

"예, 인터뷰 형식으로 발표를 재미있게 잘해주었습니다. 대개 '창조사업가'라고 하면 아주 거창하게 생각하는 경향이 있습니다. 뭔가 엄청난 아이디어를 찾아내고, 모든 사람이 혹할 만한 기술을 입혀서 사업화하는 것처럼 말입니다. 하지만 창조사업가는 꼭 인위적으로 만들려고 해서 되는 것만은 아닙니다. 오히려 최윤희처럼 전혀 의도하지 않았지만, 자기만의 방식대로 그저 열심히 살다보면 언젠가 기회가 주어져서 자신도 모르게 창조사업가가 될 수도 있다는 것입니다. 최윤희는 이렇게 자연스럽게 창조사업가가 된 경우라 할 수 있습니다.”

고인 물은 썩는다,
토익강사 유수연

이날은 발표가 그리 많지 않아서인지 정 교수는 중간휴식을 취하지 않고 계속 발표를 진행시켰다. 바로 이어서 6조의 세 번째 발표자가 앞으로 나가 창조사업가형 토익강사 유수연에 대해 발표하였다. 그는 화두를 제시하지 않은 채 곧바로 유수연의 성장과정부터 들려주었다.

“유수연은 1972년 경기도 김포 출신으로, 1995년 강남대 경영학과를 졸업했습니다. 대학시절 그녀는 자신을 인정해주지 않는 세상에 반항이라도 하듯이 운동권 활동도 하고 오렌지족 흉내도 내보곤 했습니다. 하지만 그 어느 것도 그녀의 자존감을 만족시켜주지는 못했습니다. 또한 이른바 ‘스펙’이 부족했던 그녀는 영어의 필요성을 절실히 느끼고, 졸업 후에 호주로 유학을 떠나게 됩니다. 이때부터 그녀는 20대의 절반 이상을 외국에서 보냅니다. 호주에서는 어학연수 및 대학을 다녔고, 그 뒤로 영국에서는 경영학 석사과정을 다녔으며, 다시 미국에서는 하얏트 호텔에서 약 1년간 호텔리어로 일했습니다. 그리고 2001년 귀국하여 토익을 강의하기 시작했습니다. 단지 남들이 보기에 그럴 듯한 직장보다는 자신의 능력을 최대한 발휘하여 인정받을 수 있는 곳을 선택한 것입니다.

  ‘내가 가장 성공할 수 있는 분야를 선택한 거죠. 당시 나보다 영어를 잘하는 사람은 많았어요. 원어민처럼 영어를 구사하는 사람도 많았고, 화려한 학벌을 자랑하는 사람도 많았어요.

그러기에 어떤 분야에서 어떻게 성공할 것인지 전략적인 구상을 할 수밖에 없었어요. 결국 내가 선택한 건 비즈니스 영어, 즉 토익(TOEIC)이었어요. 생존을 위해 영어를 배워야 하는 20~30대의 심정을 잘 아니까, 또 경영학을 전공하기도 했고 호텔에서 근무도 해봐서 비즈니스 영어는 자신 있었어요.'

그녀의 예상은 적중했습니다. 특히 실제 경험에서 터득한 다양한 지식과 사후관리 그리고 공감대를 바탕으로 한 명쾌한 강의는 그녀에게 '유수연'이라는 이름의 브랜드를 갖게 해주었습니다. 그렇게 늘 순간순간 최선을 다한 끝에 그녀는 국내에서 내로라하는 어학원의 대표 토익강사로, 대학에서 영어를 가르치는 교수로, 미래를 고민하는 20대에겐 인생의 멘토로 '유수연'이라는 브랜드를 경영하며 살아갔습니다. 또한 『23살의 선택, 맨땅에 헤딩하기』, 『20대, 나만의 무대를 세워라』 등의 책이 베스트셀러가 되면서 그녀의 브랜드 가치를 더욱 높여주었습니다. 그녀는 특히 20대를 향해 이렇게 조언했습니다.

'누구든 화려한 30대를 맞이하고 싶어 하죠. 하지만 화려한 30대는 그냥 오지 않습니다. 20대에 치밀하게 준비하지 않으면 화려한 30대는 영원히 나의 것이 아닙니다. 20대의 독기, 외로움, 노력, 치열함으로 버텨낸 하루들이 모여서 30대의 화려함을 가져다주는 것이죠. 또한 20대의 치열함이란 머리가 아니라 몸에서 나와야 합니다. 요즘 20대는 몸이 아닌 머릿속만 치열합니다. 쓸데없는 걱정을 하느라 말이죠. 잃을 것에 대해 고민하는 겁니

토익강사 유수연
순간순간 최선을 다한 끝에 국내에서 내로라하는
어학원의 대표 토익강사로, 대학에서 영어를
가르치는 교수로, 미래를 고민하는 20대에겐 멘토로
살아가고 있다.

유수연의 저서 『20대, 나만의 무대를 세워라』

까? 아니면 바꿀 수 없는 것에 대해 고민하는 겁니까? 이런 고민들이 결국 우리의 발목을 잡아 그 자리에 눌러앉게 만듭니다. 이런 질문들을 하기 전에 뭐라도 하나 붙잡고 움직이기 시작하세요. 누구에게도 확실한, 보장받는 미래란 없습니다. 일단 뚫고 나가는 것부터 시작하는 것이 중요합니다. 욕심이 많으면 그만큼 많이 움직이세요. 20대, 무엇이 두렵습니까? 우리에겐 가진 것이 별로 없습니다. 무조건 저지르세요. 그것이 20대의 특권입니다.'

　그녀가 토익강사로서 성공할 수 있었던 것은 크게 두 가지였습니다. 우선 그녀는 따뜻한 조언자라기보다는 위와 같이 까칠한 멘토이자 독설의 대가였습니다. '공부 안 할 거면 빠져. 거치적거리지 말고. 다 민폐야!' '어제가 오늘 같고 오늘이 내일 같으면 살지를 마!'. 인정사정없이 다그치는 그녀의 독설. 좀 심하다 싶은데도 오히려 이런 독설을 들으러오는 수강생들이 많다고

대중교육자

합니다. 그들이 계속해서 찾아오는 이유는 그녀를 통해 자신들의 억눌린 것을 푸는 일종의 카타르시스적인 면도 있겠고, 그녀의 독설이 자신들의 마음속에 있는 자기 합리화나 안주 같은 것을 꼬집어냄으로써 오히려 자신들에게 따뜻한 회초리와 처방전이 될 수도 있기 때문이었습니다.

다음으로 수강생들과의 '공감대'를 들 수 있습니다. 그녀도 유학을 다녀오기 전에는 보통 사람들처럼 평범하고 그저 그런 여대생이었습니다. 그녀도 생존 때문에 치열하게 영어를 배워야 하는 20대를 겪었는데, 그런 경험이 바로 수강생들과 많은 공감대를 형성하게 된 것입니다. 그녀는 자신에 대해 이렇게 말합니다.

'저 공부 못했어요. 1등도 못해봤어요. 머리도 나쁘고 일류대도 못 나왔어요. 그래서 보통의 학생들이 얼마나 불안해하고 힘들어하는지 잘 알아요. 내 강의실에는 나처럼 보잘것없이 출발해야 하는 젊은이들이 모여 있어요. 내 강의실에서 껍질을 벗고 특별한 존재가 되는 과정을 같이 겪고 있지요.'

그녀가 20대 때 명문대를 나오지 못한 상황에서 겪었던 고민들, 그리고 그런 상황을 뚫고 나갔던 과정들, 현재 자리잡은 모습을 통해 수강생들과 많은 공감대를 형성했던 것입니다. 그러면서 수강생들에게 동기를 부여하고 비전을 제시하며, 결국 그녀의 강의가 인기를 얻게 되었던 것입니다.

유수연은 한마디로 독했습니다. 영어의 기본도 갖춰지지 않은 상태에서 유학을 떠나 공부할 때도 그랬고, 후에 다시 경영학을 공부하러 영국에 갔을 때도 그랬습니다. 하루에 서너 시간씩 자면서 공부만 했다고 합니다. 그녀는 절박했습니다. 살아남기 위해선 어떻게든 영어를 공부해야 했고, 그래야만 별 볼 일 없는 자신의 인생을 바꿀 수 있다고 생각했습니다. 그런 절박함이 그녀를 독종으로 만들었고, 그 독함은 토익강사로 일할 때도 계속 이어져서, 지금의 그녀를 만든 것으로 보입니다."

발표를 마치자, 정 교수가 다시 자리에서 일어나 간단히 총평을 해주었다.

"예, 발표 잘 들었습니다. 유수연은 정말 열정이 가득하고, 매순간 최선을 다해 살아가며, 자기 자신을 소중히 여기는 사람인 듯합니다. 20대 젊은이들이 그녀를 보고 있으면 '지금 나는 무엇을 향해 달려가고 있나? 정말 하루하루 치열하게 살아가고 있는 것일까?'라는 물음이 머릿속에서 계속 맴돌 듯합니다. 그녀의 말처럼 뭔가를 원하고 있기만 해서는 아무것도 이룰 수 없습니다. 부단히 노력해야 합니다. 여러분도 자신만의 특기를 찾아내고, 그것을 갈고 닦아 전문가가 되기 위해 날마다 부지런히 노력하길 바랍니다."

청춘에 관한 유쾌한 특강, '강연콘서트' 한동헌

마지막으로 6조의 한 남성 수강생이 강단으로 올라가 강연 관련 콘텐츠인 '강연콘서트'에 대해 발표하였다.

"서두에서 교수님께서 지적하셨듯이 최근 강연시장이 커지면서 창조사업가형 대중교육자뿐 아니라 강연 관련 콘텐츠가 계속 생겨나고 있습니다. 대표적으로 마이크임팩트의 '강연콘서트'를 들 수 있는데, 저는 그에 대해 자세히 분석해봤습니다.

강연콘서트는 말 그대로 강연과 콘서트의 결합으로 탄생한 것입니다. 일정한 주제에 대해 청중에게 설명하는 교육적 성격

강연콘서트
강연과 콘서트의 결합으로 탄생한 새로운 유형의
문화콘텐츠이다.

<강연콘서트> 포스터

의 '강연'과 음악을 연주하여 청중에게 감상하게 하는 오락적 성격의 '콘서트', 즉 강연과 음악을 적절히 결합하여 탄생시킨 새로운 유형의 문화콘텐츠라 할 수 있습니다. 물론 콘서트보다는 강연에 좀 더 비중을 두고 있기에 교육적 성격이 강하다는 것은 사실입니다. 하지만 단순히 교육만을 위한 강연이 아니라 중간 중간에 공연의 요소 또한 갖추고 있기 때문에 기존의 딱딱한 강연과는 상당한 다른 것입니다.

현재 국내에서 강연콘서트를 개최하는 기업으로는 더 세컨드 브레인(The second brain)과 마이크임팩트(Micimpact)가 있습니다. 그중에서 마이크임팩트는 공익적인 성격의 강연을 개최하는 일종의 문화기업입니다. 이들은 강연을 통해 긍정적인 동기(motive)와 감동적인 이야기(story), 가치 있는 지혜(wisdom)를 전달하고자 하며, 수익금의 일부를 사회에 환원하는 현대적인 마인드도 가지고 있습니다. 마이크임팩트의 고객은 주로 대학 새내기들입니다. 꿈과 희망, 열정이 가득한 스무 살 새내기들에게 열정을 가지고 성공한 사람들이 몇 시간에 걸쳐 각기 다른 경험과 지식을 들려줍니다. 스무 살 새내기들은 해마다 계속 생겨나기 때문에 마이크임팩트의 고정 고객은 이미 확보된 셈이라 할 수 있습니다.

마이크임팩트의 대표 한동헌은 2007년부터 2년 여간 보스턴 컨설팅 그룹에서 컨설턴트를 맡고 있던 유능한 인재였습니다. 그러나 기존의 것에서 벗어나 새로운 분야에 도전하고자 마이크임팩트를 설립했습니다. 현재 마이크임팩트가 개최하는 대부분의 강연콘서트 주제인 '청춘'도 상당 부분 그의 마인드에서 나왔다고 합니다.

지금까지 마이크임팩트는 몇 차례의 강연콘서트를 열었는데, 우리는 그중에서도 가장 널리 알려진 1, 2회에 대해서만 살펴보기로 하겠습니다. 먼저 1회는 '청춘, 냉정과 열정 사이: 대학생활 특급기술'이란 주제로 2009년 3월 14일에 개최되었는데, 초청연사는 경영 전문가 공병호, 구글러 김태원, 토익강사 유수연, 가수 및 프로듀서 신해철, 방송인 노홍철, 홀트아동복지회 홍보대사 션 등이었습니다. 이는 국내에서 처음 개최되는 강연콘서트로 기획과 연출의 전 과정을 마이크임팩트가 담당하였습니다. 물론 고려대만의 행사라는 이미지도 있었는데, 왜냐하면 강연 장소가 고려대 화정체육관이었고, 당시 09학번 학생들에게는 특별할인이 되었기 때문입니다. 강사 한 명당 50분의 강연시간이 배정되었으며, 한 강연이 끝난 후 20여 분의 휴식시간을 갖도록 했습니다. 대체로 강연 내용은 좋았으나, 콘서트 부분이 미약하여 '강연콘서트'로서의 취지를 잘 살리지 못했다는 반응이 있었습니다.

2회는 '무한 청춘 엔진: 청춘, 그 자체로 하나의 빛이다'란 주제로 2009년 10월 31일과 11월 28일에 각각 개최되었는데, 초청연사는 희망제작소 상임이사 박원순, 패션 디자이너 최범석,

행위예술가 낸시 랭, 모델 장윤주, 비평가 진중권, MC 노홍철, 경제전문가 박경철, MC 김제동, 개그맨 김신영, 사진작가 김중만 등이었습니다. 청춘의 7가지 조건이란 주제로 1차와 2차 두 번에 걸쳐 열렸습니다. 한 행사당 5명의 강연자를 초청했고, 강연자 한 명당 1시간이 주어졌습니다. 장기하와 얼굴들, 난타공연의 도입으로 공연 요소가 좀 더 강화됐고, 특히 이전과 달리 핸드폰 문자를 통해 강연자에게 직접 질문할 수 있게 하였습니다. 하지만 빈약한 위치 정보 및 이정표 미비, 접근성이 떨어지는 위치의 강연장, 강연 시간의 지연 등 여전히 운영상의 미비점이 있었다는 반응이었습니다.

　　마이크임팩트의 강연콘서트는 회를 거듭할수록 발전되는 모습을 보이나 아직까지는 적잖은 문제점을 노출하고 있습니다. 예컨대 주최측의 경험이 많지 않아 발생하는 문제들, 특히 장소 선정과 운영상의 미숙함이 아쉽다는 반응이 계속 나오고 있습니다. 하지만 단조로운 대한민국 사회에서 새로운 문화활동의 장을 열어가는 그들의 도전적 면모는 높이 평가할 만한 듯합니다."

모든 발표를 마치니, 정 교수가 강단으로 올라가 먼저 이번 발표에 대한 총평을 해주었다.

"예, 좋은 발표를 해주어서 감사합니다. 각 분야의 유명 인사를 초청해서 그들의 젊은 날의 열정을 대학 새내기들에게 들려주고자 하는 마이크임팩트의 강연 의도는 매우 좋다고 생각합니다. 하지만 날이 갈수록 경쟁이 치열해지는 사회에서 젊은 날의 꿈과 희망도 좋지만, 향후 그들이 세상을 살아가는 데 꼭 필요한 지식이나 미래의 안목에 대해서도 재미있고 진지하게 들려줄 필요가 있는 듯합니다. 예컨대 '청춘, 너만의 무기를 갖춰라'란 주제로 전문성과 창의성을 토대로 독립적이고 자유롭게 살아가는 창조 사업가에 대해 소개하거나, '청춘, 상상의 날개를 펼쳐라'란 주제로 최근 급속히 떠오르고 있는 스토리텔링의 세계에 대해 들려주는 것도 좋을 듯합니다. 한국 대학은 갈수록 사회 변화에 둔감해지고, 요즘 새내기들은 놀더라도 유익하게 놀고자 하는 경향이 매우 강해졌다는 사실을 항상 기억했으면 합니다."

그런 다음 정 교수는 여느 때처럼 다음 시간을 짧게 예고하고 이날의 수업을 마쳤다.

"이렇게 해서 각 분야별 창조사업가의 성공사례 분석을 모두 마쳤습니다. 그리하여 창조사업가는 의외로 다양한 분야에서 나타날 뿐 아니라 국가경제에서 차지하는 비중도 매우 크다는 것을 확인할 수 있었습니다. 다음 시간엔 이번 강좌 도중 개별적으로 진행해온 '나도 창조사업가! 프로젝트'의 결과를 발표해보도록 하겠습니다. 좋은 결과물을 많이 기대하겠습니다."

이날은 비록 수업이 일찍 끝났지만 수강생들은 강의실에 남아 온달과 평강에게 실습 결과의 정리와 발표 방법에 대해 들은 뒤 느지막이 집으로 돌아갔다. 그와 함께 창조사업가를 위한 아카데미도 점점 막바지를 향해 가고 있었다.

〈나도 창조사업가!〉
프로젝트

11   홍보방안과 연계상품 개발

앞에서 개발하거나 시판한 제품에 대한 홍보방안을 구상해보자. 일반적인 홍보방법으로는 블로그나 카페, 홈페이지 등을 활용하는 인터넷 광고, 전단지나 포스터, 플래카드와 같은 길거리 광고, 지하철이나 버스 등 대중교통 광고, 입소문(구전) 마케팅, 그 모든 것을 통합적으로 활용하는 토털마케팅 등이 있다.

그와 더불어 해당 제품에서 파생된 연계상품, 예컨대 공연이나 게임, 캐릭터, 전시, 축제 등의 콘텐츠를 개발해보자. 만약 해당 제품에 걸맞은 상품들을 잘만 개발한다면 훨씬 더 많은 수익을 창출할 수 있을 것이다.

9장
나도 창조사업가! 프로젝트

창조사업가가 되는 과정

온달은 평강과 함께 지하철에서 내려 아카데미로 걸어가고 있는 중이었다. 웬일인지 이날은 평강의 표정이 몹시 어둡고 초조해보였다. 평강은 계속 자신이 고민하고 있다는 걸 은근슬쩍 내비쳐보지만, 눈치 없는 온달은 그것도 모르고 오늘의 실습 결과에 대한 발표 준비만 열심히 하고 있었다.

얼마 후 평강이 또다시 고개를 숙이고 길게 한숨을 내쉬자, 그때야 온달이 발걸음을 멈추고 물었다.

"왜 그래? 아까부터 말도 없이 계속 한숨만 내쉬고 말이야."
"으이구~ 이런 남자를 애인이라고 데리고 다니니, 나도 참 한심하다."
"정말 왜 그러는데?"
그러자 평강은 단단히 뿔이 난 표정으로 크게 소리쳤다.
"오빠를 우리 집에 데려가 인사를 시켜야 할지 말아야 할지 하루 종일 고민했단 말이야."
"너희 부모님한테 인사를? 미안하지만 아직 그럴 형편이 안 되잖아. 지금은 뭐 내세울 것도 없고."
"어저께 엄마가 선 볼 자리를 알아왔단 말이야. 다음 주에 맞선을 보래. 언뜻 들으니 대기업 직원인가 봐."

"뭐?"

"나도 이젠 엄마의 성화에 더 이상 버티기 힘들다고. 정말 지쳤어."

고개를 떨어뜨린 평강의 눈가에 눈물이 조금 고였다. 온달은 그런 평강을 보면서 오히려 자기 자신에게 더욱 화가 치밀었다.

　잠시 후 온달이 갑자기 큰 결심이라도 한 듯 다짜고짜 평강의 손을 붙잡고 말하였다.

　"알았어. 우리 이번 주말에 당장 인사드리러 가자."

　"정말? 자신 있어?"

　"물론 너희 부모님이 얼마나 눈이 높으신지는 잘 알아. 하지만 나도 이젠 어엿한 창조사업가잖아. 그러니 장가가는 데에도 한 번 도전해보지 뭐. 교수님께서도 말씀하셨잖아. 열정을 가지고 도전하면 안 될 것이 없다고 말이야."

　"야! 오늘따라 우리 오빠가 유난히 듬직해 보이는데."

평강은 그의 모습이 멋있었는지 많은 사람의 시선에도 아랑곳하지 않고 온달을 끌어안고 그의 뺨에 입을 맞추었다. 그러고는 다시 온달의 손을 붙잡고 한층 가벼워진 발걸음으로 아카데미를 향해 걸어갔다.

　이날도 정 교수는 강의실에 들어오자마자 출석부터 체크한 다음 먼저 강의 개요에 대해 간략히 소개했다.

　"오늘은 이번 강좌 도중 개별적으로 진행해온 '나도 창조사업가! 프로젝트'의 실습 결과를 발표해보도록 하겠습니다. 첫 시간에도 얘기했지만 창조사업가는 하루아침에 될 수 있는 것이 아니므로 강좌기간 동안 각자 조금씩 진행하도록 당부했습니다. 물론 어떤 사람은 이미 자신만의 상품을 개발하고 판매해서 창조사업가가 되었거나, 어떤 사람은 아직까지도 준비 단계에 머물러 있기도 할 것입니다. 그러므로 오늘은 각자 진행해온 창조사업가가 되기 위한 과정이나 향후 계획에 대해서라도 최대한 발표해주었으면 합니다."

그러고는 PPT 화면을 켜고 일반적인 창조사업가가 되는 과정부터 간략히 설명했다.

"창조사업가가 되는 과정은 대체로 준비단계-시작단계-운영 및 성장단계를 거치고 있습니다. 준비단계에선 먼저 자신의 적성을 찾고, 자신만의 전문분야(목표)를 아주 구체적으로 선정해야 합니다. 이때 학교생활을 어떻게 할 것인지 로드맵을 짤 뿐만 아니라, 졸업 후 관련 배움터에 대해서도 찾아보도록 합니다. 그와 함께 창업을 위한 기본 지식, 곧 창업의 이해, 트렌드 분석법, 사업자 등록법, 특허와 세무 및 회계 지식 쌓기, 리더십과 커뮤니케이션 특강, 사업계획서 작성법, 창조사업가 성공/실패 사례 분석, 프레젠테이션 방법 등을 체계적으로 습득하도록 합니다.
　　시작단계에선 본격적으로 창조사업가가 되기 위한 사업아이템을 찾은 다음, 그것을 구체화하기 위한 자료수집과 선행콘텐츠 조사 및 현장탐방까지 실시하도록 합니다. 앞에서 얘기했듯이 사업아이템은 트렌드에 맞고 최대한 구체적으로 설정하는 게 좋습니다. 자료수집은 인터넷만이 아니라 도서와 현장답사를 통해 다양하고 깊이 있게 해야 하는데, 국내외, 과거와 현재, 이론과 실제 자료들을 망라하도록 합니다. 선행콘텐츠 조사도 이미 시중에 나와 있는 것들을 최대한 많이 조사·분석해서 자신의 단점을 보완하고 장점을 극대화하도록 합니다. 그리고 자신의 사업아이템과 관련된 현장(인물, 기업, 기관, 콘텐츠 등)을 직

창조사업가가 되는 과정
대체로 창조사업가가 되는 과정은 준비단계-
시작단계-운영 및 성장단계를 거친다.

접 탐방하고 담당자와 인터뷰를 해서 한 편의 현장탐방 보고서를 작성하도록 합니다.

한편, 요즘은 감성 마케팅 시대로 모든 분야에서 이야기 형식으로 재미와 감동을 통해 전달하는 스토리텔링(storytelling)이 필수 요소가 되어가고 있습니다. 그러므로 제품을 개발하기 전에 먼저 자신의 사업아이템과 관련된 스토리텔링을 할 필요가 있습니다. 그러고 나서 이상의 자료들을 토대로 시놉시스, 곧 사업계획서를 작성합니다. 대체로 사업계획서는 표지(사업명, 제안자), 사업개요(취지, 목적, 방법 등), 사업내용(구체적인 사업내용, 연계상품, 추진일정, 소요예산 등), 기대효과 및 의의 등의 형식으로 쓰면 됩니다.

운영 및 성장단계에선 앞의 사업계획서에 따라 본격적으로 제품을 개발하고, 또 그것을 널리 홍보하거나 연계상품을 개발하기도 합니다. 제품을 개발할 때에는 소요비용을 충당하기 위해 각종 공모전에 참가하거나 정부지원금을 신청할 수도 있습니다. 그리고 제품의 홍보방법으로는 블로그나 카페, 홈페이지 등을 활용하는 인터넷 광고, 전단지나 포스터, 플래카드와 같은 길거리 광고, 지하철이나 버스 등의 대중교통 광고, 입소문(구전) 마케팅, 그 모든 것을 통합적으로 활용하는 토털마케팅 등이 있습니다. 그와 함께 해당 제품에서 파생된 연계상품을 개발하도록 하는데, 만약 해당 제품에 걸맞은 상품들을 잘만 개발한다면 예상을 초월하는 수익을 창출할 수도 있습니다. 끝으로 이미 창조사업가가 된 뒤에는 오랫동안 건강하고 행복하게 일할 수 있는 자신만의 비전을 상정하도록 합니다. 이상의 창조사업가가 되는 과정을 도표로 나타내면 다음과 같습니다."

창조사업가가 되는 과정		
준비단계 ➡	시작단계 ➡	운영 및 성장단계
적성 찾기	사업아이템 찾기	제품개발
전문분야 선정	자료수집	홍보방안
학교생활 로드맵 짜기	선행콘텐츠 조사	연계상품
졸업 후 관련 배움터 찾기	현장탐방 보고서	비전설정
창업을 위한 기본 지식 쌓기	스토리텔링 작업	
	사업기획서 작성	

괴담 전문가

이윽고 정 교수는 고개를 들어 수강생들의 얼굴을 바라보며 말하였다.

　　"자~ 그럼 이제부터 한 사람씩 자리에서 일어나 '나도 창조사업
　　가! 프로젝트'의 실습 결과에 대한 발표를 해볼까요?"

그 말에 온달이 재빨리 손을 들고 일어나 자신의 창조사업가가 되기 위한 과
정을 차례대로 설명하였다.

　　"전 대학을 졸업한 후 취업이 안 되어 계속 집에서 놀고만 있었
　　습니다. 그런데 곁에 있는 친구 평강과 정 교수님의 도움으로 이
　　곳 아카데미에서 괴담 관련 창조사업가에 도전하게 되었습니다.
　　　　저는 우선 괴담 관련 자료들을 광범위하게 수집하는 한편,
　　민속학이나 요괴학, 환상문학 등을 공부하면서 괴담에 관한 이
　　론적 체계를 수립코자 하였습니다. 한마디로 '괴담 전문가'가 되
　　려고 한 것이죠. 그런 다음 인터넷에 블로그를 개설하여 그것들
　　을 널리 홍보했을 뿐만 아니라 네티즌들로부터 더욱 광범위한
　　괴담 자료를 수집했습니다. 이후 그러한 괴담 자료들을 묶어 책
　　을 내고자 했고, 또 어플이나 e-book 콘텐츠로도 개발코자 했으

며, 더 나아가 이를 토대로 모교에서 초청 강연을 하기도 했습니다. 그와 함께 저는 스마트폰 어플 경진대회에 나가 수상함으로써 경력 쌓기와 더불어 저의 브랜드 가치를 높이기도 했습니다. 기타 최근 들어선 괴담 관련 영화나 드라마, 게임, 테마파크 등의 콘텐츠 개발에 대한 자문을 해주고 있으며, 스토리텔러 지망생인 평강과 함께 그러한 괴담 자료들을 각색하여 각종 문화콘텐츠의 원소스(원작)를 만들고 있습니다.

　현재 저의 수입은 블로그의 배너광고료와 책의 인세, 강연료, 자문료 등입니다. 아직까지는 회사원의 월급보다는 못하고 상당히 유동적이기는 하지만, 제가 좋아하는 일을 독립적으로 자유롭게 할 뿐만 아니라 날이 갈수록 부와 명성을 쌓을 수 있어서 충분히 만족하고 있습니다.

　앞으로 저는 기회가 있다면 괴담 관련 세계 여행이나 일본, 영국, 인도, 중국 등에 유학을 다녀오고 싶습니다. 그래서 세계 최고의 괴담 전문가가 되고 싶습니다."

e-book 전문작가

온달의 실습결과에 대한 발표가 끝나자, 계속해서 평강이 자리에서 일어나 말하였다.

"정 교수님은 또한 저희들에게 이번 강좌 내용을 토대로 e-book 콘텐츠화 방안에 대해서도 함께 고민해보라고 하셨는데, 그에 대해선 제가 발표하도록 하겠습니다.

우선 e-book(electronic book: 전자책)이란 문자나 영상과 같은 정보를 전자매체(전용단말기, 스마트폰, 태블릿 PC, 컴퓨터 등)에 기록하여 서적처럼 이용할 수 있는 디지털 도서를 말합니다. e-book의 장점으로는 일반 서적보다 가격이 싸고, 온라인을 통해 구매하기 때문에 시간이 절약되며, 일반 서적보다 휴대성이 좋다는 점 등을 들 수 있습니다. 또한 출판사의 입장에서 보면 제작비와 유통비를 절약할 수 있고, 재고 부담이 적으며, 책 내용을 업데이트하기도 쉽습니다. 하지만 e-book은 일반 서적에서 느낄 수 있는 감각적인 맛이 떨어진다는 단점이 있습니다. e-book의 종류로는 크게 도서, 신문, 전문지식(전문서적이나 각종 보고서), 잡지, 만화 등이 있습니다.

그런데 최근 e-book이 새롭게 부각되고 있습니다. 기존의 e-book은 일반 서적처럼 글로만 되어 있는 경우가 대부분이어서 별다른 재미를 느낄 수 없었습니다. 하지만 최근 e-book은 다양한 기능이 가미된 일종의 어플 형태로 개발되고 있습니다. 특히

e-book(전자책)
문자나 영상과 같은 정보를 전자매체에 기록하여
서적처럼 이용할 수 있는 디지털 도서를 말한다.
앞으로 많은 책들이 e-book으로 제작될 것이며,
디지털교과서 시장도 크게 성장할 것이다.

2010년부터는 기존 아마존의 '킨들'이나 반스앤노블의 '눅' 외에 애플의 '아이패드', 삼성의 '갤럭시탭' 같은 태블릿 PC 등 단말기의 범위가 더욱 확대되면서 멀티미디어형 e-book이 많이 개발되고 있습니다. 이에 따라 미국, 일본 등 선진국에서는 디지털교과서 도입이나 디지털도서관 구축 등 e-book 관련 산업의 활성화를 추진하고 있습니다. 우리나라에서도 교과부가 머잖아 태블릿 PC용 디지털교과서를 개발하여 초등학교에 배포하기로 했다고 합니다.

이제 e-book은 게임이나 음악에 비견할만한 콘텐츠 시장으로 성장하고 있습니다. 현재 e-book은 기존의 출판물이나 언론사 어플을 중심으로 제작되고 있으나, 앞으로는 많은 도서들이 e-book화될 것이며, 디지털교과서 시장도 새롭게 떠오르고 있습니다.

그렇다면 이번 강좌의 내용을 토대로 과연 어떻게 e-book 콘텐츠로 개발할 수 있을까요? 먼저 제목은 '미래를 열어가는 창조사업가들'로 잠정적으로 선정해봤습니다.

다음으로 제작방안은 출퇴근 시 가벼운 마음으로 읽을 수 있도록 한 권의 책을 몇 개의 챕터로 나누고, 한 챕터당 소요시간을 10분 내외가 되도록 짤막짤막하게 구성합니다. 그래서 모든 챕터를 보는 데 가급적 3시간이 넘지 않도록 합니다. 또 화면구성은 PPT 혹은 강의노트 형식으로 해서 문자가 주를 이루되 도표나 사진, 동영상(인터뷰), 관련정보(공모전, 커뮤니티, 정부사이트, 추천도서) 등을 적절히 가미하도록 합니다.

그 세부적인 내용구성은 이번 강좌에서 배웠던 내용을 토대로 메인 화면엔 목차를 제시하고, 본론에선 창조사업가란 무엇인가, 창조사업가의 세계(아티스트, 엔터테이너, 아이디어 사업가, IT 개발자, 서비스업 종사자, 대중교육자), 나도 창조사업가! 프로젝트 등을 차례대로 보여주며, 결론에선 창조사업가 되는 비결을 간략히 정리해줍니다.

특히 이 책은 스토리텔링에 기반한 e-book을 만들고자 하는데, 주요 캐릭터의 아바타를 제작하여 그로 하여금 내용을 설명하거나 게임과 퀴즈 등을 내도록 합니다. 또한 본론의 창조사업가 성공사례도 기승전결의 형식을 취하여 대상소개, 사업화 계기와 과정, 시행착오, 성공담, 성공 비결, 의의 등을 재미있고 감동적으로 제시하고자 합니다.

기타 부가기능으로는 밑줄 긋기나 형광펜 효과, 책갈피, 메모장, 음성지원시스템 등을 지원하고자 합니다.

끝으로 어느 잡지에서 이런 글을 본 적이 있습니다. 한 독자가 백남준의 대표작인 수많은 TV를 전시한 것을 보고 말했습니다.

'만약 한 대의 TV가 한 개의 채널이나 프로그램만 보여준다면, 우리는 엄청나게 많은 TV를 구입해서 봐야 할 것이다. 하지만 다행스럽게도 TV라는 매체와 프로그램이란 내용이 서로 분

리되어 있기에 우리는 한 대의 TV를 통해 수많은 채널이나 프로그램을 골라 볼 수 있다.'

　다시 말해 이젠 우리도 하나의 매체에 하나의 콘텐츠만 담을 수 있는 종이책 시대에서 하나의 매체에 수백, 수천 가지의 콘텐츠를 담을 수 있는 e-book 시대로 나아가야 한다는 것입니다."

이렇게 두 사람이 연속해서 실습 결과를 발표하자, 정 교수가 다른 수강생들과 함께 큰 박수를 쳐주며 말하였다.

　"예, 정말 수고 많았습니다. 다른 사람들도 마찬가지지만, 이번 강좌에서 가장 적극적으로 참여한 사람이 아마 온달 씨가 아닐까 합니다. 처음엔 대체 무엇을 어떻게 해야 할지도 몰랐지만, 자신의 재능이 괴담 분야에 있다는 사실을 발견한 뒤로는 정말 놀라울 정도로 성장을 거듭했습니다. 특히 온달 씨는 일반적인 창조사업가가 되기 위한 과정, 즉 준비단계-시작단계-운영 및 성장 단계를 가장 전형적으로 보여주었습니다. 여러분도 아직까지 창조사업가가 되는 과정에 대해 잘 모르겠다면, 이러한 온달 씨의 경우를 다시 한 번 참조하길 바랍니다. 물론 그의 성공에는 평강 씨의 조언이나 도움이 매우 컸는데, 앞으로도 두 사람은 괴담 관련 드라마나 영화, 테마파크 등의 콘텐츠를 공동으로 개발하고, 또 평강 씨의 경우는 향후 전망이 밝은 e-book 콘텐츠 전문작가가 되어보는 것도 좋을 듯합니다."

구리 공예가

세 번째로 구리 공예가 박나래가 자리에서 일어나 자신의 창조사업가에 대한 실습 결과를 발표하였다.

"저는 현재 공예를 전공하고 있는데, 그러다 보니 자연스럽게 액세서리 같은 생활용품을 디자인해서 만들게 되었습니다. 특히 구리를 이용하여 독특한 모양의 귀걸이 걸이나 양초 받침대, 사진꽂이, CD 케이스 같은 작품들을 많이 만들었습니다. 사람들은 제 작품의 특징을 현대적이면서도 디자인이 심플한 것이라고 평가하고 있습니다.

　　　얼마 전부터 저는 삼청동 길가에서 그러한 작품들을 진열해 놓고 조금씩 팔고 있습니다. 물론 굳이 손님을 끌기 위해 애쓰지는 않고, 다만 음악을 틀어놓고 그 옆에서 작품을 디자인하거나 제작하고 있을 뿐입니다. 그럼 고객들이 진열된 작품들을 보고 마음에 들면 가격을 물어보고 사가곤 합니다.

　　　물론 처음엔 하나도 팔지 못할까 걱정을 많이 했습니다. 제 작품의 약간 독특한 디자인이 사람들에게 거부감을 주는 것 같아서입니다. 하지만 새로운 것이면서 세상에 단 하나밖에 없는 것을 갖고 싶어 하는 사람들이 있어서 의외로 많은 작품들이 팔려 나가고 있습니다. 앞으로도 저는 감성을 자극하는 작품들을 많이 만들고, 나아가 그것을 토대로 저만의 브랜드를 형성하여 판매함으로써 그야말로 창조사업가형 공예가가 되고 싶습니다."

박나래의 발표가 끝나니, 역시 정 교수가 흡족한 표정을 지으며 간략히 평가해주었다.

"예, 학교에 다니면서도 자신의 재능을 살려 독특한 작품들을 만들고, 거리에 나가 그것을 팔면서 자신만의 브랜드를 형성하려 하다니 정말 그 열정이 대단한 듯합니다. 다만 창의적인 아이디어를 좀더 발휘할 필요가 있는데, 특히 앞으로는 『심청전』 같은 고전을 토대로 어떤 콘셉트를 설정하고 시리즈 형태로 작품을 만들어보거나 기타 스토리텔링 마케팅, 곧 작품에 얽힌 이야기를 잘 살려 판매해보면 어떨까 합니다."

가수이자 공연기획자

네 번째로 힙합 가수 나영재가 자리에서 일어나 자신만의 창조사업가 전략에 대해 발표하였다.

"첫 시간에 얘기한 것처럼 현재 저는 모 힙합 그룹의 래퍼입니다. 대학교 2학년 때 문화센터의 랩 강좌를 들으면서 만난 두 친구와 함께 팀을 결성하여 활동하고 있습니다.

하지만 저는 단순히 노래만 하는 것이 아니라, 우리의 음악이 널리 알려질 수 있도록 하는 데에도 많은 신경을 쓰고 있습니다. 그래서 올해는 직접 우리의 앨범을 기획하여 제작할 예정이며, 연말에는 단독공연도 가질 예정입니다. 기타 각종 페스티벌이나 지역축제 등의 공연도 기획하여 진행해보고 싶습니다.

저는 어릴 때부터 한 우물을 파기보다는 여러 우물을 파는 것을 좋아했습니다. 물론 그렇게 하면 육체적으로 힘들 때도 있지만, 동시에 여러 가지 일들을 할 때 오히려 더 많은 아이디어가 샘솟고 일도 더욱 잘되는 것 같습니다. 앞으로도 저는 이렇게 다양한 우물을 파면서 그 우물에 저만의 색깔을 담아볼 계획입니다."

이러한 나영재의 발표에 정 교수가 또다시 고개를 끄덕이며 짧게 평가해주었다.

"예, 좋습니다. 앞의 박진영과 마찬가지로 나영재 씨도 가수이자 공연기획자 등 멀티플레이어로 살고 싶은가 보군요. 세상엔 한 번에 한 가지 일을 했을 때 집중력을 더 잘 발휘하는 사람이 있는가 하면, 한 번에 여러 가지 일을 했을 때 오히려 더 많은 시너지 효과를 불러 일으키는 사람이 있습니다. 나영재 씨는 후자 쪽에 속하는 사람인 듯합니다."

천연비누 제작자

그에 이어 50대의 골드미스인 왕이모가 자리에서 일어나 자신의 창조사업가 경험담을 자세히 들려주었다. 그녀는 여전히 20대 못지않은 젊고 세련된 옷차림을 하고 있었다.

"저는 얼마 전부터 혼자서 천연비누를 제작, 판매함으로써 이른바 창조사업가형 아이디어 사업자가 되었습니다. 이 비누에 들어가는 재료들은 모두 자연에서 얻은 친환경 물질입니다. 레몬, 녹차, 유자 등 뭐든지 먹을 수 있으면 피부에도 좋다는 생각에 이러한 천연비누를 만들게 되었습니다. 저는 또 대학에서 미술을 전공하여 비누의 디자인에도 많은 신경을 쓰고 있습니다. 천사 모양, 하트 모양, 해바라기 모양, 장미 모양 등 비누로 쓰기에는 너무 아까운 예술작품을 만들고 있습니다. 이렇게 만들어진 천연비누들을 사진으로 찍어 인터넷 카페에 올리면, 사람들이 이메일이나 휴대폰으로 연락해서 구매를 합니다. 저는 그것들을 발송할 때도 많은 신경을 써서 남에게 바로 선물할 수 있도록 레이스 장식, 바구니 장식 등 고급스런 포장으로 소비자의 만족도를 높이려 하고 있습니다. 이 비누는 일반 비누와는 달리 세상에서 단 하나밖에 없는 저만의 창조적 산물이 아닐까 합니다.

다만 아쉬운 점은 비누에 대한 홍보가 아직까지 많이 부족하다는 것입니다. 그래서 차라리 도메인 등록을 해서 네이버나 다음 같은 포털사이트에 '비누'라고 검색하면 곧바로 저의 사이트가 떠서 홍보도 하고 판매도 할 수 있게 하려고 합니다.

그리고 창조사업가가 꼭 혼자서만 운영하는 것이 아니므로 제가 혼자서 비누를 제작, 포장, 발송하는 등 모든 일을 다 하기보다는 직원을 고용하거나 아웃소싱을 해서 일거리를 분담시키는 것도 좋은 방법이라 생각합니다. 다시 말해 제작은 제가 하고, 포장과 발송은 아르바이트생이, 홍보는 홈페이지 제작업체가 전

천연비누

문적으로 하는 것이 좋을 듯합니다."

왕이모의 발표에 정 교수는 수강생들과 함께 격려의 박수를 쳐주며 말하였다.

"예, 정말 대단하십니다. 50대의 나이에 새로운 분야에 도전한다
는 것은 결코 쉽지 않은 일이지요. 젊은 사람들이야 '까짓 거 그
냥 하면 되는 거 아냐? 안 되면 말고!'라고 쉽게 얘기할 수도 있지
만, 막상 50대가 되면 망설여지는 경우가 많거든요. 그만큼 나이
가 들수록 겁이 많아진다는 것인데, 왕이모 씨는 그것을 무릅쓰
고 천연비누를 만드는 일에 도전한 듯합니다. 역시 평소에 젊은
생각을 하고 사는 분이라 남다르고, 솔직히 조금 부럽기도 합니
다. 물론 앞으로도 그 일이 결코 쉽지만은 않을 것입니다. 소규모
로 비누를 만드니까 당연히 가격도 비쌀 테고, 입소문을 타고 주
문이 들어오니까 팔리는 양도 적을 것입니다. 하지만 절대 포기
하지 않았으면 합니다. 시간이 지나서 좀 더 알려지면 비누도 많
이 팔릴 것이고, 조금씩 대량으로 만드니까 가격도 덩달아 내려
갈 테니까요. 제가 보기에 왕이모 씨의 미래는 밝은 듯합니다."

천연화장품 제조자

계속해서 50대의 가정주부인 신미영이 자리에서 일어나 자신만의 창조사업가가 되는 과정에 대해 발표하였다.

"저도 역시 얼마 전부터 천연재료를 이용한 화장품을 만들어 블로그를 통해 판매함으로써 창조사업가형 아이디어 사업가가 되었습니다. 원래 저는 화장을 거의 못할 정도로 건성피부를 가지고 있어서 자연스럽게 천연화장품에 대해 관심을 갖게 되었습니다. 그리하여 나름대로의 열정을 가지고 천연재료와 화장품에 대해 독학해서 지금은 거의 전문가 수준에 이르게 되었습니다. 대표적인 예로 천연재료를 이용한 장미 샤워코롱과 스킨을 만드는 법에 대해 소개해드리겠습니다.

첫째, 정제수를 끓여 장미를 우립니다. 이때 약간의 젤라틴을 함께 넣습니다. 둘째, 우린 장미를 체에 거릅니다. 셋째, 알코올에 로즈에센스 오일을 녹입니다. 또한 콜라겐, 프로폴리스, 플라센타, 마린엘라스틴, 모이스틴을 넣어서 보습과 영양을 보충해줍니다. 넷째, 스킨의 경우는 따로 정제수를 넣어 희석해주면 됩니다.

얼마 전부터 저는 이러한 천연화장품을 인터넷 블로그에 올려 조금씩 판매하고 있습니다. 스마트폰 열풍으로 약간 주춤하긴 했지만, 여전히 블로그는 개인이나 기업, 정치인들의 의사소통이나 홍보와 마케팅 수단으로 적극 활용되고 있습니다. 특히 블로그는 시공간의 제약 없이 컴퓨터와 아이디어만 있으면 누구나 운영할 수 있습니다. 저 역시 블로그에 천연화장품의 제작과정이나 노하우를 올려 조금씩 유명세를 타고 있는데, 머잖아 입소문을 통해 각종 언론에서도 찾을 것으로 예상됩니다.

앞으로 저는 기회가 주어진다면 백화점 문화교실에서 천연화장품 제조법에 관한 특강을 해보고 싶습니다. 그럼 많은 사람과 소통할 수 있을 뿐 아니라 저의 천연 화장품에 관한 입소문을 더욱 널리 퍼뜨릴 수 있기 때문입니다."

곧바로 정 교수의 짧은 평가가 이어졌다.

"예, 앞의 왕이모처럼 나이를 의식하지 않고 새로운 분야에 도전하다니 정말 대단하고 존경스럽습니다. 앞으로도 건투를 빌겠습니다."

어플 개발자

일곱 번째로 스마트폰 어플 개발자 정대세가 자리에서 일어나 자신의 창조사업가에 대한 실습 결과를 발표하였다.

"저는 스마트폰 어플을 계속 개발하면서 창조사업가형 어플 개발자로 살고 싶습니다. 실제로 저는 얼마전 '어썸노트(Awesome Note)'라는 일정관리와 노트의 기능을 하나로 묶은 어플을 개발했는데, 아이폰 사용자라면 거의 누구나 갖고 있고, 한때 최고의 어플로 선정되기도 했습니다.

첫 시간에 얘기했듯이 저는 지금까지 다니던 IT 회사가 문을 닫는 바람에 월급이나 벌어보려고 어플 개발에 뛰어들었습니다. 처음엔 게임 쪽에 눈길이 갔는데, 왜냐하면 간단한 게임 어플들이 앱 스토어에서 하루에도 몇 천만 원씩을 버는 경우가 있었

어썸노트
어썸노트는 백승찬이 만든 어플로, 일정관리와
노트의 기능을 하나로 묶은 것이다. 한때 전
세계인이 애용하는 최고의 어플로 선정되기도 했다.

어플 개발자 백승찬의 '어썸노트'

기 때문입니다. 하지만 저는 평소 게임을 즐기는 편도 아닐뿐더
러 너도나도 게임 개발에만 매달리고 있어서 결국은 접고 말았
습니다. 그러고는 다시 철저한 시장조사를 해본 뒤 스마트폰 사
용자라면 누구나 사용하는 필수 어플을 개발해야겠다고 마음을
먹었습니다. 특히 저는 메모도 하면서 일정관리까지 동시에 할
수 있는 어플을 만들어야겠다고 생각했습니다.

마침내 저는 메모장 기능만을 가진 '어썸노트'의 첫 버전을
개발하여 앱 스토어에 올렸고, 예상대로 하루 200여 개씩 팔리
는 등 판매에 호조를 보였습니다. 그런데 예상치 못한 일이 생겼
습니다. 판매가 늘어나면서 사용자들의 업데이트 요구가 쇄도했
던 것입니다. 그리하여 다음 작품을 개발하기보다는 사용자들의
의견에 귀를 기울이며 그것의 업데이트에만 매달렸습니다. 이로
써 어썸노트는 원래의 기획대로 일정관리의 기능이 통합되고 배
경도 10여 개로 늘어나는 등 다른 어플들이 결코 따라올 수 없는
완성도를 갖추게 되었습니다. 또한 영어판만이 아니라 러시아어

판도 나오는 등 전 세계인이 애용하는 어플로 자리 잡았습니다. 현재 어썸노트는 11개 언어로 제작되어 앱 스토어에서 3.99달러에 판매되고 있습니다. 누적 판매량에 대해선 비밀이지만 아직도 전 세계에서 하루에 1,000여 개씩 판매되고 있습니다.”

그의 성공담을 듣고 난 정 교수는 다른 수강생들과 함께 큰 박수를 쳐주며 말하였다.

“예, 결국은 위기를 극복하고 세계적인 어플을 개발했군요. 정말 대견하고 자랑스럽습니다. 최근 애플이 ‘소프트웨어 개발 키트 (SDK)’를 공개하면서 누구나 어플을 개발할 수 있게 되었습니다. 또한 등록비만 내면 자신이 만든 어플을 간편하게 앱 스토어에 올려 판매할 수도 있게 되었습니다. 그럼 애플은 수수료로 수익의 30%를 가져가고, 나머지 70%는 개발자가 가져가도록 하고 있습니다. 한데, 그러다 보니 사람들이 너무 쉽게 어플을 개발하려는 경향이 나타나고 있습니다. 많은 사람이 ‘해보고 안 되면 그만!’이라는 식으로 어플 개발을 시도하고 있다는 것입니다. 하지만 어플 개발도 역시 철저한 준비와 연구가 선행되지 않는다면, 그 결과는 아무도 장담할 수 없습니다. 어느 누구나 어플을 개발하고 판매할 수 있는 만큼 질적인 완성도를 높여야 조금이라도 오랫동안 살아남을 수 있다는 것입니다.”

전통식품 제조자

바로 이어서 문용남 할머니가 자리에서 일어나 자신의 창조사업가 경험담을 들려주었다. 할머니는 여전히 쪽머리에 한복을 곱게 차려입은 채 아들과 함께 창가 쪽에 자리하고 있었다.

이기남 할머니 고추장 홈페이지 메인 화면

"저도 얼마 전부터 고추장 기술을 더욱 확대하고 판로를 다양하게 개척해서 창조사업가형 전통식품 제조자가 되었답니다.

원래 제가 음식을 잘할 수 있게 된 것은 힘든 시집살이 때문이었답니다. 스무 살에 결혼한 저는 서울로 공부하러 떠난 남편 때문에 혼자서 시부모님을 모셔야만 했습니다. 저희 시아버지는 입맛이 까다롭기로 유명했는데, 그래서 음식장만을 하느라 손이 불에 데는 것도 다반사요 겨울이면 굴비 장아찌를 담그느라 허리를 펼 새가 없었습니다. 저만의 독특한 음식 맛은 이런 힘든 시집살이 속에서 나올 수 있었던 것이랍니다.

특히 저는 고추장 맛을 4대째 가업(家業)으로 이어오고 있는 고추장 명인인데, 요즘엔 그 기술을 더욱 확대해서 매콤하면서도 짭짤한 여러 가지 장아찌들을 만들고 있습니다. 무나 오이, 마늘, 깻잎뿐 아니라 두릅이나 도라지, 더덕, 감까지도 장아찌로 만들고 있지요. 이 장아찌들은 저의 오랜 경험과 정성 그리고 순창의 맑은 물과 천혜의 기후조건이 잘 조화되어 만들어진 하나의 예술작품입니다.

　　　또 요즘엔 제 아들들이 그 장아찌들의 사업성을 발견하고
는, 제 이름을 브랜드로 내세워 판로를 더욱 다양하게 개척해나
가고 있습니다. 특히 인터넷에 홈페이지와 카페를 개설하여 사
람들에게 널리 알리거나 제품을 주문 받고 있으며, 또 전북 순창
에서 열리는 지역축제에서도 저의 제품들을 홍보하고 있답니다.

　　　앞으로 저는 고추장 마을도 조성하여 전시나 체험교실을
통해 전북 순창의 지역이미지를 높이고, 또 저의 사업도 더욱 번
창시킬 계획입니다.”

그 말에 정 교수는 수강생들과 함께 박수를 치면서 말하였다.

　　　“예, 회갑이 지났어도 도전정신을 잃지 않고 계시다니 참으로 대
단하십니다. 정말 ‘나이는 숫자에 불과하다’는 말이 맞는가 봅니
다. 저는 어르신의 말씀을 들으면서 문득 ‘고진감래(苦盡甘來)’라
는 사자성어를 떠올렸습니다. 그토록 힘든 상황 속에서도 굴하지
않고 자신을 계발해왔기에 지금과 같은 성공신화를 쓸 수 있었다
는 것이지요. 전통의 맥이 끊어져가고 있는 요즘, 어르신의 고추
장 사업은 우리의 고유한 문화유산을 계승한다는 측면에서도 매
우 의의 있는 일이라 생각합니다. 앞으로도 항상 건강하시길 기
원하겠습니다.”

문화카페 운영자

아홉 번째로 사진작가 박상민이 자리에서 일어나 자신의 창조사업가 전략
에 대해 발표하였다.

　　　“요즘 개성을 가진 독특한 문화카페들이 많이 생겨나고 있습니

다. 단지 위치가 좋다거나 내부 인테리어가 고급스럽다거나 차 맛이 좋다는 것만으로 승부하는 것이 아니라, 그곳만의 특별한 문화를 느끼게 하는 이색적인 문화카페가 부상하고 있는 것입니다. 예컨대 갤러리와 카페를 결합시킨 '갤러리카페', 60세 이상의 실버들을 위한 '실버카페', 애완동물과 함께 출입할 수 있는 '펫카페', 차와 함께 음악이나 마술쇼 등 실제 공연을 감상할 수 있는 '공연카페' 등이 그것입니다.

저는 평소 사진을 찍는 것을 좋아했는데, 그러한 취미를 잘 살려 창조사업가형 문화카페 운영자가 되고 싶습니다. 한마디로 사진 스튜디오와 카페를 결합해서 일종의 '포토카페'를 만드는 것입니다. 이 카페는 차를 마실 수도 있고, 사진도 자유롭게 찍을 수 있는 곳입니다. 카페 한쪽에 스튜디오를 꾸며 놓고서 일반 사진을 찍는 스튜디오처럼 다양한 사진을 찍을 수 있게 하려고 합니다. 특히 저는 제품 사진을 찍는 사람들, 예컨대 쇼핑몰이나 프로필 사진을 찍는 사람들을 많이 유치할 계획입니다. 기타 야외촬영을 나가기도 하고, 액자나 앨범, 악세서리 등도 판매하여 수입을 극대화할 생각입니다."

"예, 아주 좋은 생각입니다. 사람들은 보통 일과 취미를 다르게 생각하는 경향이 있는데, 박상민 씨는 그러한 고정관념을 깨고 두 가지를 결합시켜 신개념 문화카페를 만들려고 하는 듯합니다. 자신의 일과 취미를 결합시켰기에 앞으로 그 누구보다 즐겁고 행복하게 일할 수 있을 듯합니다."

캐릭터 치킨집 운영자

마지막으로 오달근이 자리에서 일어나 자신만의 창조사업가 전략을 들려주었다.

"저는 경기도에서 치킨집을 운영하고 있는데, 새롭게 치킨집에다 애니메이션 캐릭터를 결합시켜 창조사업가형 치킨집 운영자가 되고 싶습니다. 그래서 이름도 '치킨가면'이라 짓고, 광고 문구에도 '지구를 지키기 위해 치킨을 만든다'라고 넣을 것입니다. 또한 치킨을 시키면 <독수리 오형제>나 <로봇 태권브이> 등의 가면과 복장을 하고 직접 배달을 나가려고 합니다.

어떻게 그런 생각을 하게 되었냐고요? 원래 저는 어릴 때부터 애니메이션을 굉장히 좋아했는데, 거기에서 이러한 아이디어를 착안해냈습니다. 아마 어른들이 치킨가면을 보면 옛날을 생각하며 추억에 잠길 것이요, 아이들이 보면 호기심과 재미를 느끼며 더욱 열광할 것입니다.

물론 저는 캐릭터의 힘만으로 치킨집을 운영하려고 하는 것은 아닙니다. 다년간의 치킨집 노하우를 발휘하여 달콤한 양념과 겉은 바싹하고 속은 부드러운 튀김 비법은 계속 유지해나갈 것입니다. 또 이처럼 창의적인 판매 전략이 성공한다면 전국에 체인점을 내주려고 합니다."

"예, 파닭이나 찜닭 등처럼 치킨가면도 하나의 명물로 자리 잡았으면 좋겠습니다. 사람들은 그저 치킨집에 애니메이션 캐릭터를 결합시켰을 뿐이라고 생각할지도 모르지만, 그런 작은 아이디어 하나가 이처럼 특별한 치킨집을 만드는 것입니다. 언젠가 우리 동네에서도 꼭 치킨가면을 볼 수 있기를 기원하겠습니다."

이상으로 창조사업가의 실습 결과에 대한 발표를 마친 정 교수는 끝으로 다음 시간을 간략히 예고하고 이날의 수업을 마쳤다.

"마침내 창조사업가의 이해와 실제를 모두 살펴봤습니다. 원래 창조사업가를 위한 아카데미에선 실습 시간을 충분히 배정해야 하지만, 우리는 시간 관계상 강좌 내내 개별적으로 진행하도록 하고, 실습 시간엔 그 결과만 간략히 살펴보았습니다. 이 점 널리 이해해주길 바랍니다. 다음 시간엔 마지막으로 수료식과 함께 창조사업가가 되는 비법에 대해 체계적으로 알려주겠습니다."

벌써 다음 시간이 창조사업가를 위한 아카데미의 수료식이란 말에 수강생들은 모두 깜짝 놀란 표정을 지으며 '아아~!!' 하고 아쉬운 소리를 질렀다.

〈나도 창조사업가!〉
프로젝트

12   비전 설정

나만의 장기적인 비전을 설정해보자. 날이 갈수록 고령화되는 시대에선 소기의 목적을 달성했다고 해서 만족한 채 안주하지 말고, 계속적으로 변화와 발전을 추구하는 게 중요하다. 그러므로 자신만의 분야에서 창조사업가가 되었다면, 이후에는 보다 오랫동안 일하기 위해 어떤 노력(공부, 건강 등)이 필요하고, 또 주변 사람들(자연, 물건 등 포함)과 더불어 즐겁고 행복하게 살아가기 위해선 어떻게 해야 하는지 장기적인 비전을 설정해보자.

10장
비법(秘法), 창조사업가

자랑스런 수료식

드디어 창조사업가를 위한 아카데미의 수료식 날이었다. 평강은 이른 아침부터 온달의 집을 찾아와 어머니의 한복 옷매무새를 가다듬어주고 있었다. 졸업식 이후 처음으로 넥타이를 매고 있던 온달은 어머니의 열성에 더욱 부끄러워 말하였다.

> "아니~ 식당일도 바쁜데 왜 굳이 가시려고 해요. 대학 졸업식도 아니고 가족들이 오는 행사도 아닌데."

그러자 온달의 어머니가 버럭 화를 내며 말하였다.

> "이놈아! 자식이 회사를 차렸다는데 안 가보면 쓰겠느냐. 세상에 이런 경사가 또 어디 있겠느냐."
> "별거 아녜요, 어머니. 그냥 제가 좋아하는 일을 하면서 조금씩 경력을 쌓는 거예요. 아직 사무실도 없고 돈도 별로 못 벌어요."
> "아무렴 어떠랴. 티끌 모아 태산이라 했다. 그리고 예전처럼 집에서 하는 일 없이 빈둥빈둥 노는 것보다야 백 배 낫지 않겠느냐. 네가 뭐라고 하든지, 나는 꼭 평강과 함께 가보련다."

온달은 하는 수 없이 어머니를 모시고 아카데미로 갔다. 강의실로 들어가니, 한 실장이 수강생들과 함께 칠판 위에 플래카드를 걸고, 수료장과 상장, 선물 등을 갖다가 교탁 위에 쌓아놓는 등 부지런히 수료식을 준비하고 있었다. 온달도 평강과 함께 어머니를 뒷자리에 모셔둔 채 팔을 걷어붙이고 한 실장을 도왔다.

창조사업가가 되는 비결

이윽고 6시가 되어 정 교수와 아카데미 원장이 강의실로 들어오니, 한 실장이 사회자 석에 서서 마이크에 대고 말하였다.

> "지금부터 창조사업가를 위한 아카데미의 수료식을 거행하겠습니다. 먼저 국민의례가 있겠으니 내외빈께서는 자리에서 일어나주시기 바랍니다."

그러고는 국기에 대한 경례와 애국가 제창을 마치니, 한 실장이 다시 마이크에 대고 말하였다.

> "다음으로 이번 강좌를 맡아주신 정 교수님께서 수료식 축사를 대신하여 창조사업가가 되는 비결에 대해 말씀해주시겠습니다. 모두 큰 박수로 맞이해주시길 바랍니다."

정 교수는 여느 때처럼 활짝 웃는 얼굴로 강단에 올라가 마지막으로 창조사업가가 되는 비결에 대해 설명했다. 그에 앞서 창조사업가란 무엇인가부터 간략히 정리했다.

> "요즘 개인의 창의성과 기술, 재능에 기반하여 부와 가치를 창출하는 창조산업의 시대가 되면서 날이 갈수록 창조사업가가 뜨고

있습니다. 창조사업가란 자신만의 분야에서 전문성과 창의성을 토대로 독립적이고 자유롭게 일하는 사람들로, 21세기 디지털 시대에 새롭게 부각되고 있는 직업유형이라 할 수 있습니다. 또 창조사업가의 특성은 자신의 재능을 다양하게 활용하여 고부가가치를 올리는 이른바 OSMU형 경영전략을 펼친다는 점입니다. 예컨대 아티스트는 자신만의 독창적인 작품을 생산한 뒤, 그것을 토대로 다양하게 활용하여 최대한 부가가치를 높이고 있습니다. 엔터테이너는 대중이 좋아할 만한 행동을 해서 그 인기를 토대로 살아갑니다. 또한 이들은 나중에 유명세를 타면 멀티플레이어가 되거나 자신만의 회사를 차리기도 합니다. 아이디어 사업가는 생활 속에서 얻은 아이디어를 토대로 제품(발명품, 지식, 기술)을 개발하여 사업화하는데, 이들은 주로 인터넷을 기반으로 활동하고 있습니다. IT 개발자는 독특한 정보기술(IT)을 개발하여 수익을 창출하는데, 이들은 대체로 인터넷이나 모바일을 기반으로 활동하곤 합니다. 서비스업 종사자는 창의적인 아이디어를 바탕으로 남과 차별화된 서비스를 제공하는 사람들로, 처음엔 1인 중심으로 사업을 시작하지만 성공한 후에는 프랜차이즈 기업으로 전환하는 경우가 많습니다. 대중교육자는 일반 대중에게 지식이나 정보, 삶의 방향 등을 제시해주는 사람으로, 대체로 칼럼이나 저술, 방송, 강연 등을 통해 수익을 올리곤 합니다."

그런 다음 정 교수는 앞의 성공사례 분석을 토대로 창조사업가가 되는 비결에 대해 체계적으로 설명하기 시작했다. 특히 그는 기술적 측면보다 주로 인식적 측면에서 설명해주었다.

"창조사업가가 되기 위해선 다음과 같은 요건들을 갖출 필요가 있습니다. 첫째, '자아발견'입니다. 창조사업가들은 공통적으로 이른 시기에 자아발견, 곧 자신의 재능이나 꿈, 정체성을 찾았습니다. 그래서 자신만의 분야에 대해 깊은 애정을 갖고 끈기있게 일할 수 있었던 것입니다. 그러므로 여러분도 무엇보다 먼저 자아를 발견하는 것이 매우 중요합니다.

그런데 자신의 자아가 뭔지 잘 모르겠다고요? 아니, 자신은 아예 자아가 없는 듯하다고요? 결코 그렇지 않습니다. 신은 누구에게나 최소한 한 가지씩은 특별한 재능을 부여하셨습니다. 정말로 세상에 버릴 사람은 아무도 없는 것입니다. 자신의 자아를 발견하는 방법은 간단합니다. 지금까지 나는 특히 무엇을 잘했는가? 어떤 일을 할 때 가장 즐겁고 행복했는가? 자신이 정말로 하고 싶은 것이 무엇인가? 한번 곰곰이 생각해보세요. 단적인 예로 온달 씨는 그것이 바로 괴담이었던 것입니다.

둘째, '전문성' 확보입니다. 창조사업가들은 또한 자신을 어떤 분야의 전문가로 만든 다음, 그것을 토대로 본격적으로 사업하고 있습니다. 그러므로 여러분도 먼저 전문성을 확보할 필요가 있습니다. 즉, 앞의 온달 씨처럼 자신이 좋아하는 괴담 분야에 대해 최대한 많은 자료를 수집하고, 끊임없이 공부하여 전문성을 갖추도록 하는 것입니다. 창조사업가에서 전문성은 가장 우선적인 자격요건이라 할 수 있습니다.

셋째, '창의성'입니다. 창조사업가들은 공통적으로 자신만의 독창성 혹은 기존의 것을 새롭게 보여주고 있었습니다. 예컨대 시인 원태연의 경우는 신춘문예에 등단하려 했으나 기존의 문인들로부터 유치하고 낯설다는 반응을 받으며 철저히 외면당했습니다. 하지만 그는 독자들에게 신선함을 선사하며 큰 인기를 얻었고, 지금은 '시인 원태연'이라고 자연스럽게 불리고 있습니다. 이처럼 여러분도 창조사업가가 되기 위해선 전문성과 함께 남들과 다른 독창성을 가지려고 해야 합니다.

창조사업가가 되기 위한 요건들
창조사업가가 되기 위해선 자아발견, 전문성,
창의성, 끈기와 노력, 도전의식, 자기관리, 가치추구,
고객 중심의 마인드 등을 갖출 필요가 있다.

더 나아가 창의성은 경영전략에서도 아주 중요한데, 앞에서처럼 창조사업가들은 전문적인 능력을 토대로 하되 창의적인 아이디어를 발휘하여 그것을 다양하게 활용함으로써 고부가가치를 올리고 있습니다.

그럼 창의력은 과연 어떻게 신장시킬 수 있을까요? 창의력을 신장시키는 방법은 매우 다양한데, 독서나 여행, 창작과 토론 등 어떤 것으로도 가능합니다. 하지만 창조사업가들은 대체로 기존 방식에 얽매이지 않고 자유로운 발상의 전환을 통해 새로운 분야를 개척하여 성공했다는 특징을 가지고 있습니다. 즉, 그들은 '왜?'라는 질문을 자주 던지고, 그 질문에 대한 해답을 찾아가는 과정에서 새로운 것을 발견해내곤 하였습니다. 대표적인 예로 '민들레 영토'의 지승룡은 '왜 카페는 단지 차만을 파는 것일까?'란 질문을 던지고, 카페를 차만이 아니라 문화와 감성까지 판매하는 공간으로 발상을 전환하면서 새로운 시장을 개척했습니다. 또한 창의력을 신장시키기 위해선 이른바 '튀는 것'을 두려워하지 않아야 합니다. 예를 들어 낸시 랭의 경우도 늘 'Just be myself'를 외치면서 당황스러울 정도로 노골적이고 솔직한 작품들을 계속 쏟아내고 있습니다.

넷째, '끈기와 노력'입니다. 창조사업가와 일반인의 가장 큰 차이점은 어려운 순간에 닥쳤을 때 그에 대처하는 자세인 듯합니다. 세상을 살아가면서 누구에겐들 어려운 순간이 닥치지 않겠습니까. 하지만 창조사업가들은 그러한 상황에서 결코 포기하지 않고 끈질기게 노력하여 결국 뜻을 이루고 맙니다. 에디슨이 말하기를 '천재는 1%의 영감과 99%의 노력으로 이루어진다'라고 했습니다. 아무리 좋은 아이디어라 할지라도 열심히 노력하지 않

창의력 신장 방법
창의력을 신장시키는 방법은 무엇보다 기존방식에
얽매이지 않고 자유로운 발상의 전환을 통해 새로운
분야를 개척하려는 도전정신에 있다.

으면 결코 이룰 수 없는 것입니다.

그와 함께 창조사업가들은 부지런하다는 특징을 갖고 있습니다. '총각네 야채가게'의 이영석이나 '영철버거'의 이영철은 날마다 새벽 2시 30분에 일어나 시장에 간다고 합니다. 마찬가지로 토익강사 유수연도 매일 아침 6시 30분에 일어나고, 하루에 5시간 이상은 잠을 자지 않았다고 합니다.

다섯째, '도전의식'입니다. 보통 사람들은 현실에 안주하여 고만고만한 인생을 살아갑니다. 하지만 창조사업가들은 지금의 현실에 만족하지 않고 끝없는 도전을 시도합니다. 예컨대 박진영의 경우 한국에서 잘나가고 있었음에도 미국으로 건너가 다시 밑바닥부터 시작하였고, 결국 자신의 음악을 빌보드 차트에 오르게 하는 영광을 누렸습니다. '(주)놀부'의 김순진도 비록 자신의 회사가 대형 프랜차이즈 기업으로 성장했지만, 그녀의 도전은 지금도 멈추지 않고 있습니다.

여섯째, '자기관리'입니다. 창조사업가들은 자기관리에 아주 철저한 편입니다. 따지고 보면 취업보다 창업이 훨씬 더 어려운 것입니다. 취업은 입사하는 순간까지는 혼자서 힘들게 준비해야 하지만, 입사한 후에는 주위에 이끌어주는 사람이 있기 때문에 어느 정도 일을 배울 수 있는 기간이 있기 마련입니다. 하지만 창업은 그와 전혀 다릅니다. 창업은 시작하는 순간부터 사업이 확장되기 전까지 자신이 모든 것을 도맡아서 해야 하며, 곁에서 가르쳐주는 사람이나 이끌어주는 사람도 별로 없습니다. 그러므로 창조사업가들은 직장인보다 훨씬 더 자리관리에 철저해야 하는 것입니다. 그럼 자기관리는 과연 어떻게 해야 할까요?

먼저 여러분은 건강관리에 많은 신경을 썼으면 합니다. 주지하다시피 건강은 치료가 아닌 예방이 중요하며, 최소한 10년 전부터는 관리할 필요가 있습니다. 건강의 적신호는 대개 50세 전후에 오는데, 그러므로 최소한 40세 전후로는 금연(禁煙)과 절주(節酒)를 하고 본격적인 운동을 시작해야 하는 것입니다. 운동의 중요성이야 굳이 말할 필요도 없겠지만, 제가 보기에도 정말 몸이 튼튼하면 마음도 튼튼해지는 듯합니다. 다시 말해 자연 속에서 규칙적으로 운동을 하면 생각이 긍정적으로 바뀌면서 마음도 밝고 여유로워진다는 것입니다.

그와 함께 꾸준히 독서(讀書)를 했으면 합니다. 즉, 몸의 건강만 추구하지 말고 마음의 건강도 함께 추구하라는 것입니다. 창조사업가들은 책을 많이 읽는다는 공통점을 갖고 있습니다. 그래서 세상에 대한 안목을 넓힐 뿐 아니라 나중엔 자신만의 경험이 담긴 책을 출간하기도 합니다. 여러분도 하루 세 끼의 밥을 먹는 시간만큼 책을 읽도록 하십시오. 그리고 독서도 위의 건강처럼 10년 앞을 내다보고 하는 것입니다. 실제로 젊었을 때부터 꾸준히 책을 읽어온 사람은 40대 이후에는 아이디어가 풍부하고 항상 여유롭고 품위 있게 보입니다. 한마디로 '콩 심은 데 콩 나고, 팥 심은 데 팥 난다'는 격이지요.

그 밖에도 세계화 시대에 걸맞게 영어나 중국어, 일본어 등 어학 능력을 갖추도록 하고, 세상의 흐름을 잘 읽고 대처하는 기획과 마케팅 능력도 키우며, 또 최근 급속히 뜨고 있는 스토리텔링 능력도 길렀으면 합니다. 특히 어떤 것을 이야기 형식으로 재미있고 감동적으로 전달하는 기술인 스토리텔링은 향후 세계 시장의 향방을 좌우할 정도로 매우 중요해질 전망입니다. 여러분도 자신이 개발하고자 하는 제품에 재미있는 이야기를 만들어 덧붙인다면, 사람들에게 깊은 인상을 심어줄 뿐 아니라 훨씬 더 높은 부가가치를 올릴 수 있을 것입니다.

일곱째, '가치추구'입니다. 성공한 창조사업가들이 가장 우선시하는 것은 돈도 아니요 명예도 아니었습니다. 돈과 명예는 자신의 길을 가면서 단지 부차적으로 따라오는 것일 뿐 그들이 참으로 중시했던 것은 바로 스스로도 행복하게 여길 수 있는 '가치 있는 삶'이었습니다. 세상엔 물질적인 것보다 더욱 중요한 것들이 많다는 것을 그들은 이미 가슴으로 터득하고 있었던 것입니다.

끝으로 '고객 중심의 마인드'입니다. 창조사업가들은 사업을 하는 데 있어서 '손님은 왕이다'라는 신조를 매우 충실히 따르고 있습니다. 물론 손님들에게 최선을 다하라는 주장은 어찌 보면 당연한 말일 수도 있습니다. 하지만 원래 기본에 충실하기가 가장 어려운 법입니다. 여러분도 앞으로 어떤 힘든 상황 속에서도 손님들에게 최선을 다하기 위해 동분서주하길 바랍니다."

이젠 실천이다

정 교수의 설명이 끝나자, 한 실장이 다시 마이크에 대고 말하였다.

"그럼, 지금부터 우리 아카데미 원장님께서 수료증과 함께 상장을 수여해주시겠습니다. 호명된 수강생들은 앞으로 나와 주시기 바랍니다."

한 실장은 먼저 수강생들의 이름을 한 사람씩 차례대로 불러 수료증을 받아 가도록 했다. 그러고는 곧바로 시상식을 거행했는데, 예상대로 성공사례 분석과 실습 발표를 성실하게 수행한 평강을 비롯해서 박나래, 나영재, 정대세, 왕이모, 신미영, 박상민, 오달근, 기타 문영남 할머니 등이 우수상을 받았고, 최우수상은 역시 온달에게로 돌아갔다. 특히 온달에게는 별도로 창조사업가를 위한 공간과 자금이 지원된다고 하자, 내내 뒷자리에 앉아 지켜보고 있던 그의 어머니는 몹시 흐뭇해하며 감격의 눈시울을 적셨다.

최우수상을 받은 온달이 강단으로 올라가 간단히 수상 소감을 말하였다.

"한없이 바보 같았던 저에게 이렇게 큰 상을 주셔서 진심으로 감사드립니다. 게다가 어머니 앞에서 큰 상을 받게 되어 더욱 기쁘고 자랑스럽습니다. 이 강좌는 저의 인생, 저의 미래를 바꾸어놓은 정말 소중한 수업이었습니다. 우리에게 창조사업가가 무엇인지 정확히 파악하게 해주었고, 다양한 성공사례 분석을 통해 그 노하우를 터득하게 해주었으며, '나도 창조사업가! 프로젝트'의 실습을 통해 향후 창조사업가가 되기 위한 기반을 쌓게 해주었습니다.

　　이젠 우리나라 사람들도 안정된 직장이나 직종을 찾는 데에만 목을 맬 것이 아니라, 자신만의 분야에서 전문성과 창의성을 토대로 독립적이고 자유롭게 일하는 '창조사업가'가 되는 것도 적극적으로 고려해봤으면 싶습니다. 향후 세상은 대기업이나 중소기업이 아닌, 다양성과 창의성을 갖춘 이들 창조사업가가 이끌어나갈 것이기 때문입니다.

　　실제로 선진국은 이미 창조적인 1인 기업을 보는 시선부터가 다르고, 그러한 기업을 거의 일상적인 일로 생각하고 있다고 합니다. 이젠 우리도 설령 취업을 준비하더라도 향후 자신만의 창조적인 1인 기업을 염두에 둔 취업을 준비했으면 합니다. 그래서 세상이 어떻게 바뀌더라도 자신만의 삶을 소신있게 살아갔으면 합니다."

끝으로 한 실장이 정 교수에게 마지막 인사말을 부탁하자, 그는 모두에게 기운을 불어넣어 주려는 듯이 힘 있는 목소리로 말하였다.

　　"이젠 실천이 중요합니다. 창조사업가들은 항상 자신이 꿈꾸고 있는 것들을 생각만 하지 않고 직접 실현하고자 노력했습니다. 여러분도 만약 성공적인 창조사업가가 되고 싶다면 마음속에 품고 있는 것들을 지금 당장 실천해보도록 하세요. 과감한 실천력이야말로 창조사업가가 되기 위한 첫걸음입니다."

이로써 창조사업가를 위한 아카데미의 수료식을 모두 마치자, 정 교수와 수강생들은 한없이 감사하고 아쉽다는 듯이 서로에게 큰 박수를 쳐주었다.

창조사업가를 위한
참고 도서 및 사이트

참고 도서

콜레트 헨리 편저, 김광재·박종구 옮김,『창조산업과 기업가 정신』, 한국문화관광연구원, 2010.

김중태,『1인 창조기업 컨설팅북』, e비즈북스, 2010.

이재홍,『1인 창조기업을 100% 성공시키는 CEO DNA』, 부연사, 2009.

김선화,『업종별 1인 창조기업 사업환경분석을 통한 저변확대방안』, 중소기업연구원, 2011.

최환용·류창호,『1인 창조기업 육성을 위한 입법화 방안 연구』, 한국법제연구원, 2009.

추기능,『지식기반경제의 이해』, 한국발명진흥회, 2008.

스티븐 리틀, 윤은진 옮김,『창조적 벼룩에서 유연한 코끼리로』, 랜덤하우스코리아, 2007.

다니엘 핑크, 석기용 옮김,『프리에이전트의 시대가 오고 있다』, 에코리브르, 2001.

톰 피터스·로버트 워터먼, 이동현 옮김,『초우량 기업의 조건』, 더난출판사, 2005.

백기락,『1인기업 성공시대』, 크레벤지식서비스, 2009.

권소현·양미영,『신의 직장 안 부러운 1인 기업의 비밀』, 이팝나무, 2010.

강민호,『당신이 1인 기업이다』, 아름다운사회, 2004.

공병호, 『1인기업가로 홀로서기』, 21세기북스, 2003.

브루스 저드슨, 박범수 옮김, 『1인기업을 시작하라』, 북폴리오, 2005.

이장우 외, 『1인 창조기업』, 형설라이프, 2009.

권혁기, 『위기의 인생 2막: 1인 기업이 희망이다』, 더북스, 2007.

_____, 『위기의 인생 2막: 1인 기업으로 비상하라』, 더북스, 2007.

사사키 도시나오, 한석주 옮김, 『전자책의 충격』, 커뮤니케이션북스, 2010.

구본준, 『한국의 글쟁이들』, 한겨레출판, 2008.

노나카 이쿠치로 외, 장은영 옮김, 『지식창조 기업』, 세종서적, 2002.

요나스 리더스트럴러·첼 노오스트롬, 조성숙 옮김, 『창조적 괴짜가 세상을 움직인다』, 황금가지, 2009.

박도제·류정일·박영서, 『2010 정부지원금 200% 활용하기』, 지식공작소, 2010.

이강원, 『2030 청년창업 내가 사장이다』, 원앤원북스, 2003.

강풀, 『그대를 사랑합니다』 전3권, 문학세계사, 2009.

신영복, 『신영복 서화 에세이 처음처럼』, 랜덤하우스코리아, 2007.

_____, 『감옥으로부터의 사색』, 돌베개, 2010.

낸시 랭, 『비키니 입은 현대미술』, 랜덤하우스코리아, 2006.

박진영, 『미안해』, 헤르메스미디어, 2008.

노홍철, 『노홍철의 뻔뻔한 서울』, 올리브, 2005.

이은결, 『이은결의 눈으로 배우는 마술책』, 넥서스, 2002.

송영예, 『송영예의 너무 쉽고 예쁜 손뜨개』, 동아일보사, 1999.

나물이(김용환), 『누가 해도 참 맛있는 나물이네 밥상 1』, 랜덤하우스, 2005.

_____, 『누가 해도 참 맛있는 나물이네 밥상 2』, 랜덤하우스, 2007.

김예진, 『밥은 굶어도 스타일은 굶지 않는다』, 콜로세움, 2008.

안철수, 『행복바이러스』, 리젬, 2009.

_____, 『CEO 안철수, 지금 우리에게 필요한 것은』, 김영사, 2004.

짐 코리건, 권오열 옮김, 『스티브 잡스 이야기』, 명진출판사, 2009.

이영철, 『내가 굽는 것은 희망이고 파는 것은 행복입니다』, 해냄, 2005.

김영한, 『총각네 야채가게』, 거름, 2003.

지승룡,『민들레영토 희망 스토리』, 랜덤하우스코리아, 2005.

공병호,『공병호의 자기경영노트』, 21세기북스, 2001.

_____,『1인기업가로 홀로서기』, 21세기북스, 2003.

_____,『1인 기업가 자기경영노트』, 아름다운사회, 2004.

최윤희,『행복, 그거 얼마예요』, 여성신문사, 1999.

_____,『딸들아 일곱 번 넘어지면 여덟 번 일어나라』, 원앤원북스, 2009.

유수연,『20대, 나만의 무대를 세워라』, 위즈덤하우스, 2008.

_____,『23살의 선택 맨땅에 헤딩하기』, 소담출판사, 2003.

송준의,『잠들 수 없는 밤의 기묘한 이야기』, 씨앤톡, 2006.

_____,『정말로 있었던 무서운 이야기』, 씨앤톡, 2007.

김순경,『이 맛을 대대로 전하게 하라』, 크리에디트, 2008.

참고 사이트

아이디어 비즈뱅크(http://www.ideabiz.or.kr): 중소기업청 1인 창조기업 지원사업, 지식창고, 서비스 및 아이디어 거래몰 등 사업 소개.

1인 창조기업 지원센터(http://www.soloffice.co.kr): 1인 창조기업 지원 전문업체, 지원대상 및 방법, 신청 등 안내.

1인 창조기업협회(http://www.1company.or.kr): 1인창조기업 실무 지원서비스, 보도자료, 동영상, 세미나, 교육, 포럼 등 안내.

강남청년창업센터(http://www.2030scenter.or.kr): 청년 창업보육 및 교육서비스 센터, 지원사업, 업체현황, 창업아이템 등 정보 제공.

한국콘텐츠진흥원(http://www.kocca.kr): 진흥원 소개, 문화콘텐츠 산업육성, 인력양성, CT기술개발, e스포츠 및 문화사업 등 안내.

조앤 K. 롤링(http://www.jkrowling.com): 해리포터 작가 조앤 캐슬린 롤링 약력, 집필작품 등 소개.

원태연 블로그(http://blog.daum.net/tywon00): 영화감독 겸 시인 원태연, 동화 고양이와 선인장 연재, 에피소드 수록.

당신의 모든 순간(http://cartoon.media.daum.net/seri): 미디어다음 연재만
화, 강도영 글, 그림 수록.

낸시 랭(http://www.nancylang.com): 행위 예술 아티스트, 프로필, 작품 및
사진, 개인전, 페인팅 작품 안내.

박진영(http://jyp.jype.com): 가수 겸 프로듀서 박진영, 대표곡 사랑하기 때
문에, 나 돌아가, 프로필, 앨범정보, 사진 등 제공.

노홍철 닷컴(http://www.nohongchul.com): 노홍철 운영 캐주얼의류 쇼핑몰,
티셔츠, 바지, 신발 등 판매.

이은결(http://www.egmagic.com): 마술사, 마술소개, 공연정보, 사진갤러리
등 수록.

베이비앙(http://www.babyan.co.kr): 무형광 천기저귀 전문몰, 땅콩기저귀,
친환경 면기저귀, 팬티형 천기저귀, 기저귀커버 판매.

송영예의 바늘 이야기(http://www.banul.co.kr): DIY 전문 쇼핑몰, 뜨개질,
바늘, 단추, 실 판매 및 손뜨개 강의 안내.

나물이네(http://www.namool.com): 2,000원으로 밥상차리기 작가 김용환
홈페이지, 요리사진 및 요리노트 수록.

립합(http://www.liphop.co.kr): 여성의류 쇼핑몰, ABOUT CLASSIC, 빈티
지, 뉴요커 스타일 등 판매.

안철수연구소(http://www.ahnlab.com): 바이러스 백신 V3, 스파이웨어 스파
이제로, 보안 정보 서비스, 바이러스 정보 수록.

아딸(http://www.addal.co.kr): 떡볶이, 튀김 프랜차이즈 전문업체, 시설 안내,
메뉴 소개, 창업정보 제공.

영철버거(http://www.youngchulburger.com): 서울특별시 성북구 안암동 위
치, 버거전문점, 영철 클래식 버거, 커피, 세트메뉴 등 소개.

총각네 야채가게(http://www.chonggakne.com): 농수산물 전문 매장, 프랜차
이즈, 가맹점 소개 및 창업 안내, 정보마당 등 제공.

민들레 영토(http://www.minto.co.kr): 카페 테마 문화공간, 민토지점, 묵상,
동아리, 신메뉴, 사랑방 등 소개, 인터넷 서점 운영.

놀부(http://www.nolboo.co.kr): 외식 프랜차이즈 전문업체, 브랜드 및 메뉴

소개, 가맹점위치, 창업안내, 이벤트 정보 수록.

공병호 경영연구소(http://www.gong.co.kr): 공병호 경영연구소 소장, 자기
경영, 1인 기업가, 시장경제 칼럼 및 서평 제공.

잠들 수 없는 밤의 기묘한 이야기(http://www.thering.co.kr): 무서운 이야기,
이토준지, 공포만화, 영화, 게임 속 괴담 수록.

이기남 할머니 고추장(http://www.leeginam.co.kr): 장류 전문 쇼핑몰, 고추
장, 된장, 장아찌, 청국장, 추석 선물세트 등 온라인 판매.

저자 정창권(鄭昌權)

고려대학교 및 동대학원 국문과를 졸업하고 문학박사 학위를 받았다. 현재 고려대학교 교양교직부 교수로 재직하며, 상명대, 성균관대, 경희대, 가톨릭대 출강 및 한국콘텐츠진흥원 평가위원, BCM(부산콘텐츠마켓) 세계문화콘텐츠포럼 운영위원을 역임하고 있다.

　　저자는 21세기 신성장 동력인 문화콘텐츠와 스토리텔링, 창조사업가에 대해 연구하면서 저술과 강의(강연), 방송 활동을 계속하고 있다. 주요 저서로『문화콘텐츠 교육학』(대한민국학술원 우수학술도서),『문화콘텐츠 스토리텔링』,『문화콘텐츠 직업세계』,『문화콘텐츠학 강의』(깊이 이해하기),『문화콘텐츠학 강의』(쉽게 개발하기) 등이 있다.

　　또한 저자는 여성이나 장애인, 노숙인 등 사회적 약자층을 재조명하여 출판과 방송, 영화, 공연, 전시 등 각종 문화콘텐츠로 개발하고 있다. 주요 작품으로『거상 김만덕, 꽃으로 피기보다 새가 되어 날아가리』(한국간행물윤리위원회 추천도서),『세상에 버릴 사람은 아무도 없다』(문화관광부 추천도서),『향랑, 산유화로 지다』(한국백상출판문화상 후보작),『홀로 벼슬하며 그대를 생각하노라』(한국출판인회의, 한국간행물윤리위원회 추천도서) 등이 있다.

이메일: myjin55@hanmail.net